# 人际交往与社交礼仪

敬蓉◇主编

云南省普通高等学校“十二五”规划教材

人民邮电出版社

北京

**图书在版编目（CIP）数据**

人际交往与社交礼仪 / 敬蓉主编. -- 北京 : 人民邮电出版社, 2012.8（2018.8 重印）
云南省普通高等学校“十二五”规划教材
ISBN 978-7-115-28417-4

Ⅰ. ①人… Ⅱ. ①敬… Ⅲ. ①人际关系学－高等学校－教材②心理交往－礼仪－高等学校－教材 Ⅳ. ①C912.1

中国版本图书馆CIP数据核字(2012)第119111号

## 内 容 提 要

构建和谐社会，离不开社交礼仪。素质教育的基础就是建立人的社会行为规范。本书以传播沟通理论为基础，介绍社交礼仪的源流、特性和功能，社交礼仪的符号与技巧，中国传统礼仪知识。通过语言礼仪、服饰与修饰礼仪、仪容仪态礼仪、行为礼仪、就餐礼仪、大学生礼仪、教师礼仪、服务礼仪及接待礼仪等方面的内容，全面介绍人际交往活动中的礼仪规范和技巧。通过相关案例分析，提高学生的自觉意识，借助大量礼仪实践训练，培养学生的良好行为习惯，有助于他们在社会交往活动中互通信息，交流思想，沟通情感，更好地实现人际交往，达成人际沟通，取得事业的成功。

本书适用范围较广，既可作为大学生社交礼仪教材，又可为机关、企事业单位人员的相关交际往来活动提供参考。

**人际交往与社交礼仪**

◆ 主　　编　敬　蓉
　责任编辑　李海涛
◆ 人民邮电出版社出版发行　　北京市丰台区成寿寺路 11 号
　邮编　100164　　电子邮件　315@ptpress.com.cn
　网址　http://www.ptpress.com.cn
　大厂聚鑫印刷有限责任公司印刷
◆ 开本：787×1092　1/16
　印张：12.75　　　　2012 年 8 月第 1 版
　字数：310 千字　　　2018 年 8 月河北第 7 次印刷

ISBN 978-7-115-28417-4

定价：29.80 元

**读者服务热线：(010) 81055256　印装质量热线：(010) 81055316**
**反盗版热线：(010) 81055315**

# 本书编委会


主　编　敬　蓉

副主编　孙信茹　尹　雯

编　委　（排名不分先后）

**敬　蓉**　云南大学

**孙信茹**　云南大学

**曹云雯**　云南大学

**赵净秋**　云南大学

**尹　雯**　云南财经大学

**罗　梅**　云南财经大学

**张　丽**　西南林业大学

**熊　焰**　云南艺术学院

**吴晓梅**　昆明学院

**张雪梅**　保山学院

**段晓玲**　保山学院

**冯静洁**　红河学院

**王　焱**　文山学院

**陈　畅**　云南国土资源职业学院

**曹　星**　大理学院

**李海情**　大理学院

# 目　录

# 绪 论

人际交往是人的社会行为，建立在人类社会生产活动的基础上，体现为人与人之间的相互联系、相互作用。随着人类社会的发展和进步，人与人之间的交往日益扩大。为了维系人际关系，更好地实现沟通与交流，人们在总结长期交往经验的基础上，形成了约定俗成的行为规范和准则，这就是社交礼仪。

在两千多年前的古代社会，礼仪就已成为协调人际关系，维护社会稳定的基础。孔子是中国最早的教育家，也是最早进行礼仪教育的人，他将“礼”作为教育弟子的重要内容，认为礼仪是个体立足社会、自我发展的前提，提出了“不知礼，无以立”（《论语·季氏》）的著名见解，倡导礼仪教育，形成了礼仪教育的传统。

在现代社会生活中，无论是公务活动、商务往来、服务提供等职场沟通，还是亲朋好友、同学同事的日常交往，抑或初次相识、偶然邂逅的不期而遇，都建立在平等尊重、礼尚往来的基础上。掌握人际沟通技巧，具备较强的交际能力，就能顺利地协调和处理各种复杂的人际关系。

学习社交礼仪，掌握社会交往的行为规范，不仅成为立足社会、自我发展的重要保证，而且成为交流与沟通的基础，对促进社会和谐具有重要意义。

## 一、礼仪与社交礼仪

古人说：“礼者敬人也。”礼仪是一种表示尊重的行为规范，是伴随人类社会活动产生和发展的，涵盖社会生活的诸多方面；社交礼仪是人际交往活动中形成的行为规范，两者既有联系又有区别。

### （一）礼仪

礼指礼节、礼貌，仪指仪表、仪容、仪态和仪式。礼貌、礼节、仪式等都是与礼仪相关的词汇，但其所指又有明确的差异。

礼貌，指交际场合人们用以向交往对象表示谦虚和尊敬的语言、动作和行为，主要体现为个体的素质与修养。如使用敬语、谦辞和雅语，举止文雅，谈吐得体，彬彬有礼，尊老爱幼。

礼节，指社会交往活动中约定俗成的，相互之间体现善意和友好的往来形式。如居家待客、迎送往来中的细节要求，主要通过行为表现出来，是礼貌的具体形式。

仪式，指体现尊重和敬意的典礼形式，如奠基、竣工、开幕、颁奖等，常表现为某些具体的事件，通过特定环境展现其隆重性。

礼仪，指表示尊重和敬意的礼貌、礼节和仪式，是礼貌、礼节和仪式的统称。礼仪在长期社会发展中形成，是约定俗成的方式和程序，用以调节人与人、组织与公众的关系，促成相互均衡、和谐发展。其中，礼貌是礼仪的基础，礼节、仪式是礼貌的重要组成部分和表现形式。

礼仪具有广泛的适用范围，涉及社会文化、道德、传播、个人行为等方面，可以从不同角度对之进行解释和界定。

从社会而言，礼仪是社会发展与进步的重要标志，是社会精神文明和道德风尚的体现。

从文化发展的角度看，礼仪是人类在长期历史发展中创造的，合乎社会道德要求及规范的文化。在漫长的历史发展中，它不断受到社会政治、经济、文化发展等多种因素的作用和影响，成为文化的组成部分。

礼仪文化由以下四个层面构成：语言层面——通过语言文字符号进行的礼仪表达和传播活动；物态层面——通过色彩、服饰、饮食、器具等形式传达的礼仪内容；行为层面——体现为礼俗、礼仪制度及个体的行为举止；精神层面——礼仪观念、宗教与礼仪的融合。

从民族文化的角度看，礼仪是特定社会和文化环境的产物，不同民族文化传统产生不同的礼仪，体现突出的民族特征和地域特征，表现在相关民俗中，成为待人接物的惯例。

从道德角度看，礼仪是一定文化道德基础上产生的，用以调节人与人之间的关系，成为促成相互均衡、和谐发展的行为规范与准则。

从传播角度看，人际交往活动就是信息传播活动，作为一种沟通技巧，礼仪有助于信息交流与沟通的顺利实现。

就个体而言，礼仪指通过外在形式表现出的内在气质、风度、修养和精神，是塑造形象的重要表现，是内在素质的外在体现。作为个体的行为规范，礼仪在很大程度上取决于自我的道德修养和人格提升。

现代社会，礼仪是维系社会发展必须遵循的规则，也是人际交往的行为规范和准则。

（二）社交礼仪

社交礼仪，指社会交往活动中的具体礼仪要求，是人们在交际应酬中遵守的律己敬人的一系列行为规范。

社交礼仪是礼仪的言行表现，体现为交往活动中个体的基本素质，是个人形象的外在显现。孔子说“质胜文则野，文胜质则史。文质彬彬，然后君子。”（《论语·雍也》）意思是：对个人而言，如果内在品质胜过外在文采，就会显得粗野；如果外在文采胜过内在品质，就会浮夸、虚伪。只有内在、外在协调统一，文采与品质配合恰当，才能具有君子的风范。

社交礼仪规范，是交际活动中长期培养和形成的行为规范，帮助人们互通信息，交流思想，沟通情感，更好地实现交往，达成理解。社交礼仪体现了人际交往平等、信任、尊重、友好的原则。

作为交流与沟通技巧，社交礼仪是建立良好人际关系的前提，体现了个体的交际和应变能力，是个人融入群体的行为规范，也是各种往来活动中应遵循的基本礼仪要求。

当今社会，社交活动在政治、经济、文化、交流等活动中发挥着日益重要的作用。通过社交活动，人们达成沟通，建立友谊，互通信息，资源共享，相互支持，共谋发展。

各种职业、行业活动及交往活动，最终都表现为人与人之间的联系与沟通。社交礼仪作为个体的基本行为准则，通过准确的语言、得体的服饰、文雅的举止和规范的行为，体现人与人之间的相互尊重，适用于不同范围、不同对象的交际往来活动，成为不同类型交际活动的重要基础。无论是服务礼仪、接待礼仪，还是公务员礼仪、教师礼仪，无论是商务礼仪、公务礼仪，还是交际礼仪、国际礼仪，都以各自相关行业、职业或交往活动为基础，以社交礼仪为依托，形成了各自特定的礼仪规范，并体现出一定的相关性。

社交礼仪是人际交往的基础，有助于塑造良好的个人形象，改善人际关系，强化人与人之间的相互依赖，增强群体意识，促进社会和谐。

（三）社交礼仪与其他相关礼仪的区别

礼仪的涵盖面很广，根据适用范围和对象的不同，可划分为传统礼仪、社交礼仪、商务礼仪、公务礼仪、服务礼仪等不同类型。

传统礼仪是在长期文化发展中形成的礼仪。中国传统礼仪建立在以儒家思想为核心的传统文化基础上，形成了符合社会道德要求和约束个体行为规范的礼仪文化，经过世代传承，融入了人们的日常生活。讲求诚信、礼尚往来、以和为贵、尊老爱幼等传统思想和行为，在今天仍具有重要意义。西方传统礼仪是在西方文化基础上形成的行为规范，绅士风度、女士优先等是其突出体现。

社交礼仪是人们在社会交往活动中遵守的行为规范，是人与人之间相互尊重的前提。社交礼仪是适应现代社会人际关系发展需要产生的，融入了中国古代礼仪和西方传统礼仪中的丰富内容，是社会文明进步与个体素质的突出体现。

商务礼仪指商务活动中应遵循的礼仪规范，是特定经济活动中的礼仪要求，除个人仪容仪表及言谈举止的基本要求外，强调诚实守信，尊重敬意，座次谈判，遵守惯例。

公务礼仪是公务员在执行国家公务，从事公务活动时遵守的礼仪规范，体现个人形象和政府机关形象，强调律已敬人，体现对自己、对他人和对社会的尊重。

服务礼仪是服务行业人员应具备的基本素质和条件，强调服务意识，遵循三 A 法则、零干扰原则。

商务礼仪、公务礼仪及服务礼仪，是在社交礼仪原则的基础上，结合各自活动的对象和特点形成的特定要求，有着不同的适用范围。在某种意义上可以说，社交礼仪是现代社会各种交往活动都应遵循的基本礼仪要求和行为规范。

## 二、社交礼仪的内容

社交礼仪应用于社会交往活动，能够协调人与人之间的复杂关系。在注重素质教育的今天，社交礼仪教育已成为全面提升整体素质的重要途径。

（一）教材编写理念

本教材以“养成教育”为核心，以教学示范、情境教学、互动沟通、实践提高为教学理念，注重细节，将礼仪规范和细节训练贯穿教学活动始终，同时辅以对日常良好行为习惯的培养，使学生的礼仪学习渗透到生活细节之中，实现教与学结合，教与学互动，将教师教学与学生学习、交流沟通及实践活动结合起来，重视学生实践能力、沟通能力和创新能力的培养，促进学生学习能力的全面发展。

开展实践性教学，注重学生对礼仪规范和技巧的掌握和使用，全面引入礼仪训练相关内容，增加了语言表达、举止行为规范、自我形象塑造等方面的训练内容，通过学生自我介绍、相互赞美，教师示范及演示教学，使学生掌握语言与形象技巧，锻炼和提高语言表达及交际交往能力。

注重对学生实际交往与沟通能力的培养，提供大量案例供学生学习和思考。根据学生实际，提出具体的量化标准并予以考察，促使学生积极主动地进行沟通，通过辩论赛、小组讨论、着装展示、社交行为等活动形式，丰富课程教学内容，提高学生参与教学的积极性与热情，全面提升学生的自信心、整体素质和综合能力。

结合在校大学生的特点，针对大学生的求职应聘活动，对礼仪规范要求进行了系统介绍，将礼仪理论与操作实践较好地结合在一起。

（二）社交礼仪的构成要素

社交礼仪由主体、客体、符号及环境四个基本要素构成。

主体指礼仪活动的实施者，客体指礼仪活动的对象。社交活动以个体之间的交往为基础，社交礼仪的主体和客体通常都是个人。在人际交往活动中，社交礼仪的主体和客体不可或缺，两者相互依存，相互转化。

符号是借助某种形式传播意义的载体，礼仪符号指交往活动中表现尊重与敬意、传播礼仪意义的语言及非语言符号。社交礼仪符号，包括语言符号及体态、物体、伴随、时空等非语言符号。语言与非语言符号在社交活动中可以同时、交叉或配合使用。

环境指礼仪活动开展的自然和社会条件。社交礼仪的环境是人际交往的特定场合，不仅受宏观自然与社会环境的制约，也受微观环境的限制。

在社交活动中，人们要根据具体的微观环境和交往对象，选择相关社交礼仪规范的实施和应用，真正做到在合适的场合，穿着合适的服装；对合适的人，说合适的话，做合适的事情。

（三）社交礼仪的研究对象

社交礼仪集中体现为个体礼仪修养，强调操作性、应用性和普适性，以个人在社交场合应遵循的礼仪规范为研究对象，主要是以下几方面。

社交礼仪基础，包括社交礼仪的产生、发展、特征及作用，社交礼仪符号的构成及使用。

社交语言礼仪，是社交活动中通过语言符号体现的礼仪内容，包括口头语言符号和书面语言符号，涉及交往活动中的语言表达及其方式，赞美、寒暄、交谈等社交语言的应用。

社交形象礼仪，即社交活动中人们的服饰、修饰等物体语言符号，仪容仪态等体态语言符号，是塑造良好个人形象的基础，也是交际活动成功的关键。

社交行为礼仪，即社交活动中的行为往来，包括日常行为、交际往来、就餐活动等，通过细节体现礼仪修养。

大学生礼仪，包括大学生校园礼仪、交往礼仪及求职应聘礼仪，结合大学生群体的特点，突出实用性。

职业礼仪，包括教师礼仪、服务礼仪、接待礼仪等，是礼仪要求较高的职业活动中体现的基本要求和规范。

## 三、社交礼仪的学习

在现实生活中，每个人都有自己的交往活动和范围，要想在社交活动中取得成功，就要掌握实用的交往技巧并加以应用。社交礼仪具有普遍适应性，满足了人们的交往需求。

（一）学习社交礼仪的意义

对青年而言，学习社交礼仪具有重要意义，有助于提升个人形象，顺利实现人际沟通与社会交往。

**塑造个人形象。**交往活动中，个人形象通过言谈举止、行为动作、服装配饰完整地表现出来，社交礼仪中提出了语言、着装、修饰、仪态等方面的明确要求。通过学习应用，使人谈吐文雅、举止得体、衣冠整洁、充满自信，有助于良好个人形象的塑造。

**提高自身修养。**在人际交往中，个体的教育背景、知识水平、气质风度、行为教养、思想水平和精神风貌，通过社交礼仪，得到全面反映和集中体现。对礼仪规范的掌握和应用，是个体修养水平、文明程度、道德水准的标志。

**建立良好人际关系。**当今社会，人际交往频繁。应用社交礼仪，帮助人们规范彼此的交际活动，建立良好的外部关系，不仅有助于促进沟通，加强联系，而且有助于自我发展和事业成功。从某种意义上说，良好的人脉和人际关系，能够帮助人们提前达成事业发展目标。

**获得群体与社会认同。**人类从产生开始，就以群居的方式生活，在社会生活中，每个人都不能独立于社会之外，必然要与他人建立各种各样的联系，进行或多或少的交流。社交礼仪是在社会交往中形成的行为规范，为社会群体成员所接受。遵循社交礼仪原则，遵守交往行为规范，是融入群体、融入社会的前提。

**促成情感交流。**人际交往不仅是一种生存需要，更是一种社会需求。现代社会的飞速发展，加剧了社会竞争，很多人远离家乡和亲人，孤独感强烈。社交礼仪的应用，缩短了人与人之间的距离，满足了个体的心理需求，促成了情感的沟通与交流。

**达成信息沟通。**尽管今天大众传播发达，但人们仍然将社会交往作为获取信息的重要手段，其中包括借助 QQ、微博等社交网络进行的沟通活动。社交礼仪，有利于人们在共同的社会交往和活动中互通信息、交流思想，满足不同的信息需求。

**推进精神文明建设。**社交礼仪，体现了个体的素质和修养。社会生活中，如果大家都注重细节，举止文雅，彬彬有礼，以诚相待，以礼相待，那么，社会就会体现较高的整体素质和修养。因此，社交礼仪的学习，有助于形成良好社会风气，提高社会整体素质，构建和谐社会。

（二）学习社交礼仪的方法

社交礼仪是日常交往活动中的行为规范，社交礼仪的学习，不仅要注重基础理论的学习，而且强调实践中的学习，注重礼仪规范和细节训练，突出应用性。

**掌握原则。**社交礼仪的原则对人际交往活动具有指导意义，对这些重要原则的学习，有助于更好地掌握礼仪要求和行为规范。社交礼仪原则主要有两类。第一类是具有普适意义，适用于整个交际活动的原则，如“平等、信任、尊重、友好”是人际交往的基础和出发点，强调时间、地点、场合的“TPO 原则”及“以右为尊原则”等。第二类是适用于局部交际活动的原则，如“三色原则”、“三一定律”等，主要适用于正式场合的着装要求。

**强调实践。**社交礼仪注重应用与实践，除书本知识、观看影视作品和网络的学习外，还要善于在社交场合和交往实践中学习。作为传播沟通技巧，只有在人际交往中加以应用，才能完成社交礼仪的学习。

**注重细节。**人们常说，细节决定成败。作为交往活动中的行为规范，社交礼仪中，往往通过具体细节体现礼仪原则和规范，如称呼对方使用尊称，交谈中不涉及隐私，男士穿西装配深色袜子，与人交流保持水平视线等。在学习中，要将这些细节落到实处。

**养成习惯。**社交礼仪的学习，应将课堂教学中的礼仪规范和要求，广泛应用于学习、生活、同学相处及交往实践，培养良好的礼仪行为习惯，才能完整掌握社交礼仪规范和要求。

**全面提高。**社交礼仪是一种外在行为表现，还要通过科学文化知识的学习，全面提升整体素质，达到内在精神与外在形式的统一，体现人的气质、风度和修养。

# 第一章　社交礼仪

社交礼仪/产生发展/特征作用/
人际交往/交往符号/交往技巧
关键词：传承融合　稳定排他　沟通交流　语言符号　非语言符号

人无礼而不生，事无礼则不成，国无礼则不宁。

——荀子

## 第一节　社交礼仪的源流、特性和功能

最初的礼与祭祀相关，逐渐成为某种习俗，不分形式和内容。春秋时期，礼被分为礼之仪和礼之质，仪即外在行为规范，又可称为形式；质指内容和精神。礼仪由此产生和发展起来。

### 一、社交礼仪的产生与发展

《礼记》中说："夫礼之初，始诸饮食，其燔黍捭豚，污尊而抔饮，蒉桴而土鼓，犹若可以致其敬于鬼神。"从这段文字可以看出，礼仪产生于原始社会，与祭祀活动相关，是特定历史条件的产物，其发展受到社会政治、经济、文化的制约。

（一）礼仪产生的基础

礼仪的产生，是由多种因素共同作用的结果，而传统文化是礼仪形成和发展的基础。礼仪自产生开始，就与政治、经济、文化密切相关。

1. 政治基础

礼仪的形成是以社会政治为基础的，历代王朝都将礼仪作为维护国家统治的重要保证。统治者开国、登基、祭拜、出巡、节庆等，通过繁复的礼仪规范，体现统治者的威仪，是社会稳定、生活安宁的象征。

2. 经济基础

古人说"仓廪实而知礼节，衣食足而知荣辱"（《管子》）。礼仪建立在一定的经济基础之上，通过一定的物质手段体现，在某种意义上是国强民富的象征。可以说社会经济的发展，是推动社会进步和文明的前提。不仅统治阶层的各种礼仪活动需要大量的经济投入，普通百姓的结婚生子、衣冠服饰、生日祝寿等活动，也强调经济基础。

**案例：唐朝“洗三朝”**

唐朝婴儿出生三天后要会集亲友替婴儿洗身，使用肥皂、矾、胭脂、糖、白布、秤杆、锁、各种果品、铜钱、首饰等，用意是洗净污秽，使婴儿洁白入世，同时可增长婴儿的胆量，使婴儿更加健康。

3. 文化基础

礼仪是特定文化的产物，是文化的重要构成部分，不同文化传统形成不同的礼仪，体现不同的文化意义和特征。以儒家思想为核心的中国传统文化，是中国礼仪文化产生的基础，言而有信、尊老爱幼、敬友善交、礼尚往来等都是礼仪文化的集中体现。

4. 心理基础

人类以群居方式生存的特点，决定了个体与他人之间的密切联系，要融入群体，就必须接受群体文化，遵循礼仪规范，才能产生群体认同，达到人际关系的平衡，实现人际沟通与交流。

（二）古代礼仪的发展

在我国，礼仪的产生可追溯到原始社会，经过漫长的演变到周朝形成较完整的系统。此后历朝历代，礼仪都成为统治者治国安邦的重要程序。

1. 春秋战国时期

奴隶制瓦解，新兴地主阶级兴起，社会变革带来礼仪的变化。礼仪程序一旦被打乱，必会影响社会的安定、政治的稳定，损害统治者的威严，进而动摇其统治地位。成书于战国前的《礼记·内则》，提出了生活、礼仪方面的具体要求。孔子明确提出“不知礼，无以立”，将礼仪教育放到首位。

**案例：孟僖子学礼**

春秋时期，鲁国大夫孟僖子陪同鲁昭公访问楚国，在引导鲁昭公参加对方欢迎仪式时，却因为不懂礼节而大出洋相。惭愧至极的孟僖子在临终之前立下遗嘱：“礼，人之干也。无礼，无以立……”并要自己的两个儿子向孔子拜师学礼，以巩固他们的世袭地位。

2. 秦汉时期

秦始皇统一中国后不久，登泰山，举行祭奠天地的封禅仪式，向天下人昭示帝国的强大和威仪，将礼仪作为维护国家政治稳定的前提和基础。此后，汉武帝、唐玄宗、宋真宗等都曾举行过封禅泰山的仪式。

汉武帝时期，叔孙通制定了封建帝国的一整套礼仪制度，即《仪品》十六篇，以此维持封建国家的正常秩序，从各个层面规范人们的行为举止。

3. 唐宋时期

唐宋时期是中国封建社会的鼎盛时期，对社会、自然有了进一步认识，礼仪中原有的祭祀成分渐趋减弱，实用内容大大加强，程式更加完善、繁复；礼仪兴旺，尚书省专设“礼”部，掌管礼仪庆典，以适应统治的需要。颁行于开元中期的《大唐开元礼》，划分了吉、宾、嘉、军、凶五礼，所定礼制，不仅有固定程序，而且融入人们的习俗之中。上自朝廷，下至平民百姓，都要严格遵循。

礼仪教育继承传统，成为这一时期的重要内容，从尊卑长幼、生活方式、伦理风范、人格修养等方面规范人们的行为。

宋代司马光在《居家杂仪》中，对孩子从出生至少年不同时期的教育，提出了明确、具体的规定，并将尊卑长幼的礼仪教育作为重点。

4. 明清时期

明朝建立后，礼仪成为严格区别等级制度的标志。在《大明集礼》中严格规定了各方面的仪式礼节，进一步完善了服饰等级制度，明确规定：公、侯、驸马、伯等贵族可绣麒麟、白泽等神兽图形，文官用鸟类图形，武官用兽类图形，并明确了穿着不同服饰的具体时间。

清代制定的《大清通礼》，在加强统治的同时，仿照明朝礼仪，既保留汉族礼节，又融入了满人和蒙古人的礼仪。

礼仪小知识："三跪九叩礼"

据《清宫琐记》记载：行礼时先放下马蹄袖，跪下，上身挺直，将右手伸平举起到鬓角处，手心向前，然后放下，再举起再放下，这样连举三次站起来，即为一跪。如此三次即为三跪九叩礼。

（三）现代社交礼仪

社交礼仪是人们在社会交往中所遵循的交往方式和行为规范，形成于共同的社会生活，用以维护和协调人们之间的相互关系，保证社会有序发展。

现代社交礼仪是在继承传统礼仪的基础上，融入西方礼仪规范，结合现代社会新型人际关系产生的。社交礼仪遵循以下基本原则。

1. 言而有信

孔子主张"与朋友交，言而有信"，主张"以文会友，以友辅仁"。(《论语·颜渊》)。此后，言而有信成为处理复杂社会关系的保证。

无论是古代还是现代，无论是东方还是西方，诚信都是人际交往的前提和基础，保证人际沟通的实现。

2. 平等尊重

现代社会人际关系，建立在相互尊重、平等相待的基础上。社交礼仪通过施礼、还礼，相互敬重、友好来体现这一原则。

3. 敬老爱幼

中国古代长期保存血缘家族形式，特别是两代、三代以上的大家庭居多，因此孝在传统文化中占有重要地位。孔子说："父母在，不远游，游必有方。"(《论语·里仁》)"事父母几谏，见志不从，不敬不违，劳而不怨。"(《论语·里仁》)并将孝从家庭扩展至家族、民族、社会，提出"父慈、子孝、兄良、弟悌、夫义、妇听、长惠、幼顺、君仁、臣忠，是谓十义。"

中国社会经过长期发展而形成的"尊重老人，爱护幼小"的文化传统，与西方文化的"尊重女性，女士优先"一起，成为现代社交礼仪的重要内容。

礼仪小知识：小康

《礼记》说："今大道既隐，天下为家。各亲其亲，各子其子，货力为己。大人世以为礼，城郭沟池以为固，礼义以为纪。以正君臣，以笃父子，以睦兄弟，以和夫妻，以设制度，以立田里，以贤勇知，以功为己……是为小康。"

4. 礼尚往来

《礼记·曲礼》中说："礼尚往来。往而不来非礼也，来而不往亦非礼也。"有来有往，是人际交往的基本原则，无论是公务、商务活动，还是社交活动，都应遵循这一原则。

5. 适度、恰当

人际交往中对社交礼仪的把握要恰当、适度，才能体现对他人的尊重与敬意，无论表达感情，还是对人、对事，甚至服饰着装都要求适度，与特定场合及对象相一致。

6. 绅士风度，文质彬彬

中国传统文化注重人内在品质的培养和提升。子曰：“质胜文则野，文胜质则史。文质彬彬，然后君子。”（《论语·雍也》）强调个体内在素质与外在表现的统一。西方传统礼仪中，对男士举止修养的要求就是西装革履，绅士风度。

在社交往来中，良好的礼仪修养是个体素质的外在表现。

7. 礼仪规范

在遵循传统礼仪原则的基础上，融合西方见面、接待、着装、行为等礼仪要求而形成的现代社交活动礼仪规范，是现代社会人际交往、商务和公务活动的基础。

## 二、社交礼仪的特性

社交礼仪是在传统礼仪基础上，结合现代社会人际关系发展需要形成的，是礼仪规范在人际往来活动中的具体应用。

（一）礼仪的特征

1. 传承性

礼仪是在长期社会发展中逐渐形成的，尽管经历了时代变化和社会发展，经历了不同历史时期的更替，但其中以儒家思想为核心，如诚实守信、尊老爱幼、文质彬彬、礼尚往来等，这些符合人性基本需要的礼仪要求，仍然超越时空，成为适用于不同时代和社会的行为规范，融入人们的日常生活之中，约束着个体的行为。

2. 稳定性

受民族文化传统的影响，礼仪在社会文化生活中逐渐产生发展，一定程度上渗透到思想观念中，与人们的审美、行为、价值观等融为一体，在特定民族和地域中，具有相对稳定性。

3. 融合性

在历史发展中，受外来文化影响，与某一民族或地域文化相近、不排斥的相关内容，也不断融入并形成新的文化传统。中国传统礼仪就是以汉民族礼仪为基础，包容少数民族文化，吸收西方礼仪文化，在实践中不断补充、发展和完善起来的。如热情待客、敬酒敬茶等就融入了少数民族礼仪，见面握手、TPO 原则、庆典仪式礼仪等则来自西方礼仪。

4. 相对排他性

作为传统文化的有机组成部分，礼仪受民族文化影响较深，一般来说，人们很难接受与本民族传统相距较远，甚至相互排斥的礼节规范。如西方人的拥抱礼，我们就很难接受；再如西方人的分餐制，对大部分中国传统家庭而言，还是很不习惯，难以接受的。

（二）社交礼仪的特征

1. 时效性

社交礼仪是在交往活动中遵循的具体规范，体现为对他人的尊重和敬意，要当面表现、适时表现，让对方明明白白地接受，体现了突出的时效性要求。

2. 规范性

在长期的社会发展中，作为交往活动的行为准则，社交礼仪具有规范性，形成了某些固定的程式和模式，如见面使用尊称，服饰着装强调 TPO 原则，场合规范、次序规范等。

3. 个体性

社交礼仪是交往中的个体行为展现，诸如语言表达准确、礼貌，着装得体，行为举止文雅等，是对个体的行为要求。

4. 灵活性

人际交往活动中，在掌握基本礼仪规范的同时，还应根据交往的具体对象、场合、环境等，适时调整，灵活运用。

## 三、社交礼仪的功能

社交礼仪是适应现代社会往来及交际需要而产生发展的，用以协调现代社会复杂的人际关系，体现出对社会、个体的重要影响。

（一）社交礼仪是人际交往的基础

社交礼仪是人际交往的基础，是个体与他人之间建立社会联系的有效起点。

1. 人际交往是建立社会联系的重要手段

人际交往是实现人们社会关系联结和拓展的必要手段或方式，一个人事业的成功，相当程度上取决于个人与他人的联系及关系的积极拓展。卡耐基说过："一个人的成功，15%取决于你的才干和技巧，而 85%取决于你的人际关系。"

2. 社交礼仪是人际交往的行为准则

梁实秋曾说过："礼是一套法则，可能有官方制定的成分在内，亦可能有世代沿袭的成分在内，在基本精神上还是约定俗成的性质，行之既之，便成为大家公认的一套规则。"

礼仪是人的社会属性的外在表现，是在社会成员的互动及关系中逐渐形成的，成为人们共同遵守的行为模式和准则。如见面时相互问候，公交车上给老人让座，人多拥挤时排队，公共场合不大声喧哗等，对人们的行为进行约束。

3. 社交礼仪是群体认同的重要标准

社交礼仪通过个人行为表现，成为群体内部认同的参照标准。人的社会性特点，决定了个体只有融入群体，才能生存、发展。群体成员的相互依赖、相互影响，逐渐形成共同的行为模式——社交礼仪，成为群体对个体的约束，用以调整人际关系，强化人与人之间的相互依赖，有利于团结。

4. 社交礼仪是良好沟通与交流的前提

常言道："在家靠父母，出门靠朋友。"人际关系的建立和维系，很大程度上是个人展开工作的基础。现代社会，随着人们交往范围的日渐扩大和交往程度的日益深入，人际交往成为实现社会联结和个人发展的有效方式和手段，社交礼仪就成为协调和沟通的前提条件。

提 示

**迈克尔·奥康纳的白金法则**

"别人希望你怎么对待他们，你就怎么对待他们。"

——在人际交往中，学会真正去了解他人。根据他人的需要适时调整自己的行为，才能轻松自如地进行良好的沟通和交往。

（二）社交礼仪的社会作用

社会活动中，人们之间的联系是建立在平等、尊重基础上的。在这个方面，社交礼仪发挥了重要作用。

1. 社交礼仪能促成人际沟通的实现

现代快节奏生活中，人们的交往范围越来越广，很多临时性交往代替了以往永恒的友谊，社会关系由此表现出一种不断变动的特征。因此，合乎环境、身份，体现相互尊重的社交礼仪，成为人际交往的前提和基础，也是人际关系的良好润滑剂。

2. 社交礼仪保持人际关系平衡，满足情感需求

人际交往是人的社会属性，社交礼仪成为人们保持人际关系，满足情感需要的保障。与他人交往的过程中，无论出于什么目的，要表现自己的本质，要实现自己的主观意愿，都需要在人际关系中遵循一定的原则和规范，社交礼仪可以帮助人们很好地表达情感和实现意愿。

3. 社交礼仪能缓和及化解日常矛盾

日常交往活动中，由于个体文化背景、教育程度、性格和兴趣方面的差异，在与他人的联系中，往往由于观念和行为方式的差异，导致交往双方发生矛盾。建立在共同行为模式基础上的社交礼仪，是社会关系基本原则的体现，能够约束社会成员的行为，缓和或化解矛盾，保证社会交往的展开和实现。

（三）社交礼仪对个体的约束作用

作为塑造良好个人形象的重要手段，社交礼仪是一种规范，表现出对个体的约束作用。

1. 功利约束

功利约束，就是以利害关系为基础的约束形式。功利约束是社会生活的正常反映，体现为当人们面对人生目标、就任新岗位、角色转换等明确的功利目的时，借助礼仪规范进行自我约束，以更好地适应和融入社会。

2. 形象约束

形象约束体现为社会规范在个人言行方面的表现，如个体的穿着打扮、言谈举止、行为活动等。礼仪修养是塑造良好自我形象的基础。

3. 环境约束

社交往来中，所处环境不同，对礼仪的要求不同，应根据具体的环境，如庆典活动、宴会、舞会、婚宴、丧葬等，确定个体的着装、言谈、举止、行为等。

4. 职业约束

个体职业体现出明确的礼仪约束。如城市白领以职业装为主，政府机关工作人员应穿着整齐、干练，吊带衫、露背装等不适合在职业活动中穿着。

# 第二节　社交礼仪符号

社交礼仪是长期社会交往活动中形成的行为规范和要求，用于协调和处理复杂的人际关系。社交礼仪的运用和表现形式，就是人际交往中使用的一系列符号。

## 一、人际交往符号

世界是由符号构成的。礼仪符号是在社会交往中不断使用后约定俗成的，用于协调和处理

人与人之间的关系。

（一）符号

作家乔纳森·斯威夫特在小说《格列佛游记》中，描写了飞岛国居民的交际方式——每人随身背个大口袋，里面装的是交际中需要的所有东西，想说什么，就从口袋里掏出什么，“以物言物”。现实生活中，人们的表达没法通过物的形式完成，只能借助意义载体完成，而这种意义载体就是符号。

1. 符号的含义

符号是借助某种形式传播意义的载体。符号是通过视听感官感知的，如文字、声音、色彩、线条、表情、动作等；符号总是指向他物，而不是符号本身；符号必须用语言来阐释其所指之意。如“玫瑰”，指花朵艳丽的蔷薇科植物，常用以表现爱情。

德国哲学家卡西勒说，人是进行符号活动的动物。人类文明的发展与进步，就在于人们在生活中获得的知识经验，可以借助符号进行传播，将过去、现在、将来联系在一起。可以说，没有符号，就没有历史。

符号是某种意愿的标志，具有较高的抽象程度。符号是传播意义的中介，通过能指与所指之间的关系，传播某种意义。

2. 两种符号

从符号学意义看，世界是通过符号认知和思维的世界。人际交往活动中，通过礼仪符号，将不同性格、兴趣、爱好、教育背景，来自不同民族及地域的人们联系在一起，实现友好相处，礼尚往来。

瑞士语言学家索绪尔把人类所创造和运用的符号分为语言符号和非语言符号两大系统。一般来说，人际交往也是借助这两种符号完成的，无论是语言符号，还是非语言符号，它们都在人际传播中具有重要作用。

3. 礼仪符号

礼仪符号就是人们在社会交往活动中使用的交际符号，用以表现相互之间的平等、信任、尊重、友好，是人与人之间相处、社交活动中传递友善信息的重要工具和手段。

礼仪是一种约定性很强的符号，社会交往活动中，我们要熟悉礼仪符号的能指及其所指意义，无条件地接受其约定，才能顺利实现沟通与交流。

（二）礼仪符号之间的关系

礼仪符号在人与人之间建立起的符号关系，就是人际交往活动中不同符号之间的关系。礼仪符号关系主要包括能所关系、编码关系和施受关系。

1. 能所关系

能所关系就是符号能指与所指之间的关系。索绪尔认为语言的能指是“声音形象”，所指是声音形象表达的“概念”；叶姆斯列将能指与所指划分为“表达平面”和“内容平面”。任何符号都包含能指与所指两个方面，符号是建立在能指与所指之间约定关系基础上的，能指与所指之间的关系，在任何情况下都是约定俗成的。

社交活动中，通过语言及非语言符号传播意义、开展交流、达成沟通。语言、文字、图片、声音、仪容、仪态、举止、动作、形象、行为等是礼仪符号的能指形式，借此表达的尊重、友善等意义、内涵等，成为礼仪符号的所指意义。

2. 编码关系

编码关系就是由能指要素组成的能指结构，编码过程是符号使用者之间的约定。交往双方利用这种约定，通过能指要素对所指意义进行符号编码、解码，完成意义重构，传递友好信息。

社交活动中，所有意义都经过符号编码；在不同文化环境中，礼仪符号的编码关系不尽相同。同样是见面问候，东方文化传统中，见面双方各自施礼、回礼，没有身体间的接触，如中国人的拱手礼、日韩等国的鞠躬礼、泰国人的合掌礼等；西方文化传统中，则以握手、拥抱等为见面礼，见面双方的问候通过身体接触完成。

3. 施受关系

社交活动是由交往双方共同完成的，两者之间建立了施受关系，决定着交往活动的进行和情感沟通的实现。

社交活动中人们之间的施受关系是动态的，适时发生变化。交往双方应根据具体时间、地点、场合及对象，把握好这种关系，顺利实现沟通与交流。

## 二、语言符号：人际交往的基本工具

古语云：一言可兴邦，一言也可以误国。好的语言表达，能使我们广交朋友，意义表达不清晰，往往会让人产生误会，影响人际交往的实现。

（一）语言符号

1. 语言符号的含义

语言符号是以语音为物质外壳，词汇为“建筑材料”，语法为结构规律的符号系统，是人类最重要的交际工具。语言符号是人类传播及交往活动中最重要的符号。

语言符号在礼仪符号中占据重要位置。语言礼仪符号具有明显的规定性，如见面称呼、告别话语、交谈内容等，语言符号的能指形式不同，其传达的意义（所指）也大不相同。

2. 语言是最重要的交际工具

语言是人类最重要的交际工具，对语言的运用直接反映个体的素质和修养。在社交礼仪中，语言的表现能力最为突出。什么时候，什么场合，该说什么样的话，用什么方式表达才符合礼仪规定，是我们在交往活动中应经常考虑的问题。

语言不是单纯的形式，而是承载着说话者情感和思想的特殊符号，所以我们要学会运用礼仪中的某些语言技巧来表达正确的情感和思想。

3. 语言技巧

在人际交往中，掌握语言技巧是正确处理各种关系、完成各种活动所不可缺少的能力，对语言技巧的训练和提高历来被人们所重视。

孔子说：“不学诗，无以言”，反映了他对语言表达的高度重视。《论语·述而》中记载：“子所雅言，《诗》、《书》，执礼，皆雅言也。”所谓“雅言”即“正言”，当时周王朝京都地区通行的是以陕西语音为标准音的官话，孔子平时谈话使用鲁国方言，但在诵读《诗经》、《尚书》，执行祭祀，从事外交礼宾活动时，都采用官话，其言行体现出“行礼之先，言为重”。

（二）与语言表达相关的因素

语言表达，是个体语言能力的体现，与多方面因素相关，其中素质和修养尤为重要，决定着个体语言风格的形成。

1. 素质

素质主要是指心理素质，包括人的气质、性格、兴趣、爱好等方面，是较稳定、本质的个性心理特征。素质与语言能力相关，影响个人语言风格的形成，如话语材料的选择、构思和表达等。

2. 修养

修养指一定的知识或艺术水平，主要来自后天培养，具有不可遗传性。良好的思想修养、文化修养和表达修养对语言能力的提高具有重要作用。

**思想修养**　个体的思想水平和理论水平，表现为对世界、人生、生死、幸福的不同看法，对表达对象的不同评价及对各种关系的正确理解和处理。

**文化修养**　指文化知识的积累，知识越丰富，视野和思路就越开阔，语言表达越丰富、越清晰。

**语言修养**　古希腊政治家、军事家塔里克思普说过："会思考但不知如何去表达的人，无异于那些不会思考的人。"英国法学家阿尔弗雷德·汤普森·丹宁在其论著《法律的训诫》中指出："要想在与法律有关的职业中取得成功，你必须尽力培养自己掌握语言的能力。你必须用你的全部技巧——一个语言艺术家的技巧，避免这种不公正、不合理的现象出现。"语言表达在工作、生活中都具有重要意义，是人们之间沟通的工具和手段。

（三）语言能力的体现

能力是足以使人成功完成某种活动的心理特征，是个体工作、生活、交际往来中不可或缺的重要部分。通过培养注意力、观察力、思维力、表达力等，能提高人们的语言表达能力。

1. 语言能力

语言能力是人们对语言的运用能力，包括完成语言活动的具体方式和活动过程中所具有的心理特征，是在素质和修养基础上逐步培养起来的，通过口语能力和写作能力体现出来。

2. 观察能力

观察能力是通过各种感官摄取信息、感受刺激的能力。视觉是最主要、最敏感的观察器官，听觉也是重要的观察器官。当人们将注意力集中于某一对象时，就能获得对观察对象的全面认识和了解。社交活动中，观察能力的应用十分重要。

3. 想象能力

想象能力是人们在已有信息基础上，在头脑中创造新形象的能力，是人类创新的来源。社交活动中，丰富的想象力可以激活思维，能使表达内容充实、深刻，表达形式新颖、活泼。

4. 思维能力

思维能力是头脑概括、间接反映客观事物的能力，是个人能力的综合体现。思维能力的强弱，具体表现在思维的速度、深度和明晰度等方面。语言是思维的工具，人的语言能力和思维能力密切相关。社交往来中，形象思维和抽象思维能力都很重要。

5. 口语能力和写作能力

口语能力和写作能力是个体语言能力的具体表现。"君子一言，驷马难追"，体现了口语表达稍纵即逝、不可逆转的特点。要求表达者思维敏捷，口齿流利，能协调语言材料和说话语境的关系，利用恰当的方式表现内容。

书面表达是个体写作能力的突出表现，要求表达者思路清晰、层次清楚，语言准确、文句流畅等。

**案例：演说家德摩斯梯尼**

古希腊演说家德摩斯梯尼年轻时口语能力很差，说话时发音不清，气息短，还爱耸肩膀，演讲时常常被听众轰下台。失败与嘲笑，没有使德摩斯梯尼畏缩、退却。他一方面刻苦读书，不断丰富自己的知识，学习语言表达的方法，虚心向著名演讲家请教。另一方面反复进行有针对性的自我练习：为了练习发音，克服气息短的缺陷，他把小石子含在嘴里练习朗诵，有时还迎着呼啸的大风讲话；为了克服耸肩的毛病，每次练习时，都在上方悬挂两柄剑，剑尖直指自己的双肩，以此改掉了不必要的动作；为了使自己安心在家练习演讲，剃了阴阳头。他还在家里挂上一面大镜子，经常对着镜子练习。经过艰苦的磨炼之后，德摩斯梯尼的口语能力得到迅速提高，最终成为世界著名的大演说家。

## 三、非语言符号：人际交往的辅助手段

非语言符号是社交活动中使用的语言符号以外的其他符号，包括物体语言符号、身势语言符号、情态语言符号及时空语言符号等。在面对面沟通中，非语言符号能传递重要的信息，具有不可替代性，并对有声语言起着强化或弱化的作用。

（一）物体语符

物体语符指交往活动中人们的服饰穿着、化妆打扮、器物使用等，对沟通与交流产生重要影响。

1. 服饰

服饰指人们穿着的服装和佩戴的饰品，是社交礼仪中重要的物体语符。

服饰产生之初，用以抵御寒冷气候，注重实用性；随着人类自我意识萌芽，文明的发展与进步，服饰成为人际交往中的重要符号，具有突出的时代特征，体现文化意义，承载了丰富的礼仪内容，在人际沟通中发挥重要作用。

2. 修饰

修饰是指人的化妆、打扮，使用化妆品装点颜面。修饰是人际交流中重要的情感符号，体现出对自己和对他人的尊重。

3. 器物

这里，器物主要指人际交往中使用的相关物品，包括馈赠礼品、宴请菜品、交通工具、通信工具等。面对不同交往对象，使用不同的器物，表现出对他人的不同态度。

（二）身势语符

身势语符指人们身体部位的动作符号，表现某种具体含义。人们在进行交流沟通和情绪表达时，常伴随诸多的身势语符，与语言符号一起，表达不同的情感。

1. 手

手势语符是身势语符的主体。手不仅显示数目计量，也表示情感。由于文化背景不同，各民族手势表达的含义也不尽相同。如中国人跷起大拇指表示赞叹，伸出小拇指表示鄙视；西方一些民族则将拇指朝下表示“坏”或“差”。

2. 肩

西方人有耸肩示意的习惯，通常表示“没办法”、“无可奈何”、“不明白”等意义；中国人则习惯于相互扳抚肩膀端详或拍肩膀以示亲热。

3. 臂

摇臂、挥臂、摆臂以及露臂等动作，在特定情境下传递不尽相同的信息。

4. 腿

拔腿、伸腿、扯腿、撒腿、偏腿、叉腿、翘腿、盘腿之类动作形态，在具体环境中，具有不同的含义。

5. 腰

叉腰、哈腰、伸腰、弯腰会间接传递某种暗示信号。如在客人面前或庄重的社交场合伸懒腰，是粗俗无知、不拘小节的表现，暴露出人的文化修养欠缺。

6. 足

顿足、跺脚、插足、失足、手忙脚乱、手足无措、指手画脚，都有其特定的含义。

提 示

**不同站姿反映的心理特征**

双腿并拢站立，给人诚实可靠、意识健全、脚踏实地、忠厚老实的印象，但表面上略显冷漠。

两腿分开，脚尖略朝外偏的站姿，表现出果断、人性和富有进取的特点。

胸挺背直，双目平视，表现出充分的自信，给人乐观开放的感觉；相反，弯腰驼背的人精神上处于劣势，表现出自我防卫、消沉、封闭的倾向。

两臂交叉，表明对他人的谈话采取审视或者排斥的态度，女性经常以此作为习惯性的防范动作。

两人相对而立，如果距离很近，双方上身或者头型成“A”字形，表明不容第三者加入的亲密关系。

通过体态表达自己的情感，是语符的重要补充，通过观察人的体态表现，判断其心理特征，是人际交往的必要能力。

（三）情态语符

情态语符指人的脸上各部位动作表达的意义，其主体是“眼语”。

1. 眼睛

人们常说，“眼睛是心灵的窗口”，眼睛蕴涵丰富的意义。印度诗人泰戈尔说：“在眼睛里，思想敞开或是关闭，发出光芒或是没入黑暗，静悬着如同落月，或者像忽闪的电光照亮了广阔的天空。那些自有生以来除了嘴唇的颤动之外没有语言的人；学会了眼睛的语言，其表情上是无穷无尽的，像海一般的深沉，天空一般的清澈，黎明和黄昏，光明与阴影，都在这里自由嬉戏”。

**案例：美女与注意力**

美国芝加哥大学一个研究小组发现，一个男人只需要对一张魅力迷人的美女照片看上45秒，就能让他体内发生强烈的化学变化，虚荣心和好胜心戏剧性地膨胀起来。这个男人就会想：我的收入还要增加一个百分点；我的事业一定要成功；社会地位必须跃上一个台阶；工作能力再加强；面包会有的，佳人会有的，一切都会有的。

研究小组把年龄在18岁到36岁的男人分成两组，其中一组看时尚媒体封面上年轻的魅力女性照片；另一组看50岁以上的妇女的照片。45秒以后，志愿者要求完成一系列的情绪测试、个性及事业调查。比较调查结果之后，两组之间出现了令人惊讶的差异。看了年轻女性照片的男人都夸口说自己更为雄心勃勃，在公司里处于更高的职位、收入更高而且声望更好等。而另一组看老年女性照片的，只有16%的男人如此评价自己。

从心理学角度分析，一般男性更愿意在异性面前表示出宽容、大度，更具有责任感，这实际上也是一种本能。

2. 眼神的运用

人际交往中，交往双方不仅要以坦诚的目光表达真挚的情感，而且还要善于解读眼睛的信息，从对方眼神中挖掘深层心理，这样才能进行有效沟通。

人际交往中，眼神的运用要与交往对象的关系相适应：如果双方关系亲密，交谈时对视较长时间是可以的；初次相识、一般关系，或是异性之间，如果长时间盯着对方，就是失礼行为；正面上下打量对方是一种轻蔑和挑衅的表示。

3. 微笑

交往活动中，微笑是极重要、很常见的情态语言。人际交往中，微笑是一种世界语言，不同民族、不同文化传统下，人们的交往就是从微笑开始的。

**案例：微笑服务**

被称为“微笑之邦”的泰国，一切服务工作都是在微笑中进行的。泰国航空公司把微笑写进广告：“请乘坐平软如纱的泰航飞机，到泰国来享受温暖的阳光和难忘的微笑吧！”

美国希尔顿酒店集团的创始人希尔顿在50多年里，不断到设在世界各地的希尔顿酒店视察，视察中常常问下级的一句话就是：“你今天对客人微笑了没有？”他确信微笑将有助于希尔顿酒店在全世界的发展。他要求员工记住一个信条：“无论酒店本身遭到何等困难，希尔顿酒店服务员脸上的微笑永远是属于顾客的阳光。”

4. 其他情态语符

口、舌、齿、鼻、耳、腮、头、颈等部位的动作也是情态语言，在特定场合传递丰富的情感，我们要尽可能掌握情态语言的符号意义。

（四）时空语符

时空语言是人际交往中重要的非语言符号，表现了人与人之间的不同关系。

1. 时间表达

时间表达指人际交往中双方见面次数、交往时间的长短。一般而言，见面次数多，交流时间长，双方的关系较融洽或较正式；见面次数少、交谈时间短，双方关系相对比较疏远。

2. 空间表达

社交活动中，交往双方身体的相互位置、距离和朝向，传递出人与人间奥妙的关系。

位置表示的主要信息就是身份，位置安排影响交往双方的心理。拜访时，客人坐办公桌对面，主人有控制权。开会时坐显眼位置，显示自己的存在和重要性。

心理距离远近决定空间距离远近；相处融洽、兴趣相投，空间距离较近；社会地位相近的人，空间距离较近。

朝向是交际主体调整自己相对于对方的角度。面对面朝向表示交际活动正进行，显示双方或亲密、或严肃甚至敌对的关系。背对背朝向表示相反的意义。

## 第三节 社交礼仪技巧

要顺利实现沟通与交流，技巧的掌握和使用非常关键，社交礼仪就是交往的重要技巧，主要包括语言及非语言两个方面。

## 一、语言的真诚交往

人际交往，是一种双向、互动的人际传播，推动这种双向传播的是“你一言，我一语”。

（一）听的技巧

传播的重要功能之一就是信息分享。善于倾听，可以在“听”的过程中得到许多经验和思想。倾听既是交谈中的行为，更是与人沟通的技巧。

1. 沉默

与别人交谈时，遇到自己不熟悉的话题或不同意的观点时，可选择沉默。沉默有两层含义：一是沉默不语，在默然中蕴藏自己的话语和态度；二是静静倾听，在对方话语中寻找新的话题和信息。

在特定环境中，沉默往往比论理更具说服力。不同的沉默方式有不同的作用，运用时要把握分寸。

2. 真诚倾听

交谈中，要注意限制自己的讲话频率，耐心倾听他人说话，这是重要的交谈技巧。专注倾听时，要表达出对说话者的浓厚兴趣，或面带微笑，或扬起眉毛，或点头称是……

（二）说的技巧

语言技巧其实就是在合适的场合，对合适的人说合适的话。语言表达要体现对他人的尊重。

1. 缩短心理距离

生活中人们时刻都要与他人交往。与陌生朋友会面时，得体的介绍，可以缩短人们之间的距离。介绍时要注意场合，可借助名片进行自我介绍，也可通过熟人朋友引见相识。

2. 带着尊敬和真诚的称呼

人际交往中，人们对称呼十分敏感。要注意对方的主次关系和年龄特点，考虑对方心理，并根据社会习惯来选择称呼。

3. 敬语、谦语和雅语

敬语、谦语和雅语是传统的语言礼仪，今天仍然发挥着积极作用。

提 示

**敬语、谦语、雅语的使用**

敬语，亦称“敬辞”是表示尊敬礼貌的词语。常用敬语有：“请”、“您”、“阁下”、“贵方”等。会议、谈判等公务场合，比较正规的社交场合，与师长或身份、地位较高的人交谈，与人初次打交道或会见不太熟悉的人时，应使用敬语。

谦语，亦称“谦辞”，是向他人表示谦恭和自谦的词语，用于在别人面前谦称自己和自己的亲属。

雅语，指比较文雅的词语，体现出个人的文化素养以及对他人的尊重。

4. 高于智慧和学识的礼貌语

日常生活和人际交往中，礼貌用语的使用可以拉近人们的距离，消除人际间的摩擦。对初次见面的人而言，礼貌用语搭建了一座良好沟通的桥梁。

**案例：有礼与无礼**

从前，有位士兵骑马赶路。接近黄昏时分还找不到客栈，正在焦急时，突然见到前面来了位老农，便高声喊道：“喂，老头儿，这离客栈还有多远？”老人回答：“五里！”士兵策马飞奔了十多里，仍不见人烟。“五里、五里”，他猛地醒悟过来：“‘五里’不是‘无礼’的谐音吗？”于是他掉转马头赶回来亲热地叫了一声“老大爷……”，话没说完，老人说：“你已经错过客栈了，如不嫌弃，可到我家一住。”

## 二、非语言的智慧交往

古语云：“情动于中，而形于外。”这是说人的内在情感和思想会通过外在的形体动作表现出来。人际交往中，人们的表情、神态和举止是语言符号重要的补充信息，某些时候甚至成为信息传递的主要方式。美国 Discovery 频道曾做过一个节目，拍摄了大量在街头打电话的人们，发现人们在与相聚遥远的人电话联系时也伴随着微笑、手势等非语言符号的使用。

(一) 神态技巧

1. 体态语言

体态语言又叫身势语言、态势语言，是通过身体姿态表达情感的特殊语言形式，如面部表情、手势或身体动作等。交谈中，既要向对方传递正确的体态信息，又要注意观察对方的体态变化，及时调整谈话内容和节奏。

中国传统礼仪中，对人们的体态动作有特别的规定，如晚辈在长辈面前行走要“趋行”，见到长辈应起身相迎等。

2. 眼神和目光

交谈时，眼神和目光传递的信息更加微妙、复杂，也更为深刻。眼神极富心理表现力，瞬息万变的眼神和目光是复杂的思想和情绪的自然流露。人们既可以借助目光来丰富感情表达，也可以借助目光来捕捉对方的心理秘密。

3. 微笑

微笑是融洽人际关系的最基本要求。面部器官中，构成微笑的主要因素就是嘴的形状。嘴巴微微张开，上牙微露，形成微笑；唇角呈向上弧形但合在一起，不露出牙齿，也形成微笑。微笑可以表现温馨、亲切的情感，能有效缩短双方的距离，给对方留下美好的心理感受，从而形成融洽的交往氛围。

(二) 体态技巧

举手投足之间，优雅的姿态举止是有教养、有素质、充满自信的完美表现。对女性来说，美好的体态，能使人看起来更加年轻，充满活力，提升整体形象。

1. 站立

站姿显示出人的个性，也表现交往双方的不同关系。

2. 坐姿

坐姿要求端庄自然、大方。入座时动作要轻稳，最好不要坐满，而只坐一半。入座后，手可平放在腿上或沙发扶手上，上身要端正挺直，不要垂下肩膀。

3. 手势

交谈中适当做一些手势，可以增加语言表达的效果。但是，手势不宜过多，幅度不宜过大，否则会给人一种指手画脚、不沉稳的感觉。

（三）距离技巧

1. 交谈距离

交谈时，除注意交谈内容、语调、语态及语速外，还应保持与对话者的适度距离，既让对方感到亲切，又给人舒适的主观感受。

2. 空间距离

人际交往中的空间距离也称为“空间语言”。社会生活中，每个人都有自己的“个体空间”。个人对空间需求的欲望是有限的。当个体空间大于所需空间时，会感到孤独和寂寞；反之则会感到烦躁不安。在人际交往中要把握好不同的空间距离。

# 思考与练习

一、思考题

1. 如何理解礼仪产生的社会基础？

2. 社交礼仪有哪些基本特征？

3. 如何看待礼仪的约束作用？

4. 提高语言能力的途径有哪些？

二、请结合自己的交往实际进行分析

1. 以某次交往活动为例，谈谈在人际交往中你是如何使用沟通技巧的？

2. 在人际交往中你怎样使用语言符号？如何将非语言符号作为辅助手段来应用？

# 第二章　社交语言礼仪

语 言 交 际 / 语 言 原 则 / 社 交 话 题 / 社 交 语 境 / 语 言 表 达 /
措 辞 选 择 / 语 气 与 语 调 / 寒 暄 / 赞 美 / 幽 默 / 交 谈 / 电 话 / 网 络

关 键 词：悦 耳 合 适　准 确 标 准　得 体 平 和　赞 美 沟 通　幽 默 气 质

没有口水与汗水，就没有成功的泪水。

——佚名

## 第一节　语言礼仪基础

语言是最重要的交际工具。在社交活动中，要借助语言技巧建立与对象的良好关系，实现有效沟通。

### 一、语言交际

在社会生活中，语言是促成人际交往和情感沟通的重要手段。语言交际就是应用语言进行的交往活动，是社会化过程中不可缺少的重要组成部分。

语言交际是通过语言符号进行的，语言交际能力是语言能力的体现。

1. 语言符号

符号是借助某种形式传播意义的载体。语言符号是以语音和字形承载意义的符号，是最重要的符号，在人们的社会生活及交往活动中广泛使用。

语言符号分为两类：口头语言符号是一种有声语言，是交谈中使用的口语符号；书面语言符号是在口语基础上加工、提炼而成的，并用文字形式固定下来的符号。

2. 语言符号的使用

社交活动中，语言符号的使用是约定俗成的，有明确的要求和规范，应根据交往对象、场合准确选择。

3. 语言交际能力

语言交际能力是人们运用语言符号进行沟通、协调的能力，包括完成语言活动的具体方式和语言活动过程中所具有的心理特征。

语言交际能力是人们在社会生活中最重要的能力之一，良好的语言表达与沟通能力，能促成社会交往活动的实现。

## 二、社交语言使用原则

面对不同交往对象，所处场合不同，语言使用的要求不同。

（一）基本原则

人们应用社交语言时应遵循的重要原则主要体现在以下几方面。

1. 平等、尊重、信任、友好

语言交际是建立在尊重、信任对象，与对象建立平等、友好关系的基础上的。

2. 理智、适应、得体、综合

语言应用要体现理智思维，应根据交往对象的需要，综合考虑场合、话题等多方面因素，选择得体的语言表达。

3. 把握语音、语气、语速、节奏、语调

进行语言交际时，要发音准确，语气亲切、温和，语速适中，语调平和，有节奏。

（二）对象原则

语言表达要根据具体的交往对象进行选择。

1. 根据对象的个性选择语言

交往对象的年龄、性别、家庭背景、教育程度、身份、地位、心境等不同，交谈的内容、语气、态度和语调不尽相同。

2. 根据自己与对象的关系选择语言

在长期的人际交往中，形成了自己与交往对象的不同关系，面对熟悉、亲近的对象，可选择轻松的语气，直入主题，把握重点内容；当对象陌生、疏远时，应选择较规范的语言、正式的语气和轻松的话题。

（三）场合原则

要根据人际交往时的具体语境选择恰当的语言进行表达。

1. 交际场合的划分

人们之间的语言交际场合，按照具体交际环境的性质不同，可分为公开与非公开、正式与非正式、交际与非交际场合；按照交际环境中对象的不同，可分为职业与非职业、友情与亲情场合；按照交际环境中的交谈内容，可分为高雅与通俗场合。交谈中要根据语言场合体现一定的差异性。

2. 语言选择

交际语言的表达要根据场合进行选择。比如，教师在课堂教学中讲求语言的规范性、条理性、严谨性和权威性，但在课后与同学的交流中则强调亲切、和蔼、朋友式的语言表达。

## 三、社交话题

话题是人们在交际活动中选择的谈论主题。社交语言中的话题，主要体现为与对象和场合相关的内容。

（一）话题原则

语言交谈离不开具体的谈话内容，社交活动中要根据场合和对象，充分考虑交谈话题的选择。

1. 与交往活动内容相关

语言交谈离不开具体的社交活动，根据社交活动的不同内容，选择不同的话题。如拜访探视时，除一般性问候外，还可选择愉快的回忆、共同的爱好等话题；聚会活动时，应选择大家熟悉的话题。

2. 与交往活动对象相关

人际交往中，要注意观察交谈对象，根据对象的性别、年龄、个性、兴趣和爱好选择合适的交谈话题，促成与交流对象的沟通，有助于社交活动的顺利完成。

3. 与社交活动场合相关

社交活动一般是在茶室、郊外、餐厅、歌厅等场合，这时可选择轻松、愉悦的交谈话题，受拘束较少。而酒会、晚宴等社交活动则相对比较正式，这时的交谈话题应与场合相一致。

（二）话题选择

在社交活动中，为了更好地与交往对象进行沟通，除与社交内容、场合相关的话题外，可在适当的时机，针对交往对象，选择不同的交谈话题，营造轻松愉悦的气氛，与对象建立良好、和谐的关系。

1. 社交中的一般话题

一般社交场合，谈论的话题有：天气变化、愉快的旅游经历、一般性新闻和时政、流行影片或畅销书、健康美容、厨艺等，可以从中选择一两个话题进行交谈。

2. 与女性交谈的话题

女性关注较多的内容有：美容与化妆品，体型、健身、运动，时尚、发型与时装，流行音乐、热播电视剧，孩子、家庭，家居、购物、娱乐，等等。

3. 与男性交谈的话题

与男性交谈，可从下列话题中选择：健康、户外运动，探险、汽车，投资、股票，美食与时尚，成功的经验，等等。

（三）不宜交谈的话题

人们常说：男不问收入，女不问年龄。也就是说，在人们的交往活动中，并不是所有话题都可以交谈，有些话题内容，可能会让交谈对象处境尴尬，心情不悦。

社交活动中，有些话题可能造成双方误会，不宜交谈。

提 示

**不宜交谈的 8 个话题**

1. 过于敏感或未明辨的是非问题；
2. 财产、婚姻、年龄、收入、居住地址等个人隐私问题；
3. 对方的弱点与不足之处；
4. 第三者的坏话；
5. 个人的恩怨和牢骚；
6. 自己的经济窘况；
7. 自己的成就和得意之处；
8. 令人不快的疾病。

## 四、社交语境

语境是指人们进行口头语言交流时的具体环境。

社交语境指社会交往环境中，人们进行口头交谈时的具体语言环境。交谈对象、话题和场合不同，社交语境也不相同。

（一）不合适的社交语境

不合适的社交语境是指对交谈双方不合适，可能影响社交活动正常进行，阻碍双方交流和沟通的语言环境。

为了不造成不合适的社交语境，应该避免以下 5 个问题。

1. 对交谈对象不够尊重

表现为看不起交谈对象，用词和语气唯我独尊。

> **情景**　看到杂志上朋友写的文章，就说："这篇关于普洱茶的文章是你写的？我记得你不懂茶呀。你还会写这个？真让人难以相信"。

2. 对交谈对象不够了解

不了解交谈对象的实际情况，话语唐突。

> **情景**　看到李先生和一位女士走过来，小赵说："李先生好！您的太太气质太好了！"女士一脸尴尬，李先生忙解释道："介绍一下，这位是我的同事，张女士。"

3. 不理会交谈对象当时的心境

不体谅交谈对象的心情，过于鲁莽。

> **情景**　高考分数出来了，小李的成绩不太理想。邻居丁阿姨不停地问着："成绩出来了，怎么样？""准备上北大还是清华？""跟弟弟交流一下学习经验，别保守啊！"小李无语……

4. 将自己的喜好强加于交谈对象

表现为自我中心，强加于人，以自己的标准取代别人的标准，过于苛求。

> **情景**　几个好友在茶馆喝茶聊天。小刘对小王说："你的衣服颜色不对，搭配也不对。"没有理会小王的不悦，小刘继续说："哪天我带你去选几件像样的，穿起来就不会像现在这样没气质了……"小王站起身，头也不回地走了。

5. 交谈话题的选择不恰当

对交谈话题不做选择，不考虑对方感受，随意性太强。

> **情景**　毕业二十周年聚会上，同舍好友聚在一起欢快地交谈着，回忆从前，感受现在，从运动、旅游、休闲、购物，谈到家庭、孩子，姚女士热情地邀请大家到她的别墅做客，夸着自己的先生和孩子，说着家族的生意……身边的人越来越少。

（二）合适的社交语境

合适的社交语境是指对交谈双方都适合，有利于促进双方相互了解与沟通的语言环境。

提示　**营造合适社交语境的8点建议**

1. 充分尊重交谈对象；
2. 与交谈对象平等、友好地交流；
3. 与交谈对象建立相互信任的关系；
4. 迎合交谈对象的心理需要；
5. 满足交谈对象的现实需要；
6. 选择交谈对象喜欢的话题；
7. 恰当的措辞；
8. 温和的语调。

（三）社交语言禁忌

在社交活动中，除遵循社交语言的基本原则和要求外，还应注意以下语言禁忌，并避免在交谈中使用，以免出现不尊重交往对象，造成对他们的伤害。

1. 对交往对象的称呼过于随意

如直接称呼老人“老头”、“老奶”，称呼小孩“小鬼”，称呼老师“那个人”，或直接以“喂”、“嘿”相称。

2. 不在乎交谈对象，转移话题说他人

对交谈对象不予理会，而去谈论对方不熟悉或不知晓的其他人。

3. 对交谈对象出尔反尔

说话随意性强，脱口而出，什么都答应，什么都说好，但过后就忘记，或根本无法做到。

4. 藐视交谈对象

目中无人，看不起交谈对象，以势压人，居高临下，语调傲慢，语气极端不耐烦。

5. 侮辱交谈对象

使用侮辱性语言，伤害交谈对象的人格与自尊。

6. 向交谈对象说脏话、粗话

与交谈对象之间争执升级，口出脏话、丑话，造成双方的对立。

# 第二节　社交语言表达

古话说“一言知其贤愚”。语言表达体现了个体的素质和修养，是语言交际能力的具体体现。

## 一、语言表达

社交活动中，语言表达清晰，意义明确，能达成与交谈对象的沟通与交流。

（一）语言表达十原则

交际活动中，让语言表达更清晰的10个原则如下。

1. 悦耳的第一声问候

向交往对象问好或表示欢迎，是个体的最初亮相。“您好”“下午好”等是最常用的问候语。作为语言交际中最重要的环节，悦耳、清晰的问候是社交活动成功的开始。

2. 选择合适的称谓

称谓是对交谈对象的称呼。社交活动中，对交谈对象的称呼选择十分重要。一般来说，有职务者称呼职务，无职务者称呼职业，也可使用先生、女士等一般称，比较熟悉的人，还可使用亲属称。谈话进程中，对长辈、上级应使用尊称。

3. 准确介绍

介绍是以自己主动沟通或第三者沟通，使交往双方相互认识，建立联系，增进了解的交往方式。包括自我介绍、他人介绍和集体介绍。

4. 发音标准

交谈中应使用普通话，吐字标准，不说错别字。遇到同音不同义的字词时，可适当加以解释。如介绍名字中的“璐”，你说“璐，斜王旁加马路的路”，可能对方会误认为是“斜王旁加马鹿的鹿”，你这样解释“璐，斜王旁加道路的路”，别人就不会产生误解。

5. 意义表达清晰

意义表达在社交活动中十分重要，是保证交流活动得以顺利进行的基础。应做到意义表达准确，避免“言者无心，听者有意”，产生歧义。

6. 注意观察，随机应变

语言交谈中，要细心观察交谈对象，适应不同对象的特点，精心选择语言和话题，促成与对象的沟通。

7. 语言使用得体

语言表达要符合自己的角色定位，处理好与交谈对象的不同关系。说自己用谦辞，对他人使用礼貌语、敬语和雅语，以获得对象的好感。

**使用得体的语言**

| 语言使用 | 语言含义 | 适应情况 | 示　例 |
|---|---|---|---|
| 敬语 | 表示尊重和敬意 | 对他人 | 尊敬的、贵宾、贵客、您 |
| 礼貌语 | 礼貌的语言 | 交谈过程 | 问候：您好、早安、欢迎<br>告辞：再见、一路平安<br>致歉：麻烦、打扰、对不起 |
| 谦辞 | 自谦、谦虚的语言 | 说自己 | 鄙人、拙文 |
| 雅语 | 文雅的语言 | 交谈过程 | 请进、欢迎光临 |

**提 示**

## 礼貌用语的使用

初次见面说“久仰”；好久不见说“久违”；请人指点说“赐教”；求人解答说“请教”；请人帮忙说“劳驾”；托人办事说“拜托”；麻烦别人说“打扰”；求人谅解说“包涵”；求人方便说“借光”；赞人见解说“高见”；等候客人说“恭候”；客人到来说“光临”

> 看望别人说“拜访”；陪同朋友说“奉陪”；不能陪客说“失陪”；起身走时说“告辞”；不要远送说“留步”；向人祝贺说“恭喜”；回敬祝贺说“同喜”；请人收礼说“笑纳”；赠送物品说“惠存”；物归原主说“奉还”。

8. 态度平和

语言表达时态度平静谦和，热情真诚，使交谈对象心情愉悦。避免态度冷淡、生硬。

9. 记住名字

语言交谈中记住别人的姓名很重要，这样能使对方感到受到特别的重视，为自己赢得对方的信任。记住别人姓名的方法很多，如以名字创造词义、将名字与对象的突出特征联系、字音的联想、反复记诵等方法。

10. 学会倾听

语言交谈中，还应学会倾听别人的谈话，倾听也是一种交谈技巧。

（二）正确的语言表达方式

社交活动中，语言表达方式的选择和使用，有助于更好地实现沟通与交流。

1. 真诚、准确、理性

交谈中，态度要真诚，语言表达要准确，要富于理性，不能信口开河，不假思索，脱口而出。

2. 把握分寸

说话时要把握好分寸，不能说得太满。别人有求于你时，应留有余地，尽力而为。

3. 符合身份

语言表达要与个人的年龄、职业、身份等相一致，恰到好处，不能口无遮拦，随意表态。

4. 简洁明了

语言表达要亲切平和，简洁明了，不要天南地北，漫无边际，不着重点。

5. 肯定为主

与人交谈中，要善于发现别人的长处，多用肯定，少用否定。特别是在与上级或长辈交谈时，更要注意这一方面。

6. 通俗明白

交谈中，要用明白、晓畅的语言，通俗易懂，少用书面语和口头禅。

（三）不合适的语言表达方式

交谈中的语言表达方式不恰当，会阻碍语言沟通，甚至产生适得其反的效果。交谈中应避免以下 6 种不恰当的语言表达方式。

1. 刨根问底式

表现为对交谈对象充满好奇，让对方十分反感。

**情景**　教师休息室里，女教师 A 向身边的老师不断发问：“你是中文系的吧？”“你是不是住在高教小区？”“你家是不是刚装修过？”“你的孩子上初中了吧？”“你们系的收入不错吧？”……

2. 侧面摸底式

表现为对交谈对象的个人隐私感兴趣，旁敲侧击，让对方感觉不愉快。

**情景**　朋友家，看到张女士穿着的名牌服装，小王说：“张姐，您穿的都是高档名牌，开的车也上档次。当教师的收入维持不了这样的消费吧？”看到张女士不回答，小王又说道：“张姐，您给指点一下，我怎样才能提高自己的消费水平呢？”……

3. 不假思索式

对于自己不太熟悉或不太肯定的问题，不应马上给出肯定的回答，应留有回旋的余地。

**情景**　旅游大巴上，省外游客正向邻座的云南客人小王请教关于普洱茶的问题：“普洱茶的生茶和熟茶有什么不同？”

小王：“生茶就是绿茶，熟茶就是红茶。你看茶的颜色就知道了。”

省外游客：“那它们和普通的绿茶、红茶有什么不同？”

小王：“就是产地不同，是云南普洱产的，所以名称也不同。”

（上述解释显然是错误的）

4. 强迫命令式

命令式的表达给人极大的心理压力，应以商量的口吻来说。

**情景**　看到小李穿着皮鞋来到球场，小马急切地说道：“你怎么这样就来了，一点常识都没有，赶快去换掉，不然崴着脚就麻烦了。”小李脸上一阵红、一阵白……

5. 施舍恩惠式

施舍式的表达方式对交谈对象极不尊重，很难实现平等沟通。

**情景**　来到聚会地点，小王不耐烦地说道：“我可是勉为其难才来的。今天简直是赶场一样，四、五个饭局等着，我都推掉了……”

6. 乞求同情式

乞求的语言表达方式让自己没有自尊。

**情景**　茶室里，小李正絮絮叨叨地跟朋友说着：“看在朋友份上，你一定得帮我这个忙，就买几千块的东西。一星期了，我还没有销售业绩，求求你帮帮我！”

## 二、措辞选择

在社会生活中，无论是说话还是写作，都应该综合考虑多种因素，深思熟虑之后再进行表达，这就是措辞。社交中的措辞，指人们在交谈中选择恰当的词语和句子，完整、清晰地表达自己的意思，以便交谈对象理解和接受。

语言表达中，选择合适的措辞，能让我们与交谈对象达成良好沟通，愉快相处，接近和达到社交目标。

（一）不合适的措辞

语言交谈中，忽略交谈对象，不尊重交谈对象，或是不考虑交谈对象的现实感受而说出的话，就是不合适的措辞。

下面是容易产生误解，常常导致交谈活动无法顺利进行的 4 种社交措辞。

1. 张冠李戴

相见多次仍然记不住交谈对象，张冠李戴，认错对象，混淆不清。

2. 目中无人

交谈时不考虑对方感受，忽视他人的存在，自顾自说。

3. 自我夸耀

交谈中夸耀自己和家人，夸耀自己的行为，鄙视他人。

4. 严厉命令

不看对象、场合，以命令式口吻对人说话，不合时宜，让人反感。

（二）合适的措辞

社交语言中，要根据交谈对象及需要、交谈语境及话题，选择合适的措辞。选择合适措辞时，可参考以下 9 点建议。

1. 措辞适合自我角色定位

要根据自己的角色定位，选择合适的措辞。

> **情景** 大四的张同学完成了毕业论文，打电话给指导老师："李老师，我的毕业论文写好了，你有空过来拿一下吧。"这是对自己定位不准确，很容易使对方反感。

2. 措辞适合交谈对象身份

面对不同交谈对象时，应根据对象的不同身份，选择合适的措辞。

> **情景** 家长会后，李先生与老师交谈，张老师反反复复地说："你要记住，这可是孩子关键的一年，面临小学毕业升初中的巨大转折。""你的孩子就要小学毕业了，这是人生最关键的时候。""人生最关键的就是几步，小学毕业就是几步中的一步"。李先生汗滴如雨。

3. 措辞中的意义表达要准确

在与对象交谈时，意义表达力求准确，对容易产生误会，造成歧义的词语要避免使用；也不要简单使用缩写词汇。

> **情景** 小王到边远县乡挂职，朋友们一起为他送行。大家纷纷说着告别、祝福的话。只听小李说道："祝你一切顺利，可不能有去无回呀！"众人一时无语。

4. 措辞适应特定场合

语言表达时，要根据不同场合选择措辞，正式场合的语言强调准确、到位；非正式场合则可轻松、活跃一些。

> **情景** 同学聚会中，大家正谈得高兴。小刘突然对小张说："最近股市

不怎么好。你亏了多少？”大家愕然。

5. 措辞要留有余地

交谈中不要将话说得太全太满，应留有回旋余地。

**情景**　朋友们一起聊天，老李说起孩子，叹气道：“中考成绩不理想，差50分才到重点中学录取线。你们谁能帮忙想想办法？”老王不假思索地说道：“不就是上重点中学吗？没问题，包在我身上。”直到暑假结束，老李孩子的事仍然没有结果。

6. 措辞应对他人表示尊重

交谈中，应处处体现对他人的尊重，而不应该抬高自己，贬低对方。

**情景**　教师们在休息室交谈，听到中文系的王老师说要开设唐宋诗鉴赏课。一位男老师说：“唐宋诗？这样的课也要开？让学生自己找几本书看看不就可以了。”王老师听后非常生气。

7. 措辞应对他人表示友善

措辞的选择，要充分体现友好和善意。

**情景**　听说同学去做茶叶生意，小李说：“你怎么现在才去做茶叶生意，是不是晚了点？说不定把老本都赔进去呢？”

同样的情况，小张说：“现在做怎么会晚呢？依你的才干和能力，不干好都不行，祝你生意兴隆，财源广进。到时可要请客啊！”

8. 措辞中可适当示弱

与对象交谈时，有时可适当示弱，以得到对方的理解和支持。

**情景**　业主高先生因未及时缴纳水费，而被自来水公司断水。小区物管处郑主任正与之进行协商：“高先生，在水电问题上，物管确实没有发言权。我们已经请水电公司三次延期收费了。如果您实在太忙，特殊情况特殊处理。您可以把水费单和钱款交给物管，由我们去收费点帮您缴纳，之后再与他们交涉开通您家的用水。这样行不行？”

9. 措辞中表示感谢

在与对象交谈中，当别人给予支持、关心时，我们应向他们表示真诚的感谢。

**情景**　天气突然变冷，张女士边打喷嚏边说：“麻烦了，这次出门没带外衣。”旁边的小李忙回自己房间拿了件毛衣，张女士穿上衣服说道：“暖和极了，真是雪中送炭。太谢谢了！”

## 三、语气与语调

语气和语调虽然不直接表达意义，但作为与意义表达密切相关的内容，语气和语调应用得合适与否，直接影响语言交谈的结果。

（一）不合适的语气

语言交谈中语气谦和、亲切，体现交往双方的平等。交谈中应该避免出现以下 4 种不合适的语气。

1. 不耐烦的语气

如对交谈对象说："有什么事？快说呀！"

2. 生硬的语气

见到有人来，大声问："你干什么？"

3. 不友善的语气

还没听完对方的陈述，就说："去去去，怎么那么烦，不想跟你说。"

4. 不在乎的语气

交谈中为小事发生争执，互不相让，朋友相劝时还说："大不了我们不做朋友了。"

（二）语调和语速

语调和语速在交谈中也具有重要意义，与语句、词汇等共同表达意义。

提 示

**语速和语调使用的 4 点建议**

1. 语调要平和、适中；

2. 声音要柔和，音量要适中；

3. 语速适中，不能太快，也不能太慢；

4. 与老年人交谈，声音可稍大，语速可稍慢。

## 四、交谈对象不理睬自己的时候

语言交谈中，有时会遇到交谈对象不理睬自己的情况，这时，请细心察颜观色，及时找出原因，尽快调整自己的语言及行为。

（一）原因

交谈对象不理睬自己，可能有以下 6 个原因。

1. 交谈对象为其他事情困扰

交谈对象中途接到电话，遇到某些使其困扰的事，会使其心不在焉，难以继续交流。

2. 交谈对象突然想到某件事

谈话间，被某句话触发，交谈对象想到其他事情，注意力无法集中。

3. 交谈对象触景生情

为当时的情境所动，触景生情，一时之间难以自拔。

4. 自己的语言表达不清晰

说话时意义表达不清楚，言者无心，听者有意，使交谈对象产生误解。

5. 用词不够妥当

交谈中随口而出，词汇产生歧义，使交谈对象不高兴。

6. 自己的某些行为欠妥

交谈中自己的举止行为，如公众场合抽烟，坐姿不文雅，说话时离对方太近等，都可能使交谈对象不愉悦。

（二）交谈对象不理睬自己时的做法

交谈对象不理睬自己时，应针对以上原因进行相应的调整。

提　示　**交谈对象不理睬自己时的6种调整方法**

1. 暂停谈话，等待交谈对象重新将注意转回话题。
2. 终止谈话，重新选择合适的机会。
3. 转变话题，使对象远离当时的情境。
4. 准确表达自己的意思，消除误会。
5. 向交谈对象表示歉意，纠正自己的错误。
6. 及时调整自己的行为，争取重新赢得对方的信任。

# 第三节　社交语言技巧

在社会交往中，语言技巧对我们正确处理各种关系，完成各种交往活动具有重要意义。孔子说："不学诗，无以言"，表现了对语言技巧的高度重视。对人们而言，经过学习和训练，就能熟练地掌握语言技巧，顺利地实现沟通与交流。

## 一、寒暄

寒暄是一种没话找话说的交谈方式。根据社会学家的相关研究，社会交往中，陌生人在初次见面后的4分钟，只能相互介绍、互通姓名、简单问候，谈论一些无关紧要的问题，而不能提及敏感性问题。

（一）社交需要寒暄

从信息传播角度看，寒暄的内容大多是"废话"，但这些"废话"却能使人们实现感情的交流，突破沟通的障碍。

1. 寒暄是对他人存在的意识

社会交往中寒暄的使用，表明了对他人存在的意识，体现自己的友好。

2. 寒暄是善意表达

交往活动中，人们很自然地进行友好的、聊天式的、冗长的交谈，表达自己的善意。

3. 寒暄有时也以非语言符号表达

长期工作、生活在同一环境下，人们有时也以点头、微笑、招手等非语言符号表示寒暄。

（二）寒暄方式

1. 问候式寒暄

日常生活中最常用的寒暄方式。一句亲切的问候，可以向对方表达亲善和友好，对他人而言是一种信任和尊重。如"您近来身体还好吧？""今天没课吗？"

2. 言他式寒暄

陌生人见面一般采用这种寒暄方式。在西方国家，人们避讳别人问及自己的隐私问题，即使熟人见面，也常以这种方式开头。如"这里的环境不错。""听说最近有个乐队要来演出。""这种水果可以治疗失眠症。"

3. 触景生情式寒暄

触景生情式寒暄指在具体交谈场景临时产生的问候语，是熟人间、邻居间常用的寒暄方式，随口而来，自然得体。看到对方正做什么事，或根据对方职业特点和生活习惯推测其行为，可以采用这种寒暄方式。如“整理花园啊？”“买菜去啊？”

4. 话题式寒暄

有时也可以从某个话题开始进行寒暄，如新闻、娱乐、休闲等话题内容，但不要提及敏感或容易引起争议的话题。

## 二、赞美

赞美是向他人表示由衷的赞赏和鼓励。语言交谈中，真诚地赞美他人，能使我们更好地与交谈对象沟通，建立和谐的关系。

### (一) 赞美的益处

赞美在社交往来中十分重要，能使赞美双方同时受益。

提　示

**赞美他人的 6 大益处**

1. 更容易为交谈对象所接受；
2. 营造良好、合适的社交语境；
3. 缩短与交谈对象之间的距离；
4. 更好地了解交谈对象的需要；
5. 使交谈对象心情愉悦；
6. 自己保持愉快而高昂的情绪。

### (二) 赞美的内容

赞美他人时，合适的内容和话题能使赞美双方相处愉悦，增进双方的交往与友谊。赞美时应根据对象，选择赞美内容。

**赞美女士可选择的内容**

1．赞美对象优雅的着装；
2．赞美对象得体的修饰打扮；
3．赞美对象时尚的发型；
4．赞美对象独特的欣赏品位；
5．赞美对象温柔、恬静的个性；
6．赞美对象有较高的艺术修养；
7．赞美对象的孩子聪明可爱；
8．赞美对象善于持家理财。

**赞美男士可选择的内容**

1．赞美对象仪表堂堂；
2．赞美对象独特的审美品位；
3．赞美对象成功的事业；
4．赞美对象骄人的成绩；
5．赞美对象的绅士气质；
6．赞美对象的英武大度。

### (三) 赞美他人的方式

根据不同交谈对象和交谈时机，赞美他人的 8 种方式如下。

1. 直接赞美

用美言直接称赞交谈对象，适用于较熟悉的交谈对象。

**情景**　周末公司聚会，看到迎面而来的同事，小赵真诚地说：“王姐，您真是魔鬼身材！”“小李，这条丝巾真漂亮，你系上才显出了它的独特。”

2. 间接赞美

间接赞美对象，适用于不太熟悉或较尊贵的对象。

**情景**　看到从车上下来的贵客，小孙满脸笑容地说："先生，欢迎欢迎，您的光临让这里蓬荜生辉！连花儿都提前绽放了。"

3. 请教式赞美

以请教问题的方式赞美对方，适用于专业背景较突出的交谈对象或尊者、长辈。

**情景**　可行性报告宣读之后，王经理对张教授说道："您是这方面的行家，全国知名，就给几句点评吧！"

4. 鼓励式赞美

激发、勉励对方的赞美方式，对晚辈及下属适用。

**情景**　看到小明本学期以来的进步，老师高兴地说："近来你的成绩提高很快，真是'芝麻开花节节高'呀。继续努力吧！"

5. 类比性赞美

利用美好的人和事与赞美对象作类比，找到两者的共同点。类比性赞美切忌以他人作为简单参照，扬此抑彼。

**情景**　看到赵老师家居室虽小但藏书丰富，小郭真诚地说道："您这是典型的书香之家，真有刘禹锡'斯是陋室，唯吾德馨'之境"。

6. 断语式赞美

以下结论的方式赞美对方，适用于上级对下级、长者对晚辈。

**情景**　公司签下大客户，章经理对设计部给予表扬："这次设计部把公司业务推到了一个新水平，体现了公司发展的新高度"。

7. 正话反说式赞美

独辟蹊径，明贬实褒的巧妙赞美，具有幽默感，适用于较熟悉、相处时间较长的人。

**情景**　实验课上，有的同学没做完就走了，有的经历几次失败后也走了，只有小李坚持下来，到晚上9点终于成功了。张老师总结时说："做实验常常会遇到失败，大家要像小李一样，屡败屡战，坚持到最后！"

8. 抓住细节赞美

抓住细小的环节赞美对象，于细微处见真诚，有助于真诚地开启友谊之门。对初识者、常见面者适用。

**情景**　看到刚认识的何女士，小孙真诚地说："您的皮肤真好，细腻、白皙又有光泽，配上这身黑色礼服，时尚漂亮。真让人羡慕呀！"

## 三、幽默

幽默是以自嘲的方式进行的语言交谈，体现了个体的机智和聪慧，也是个体创造性思维的体现。社交语言中，适当应用幽默，能使交谈双方在轻松活跃的气氛中达成目的。

**案例：邱吉尔以幽默化解尴尬**

第二次世界大战期间，英美两国领导人举行会谈。一天清晨，罗斯福有急事欲见邱吉尔，临时拜访。罗斯福未等通报长驱直入。推开门，只见邱吉尔大腹便便，肚皮露出水面，正躺在浴缸里津津有味地抽着他的大号雪茄……一时之间，两人都觉得不自在。邱吉尔很快打破了尴尬的局面，他笑呵呵地说："总统先生，我作为英国首相，在您面前可真是开诚布公、毫无隐瞒了。"罗斯福也忍不住大笑起来，连连说道："毫无隐瞒！毫无隐瞒！"

（一）幽默的作用

幽默在人际交往中具有活跃气氛，缓和矛盾，解除尴尬的作用。

1. 自我解嘲

由于交谈话题不慎，或出现意想不到的特殊情况，使自己处境困难，幽默能起到自我解嘲的作用。

**案例：遭"蛋袭"保持淡定 自我解嘲显风度**

德国前总统伍尔夫访问西部城市威斯巴登时，遭居民扔鸡蛋袭击，他仍神态从容。在接受采访时他表示："我想与民众进行接触，所要付出的代价就是随时会被扔鸡蛋。"

2. 化解矛盾

幽默的使用，常能起到化解矛盾，缓和关系的作用。

**案例："你知道我是谁吗？"**

在机场登机手续办理处，一位名人拒绝排队，当工作人员提醒时，他叫嚷起来："什么？我也需要排队？你知道我是谁吗？"聪明的工作人员对周围的人说："这位先生现在不知道自己是谁了，哪位朋友能帮帮他？"结果，包括名人在内的所有人都笑了。最终，名人自觉地站到等候队伍中。

3. 消除尴尬

人际交往中常常会出现某些尴尬局面，幽默的使用，能使人消除尴尬。

**案例：巴金的幽默**

新来的医生给巴金看病时，想测试一下老人的视力和反应。他举起一根指头问："这是几？"巴老毫不迟疑地回答："三。"医生愕然。看到大家迷惑不解，巴老慢慢地说："他一定是问我这根指头有几个指节，不然一根指头有什么好问的！"大家都笑起来。

4. 缓和气氛

幽默在人际交往中，能调节谈话活动，营造轻松气氛，既给了对方面子，同时也以自己的宽厚赢得了对方的理解和支持。

**案例：推销自己**

一位公司经理刚刚上任时，有人当面讥笑他说："你原来不是百货站的经理吗?”经理笑着回答:“是的,我干了20年推销工作,每次都成功地把商品推销出去了,这次也不例外,我又成功地把自己推销出去了。”说完,两人不约而同地笑了。此后再也没人以此来讥笑他了。

5. 随机应变

交际活动中要根据情况进展适时调整,随机应变,而幽默就是最简单、奏效的方式。

**案例:公交车司机的幽默**

公共汽车里,车厢里乘客稀疏,车门口挤满了人。司机机智地大声喊道:“穿干净内衣的人都往车后边走,其他穿脏衣服的人和我留在车前面。”只见乘客们边笑边向车后面挤去……

6. 调整关系

幽默的使用,能适时调整自己与交谈对象之间的关系。

**案例:幽默的演讲**

一次,作家汪曾祺参加演讲时最后一个出场,这时听众已经坐得不耐烦了。汪曾祺走上演讲台说道:“最后一个发言是困难的,因为大家都已经很疲倦,这要怪我的倒霉的姓,姓的倒霉的第一个字母——W。不过大家可以放心,我的发言很短,短得像兔子的尾巴。”(众人笑)

“有人说我的小说是有画意的小说,那我是会很高兴的。可惜,那样的评论家只有一个,那就是我自己。”(众人大笑)

汪老言简意赅、妙语如珠、轻松幽默的演讲,给人以美的享受,赢得听众的热烈掌声。

(二)幽默的使用

1. 巧用成语、故事

成语和故事在民众中流传广、影响大,具有丰富的文化底蕴,交谈中巧妙应用,有助于双方的沟通和交流。

成语是人们长期以来习惯用的、简洁、精辟的定型词组或短语,一般有出处,体现了中国传统语言文化的独特魅力。常用的成语如朝三暮四、小题大做、后来居上、胸有成竹、乘人之危、过眼云烟、情投意合……

用熟悉的故事说事,活跃交谈气氛。人们常用的故事主要来自三国、水浒、西游故事,如桃园结义、三顾茅庐、鸿门宴、煮酒论英雄、苦肉计、空城计、林冲、武松打虎、唐僧取经、孙悟空大闹天宫、三借芭蕉扇……典故、故事在民间几乎家喻户晓,借此说事,能活跃交谈气氛。

**情景**　几天没出门,小刘看到大家时笑着说:“前天摔了一跤,把门牙给磕掉了。实在是无颜见江东父老。”

2. 巧用方言、俗语

套用方言、俗语,语言通俗生动,形象有力。

**案例：君子与小人**

一次宴会上，张大千向梅兰芳敬酒时说："梅先生，我要敬你一杯，你是君子，我是小人"。客人们不解其意，看到众人一脸困惑，在座的一位先生解释说："张先生套用了一句俗语：君子动口，小人动手。"众人顿时醒悟。

3. 借彼言此

通过联想、想象，借易于理解的人或事，从侧面切入，既形象、生动，又富有哲理。

**案例："西天取经"的明星团队**

阿里巴巴总裁马云谈到团队在企业成功中的作用时，曾说过这样一段话："唐僧是一个好领导，他知道孙悟空要管紧，所以学会了念紧箍咒；猪八戒小毛病多，但不会犯大错，所以只是偶尔批评批评；沙和尚的工作比较辛苦和枯燥，容易产生懈怠之心，所以会经常鼓励他一番。这样一来，西天取经这个明星团队就成形了。"

4. 根据场合，随机应变

在特定的场合，随机应变表现幽默与诙谐，能消除交谈双方的顾虑与隔阂。

**案例：任弼时吃黑饭**

一次，任弼时夫人把饭烧糊了，看到任老吃得嘴边黑糊糊的，夫人十分内疚。任老诙谐地说："这黑饭可以治癌症，还是一种难得的补药。再说，我明天演黑脸张飞，就用不着化妆了。"

（三）交谈中幽默气质的培养

幽默是一种独特的气质，与生俱来的幽默感并不多见，大多数人可以通过后天的学习和培养，形成独特的幽默感。

**提 示**

**培养幽默气质的 8 点建议**

1. 积极、乐观的生活态度；
2. 宽容、大度的处世原则；
3. 不拘小节的生活作风；
4. 丰富的知识积累；
5. 广泛的学科背景；
6. 机智的应变能力；
7. 灵敏、创新的思维方式；
8. 融洽、轻松的气氛营造。

## 四、面对面交谈

面对面交谈是传统的交谈方式，应用较广。交谈是双方相互了解，达成沟通与交流的最佳途径。除选择合适的话题外，还应根据交谈方式的不同，适时调整。

除语言符号外，非语言符号在交谈中也发挥着重要作用。

（一）交谈的时空距离

1. 时间距离

交谈的时间距离主要指与对象交谈时间的长短和交谈次数的多少。双方相处融洽，交谈时间较长，交流次数较多。反之，则时间短，次数少。

交谈中要根据对象的个性和当时的心境，把握时间距离。

2. 空间距离

社交活动中，与交谈对象的距离不能太近，应根据不同场合及活动安排，与对象保持合适的距离。

（二）交谈时的外表形象

社交活动中，个体着装与外表给人的第一印象十分深刻，影响自己与交谈对象之间信任、平等关系的建立。

1. 第一印象

第一印象是个体留给他人感官的最初印象，带来首因效应。良好的第一印象，是实现语言沟通的基础，有助于与交谈对象之间建立和谐的关系。

2. 修饰

个体借助一定物质手段对面部进行的化妆和修饰。修饰是个体文化修养与素质的重要表现，既表现了对自我的尊重，也体现了对他人的尊重，是现代社会人际交往中外表形象塑造的重要内容。

**女性的修饰建议**

1. 注意面部化妆和修饰；
2. 根据着装色彩、款式确定彩妆造型；
3. 色彩选择宜淡，忌浓妆艳抹。
4. 发型选择与年龄和脸形相配。

**男性的修饰建议**

1. 保持面部整洁；
2. 胡子剃干净；
3. 头发不过肩。

体现精力充沛，充满活力，精神抖擞的风貌。

3. 着装

社交活动中的着装应具体个性，体现一定的时尚与流行。较隆重的社交场合，应穿着礼服；外出游玩的活动，可穿着休闲服。

4. 配饰

配饰指用于点缀而佩戴的饰品。可根据社交场合、服装色彩及款式，搭配少量配饰。首饰不宜多，造型不宜夸张，体现平等、质朴的特点，切忌珠光宝气，咄咄逼人。

（三）交谈时的仪容仪态

社交活动中个体表现出来的动作姿态和行为，是人的气质、风度的重要体现。其作为语言的辅助手段，应用得当，将有助于更好地与对象沟通。

1. 正面朝向对象

社交活动中应该以正面朝向对象，一般不能以侧面、背面示人。

2. 面部表情

交谈时应保持微笑，面部表情轻松、愉悦、亲切、柔和、真诚、友好。切忌面部紧绷，冷笑、狂笑。

3. 眼部视线

交谈时应与交谈对象保持水平视线。交谈时看对方的额头、眼睛、鼻子、脸颊、嘴唇等部位，但不能盯着别人看个不停，或在某一部位停留的时间过长，也不能眼睛不停地在对方脸部来回扫视。与对象交谈时，还应避免斜视、盯视、瞥视、扫视对方。

4. 站立姿态

站立时上体正直，头正肩平，目光平视正前方。切忌身体歪斜、弯腰驼背、浑身乱动。

5. 行走姿势

行走时方向明确，步幅适度，速度不紧不慢，脚步要轻，双手自然摆动。切忌横冲直撞，挡路抢行，蹦跳奔跑。

6. 坐姿

就座轻慢，离座缓慢，注意先后，以礼相待。头部抬正，双目平视，身体端正，手臂放腿上或扶手上，小腿与地面垂直，双膝并拢。切忌头靠椅背，上身趴伏，双腿叉开，腿部抖动，双脚直伸向前。

7. 手势动作

手势的应用要准确、规范、大方，双手自然垂放，握手时手掌朝向身体侧面，指示方向时五指并拢，掌心向上。递接物品用双手，轻拿轻放。切忌对人指指点点，随意摆手，捻指摆弄，抓耳挠腮，搔首弄姿。

（四）交谈中的非语言禁忌

交谈中的非语言禁忌指交谈中以非语言符号表现出来的，影响双方协调与沟通的其他形式。

1. 衣着随意

服饰着装过于随意，对交谈对象不够尊重。

2. 目中无人

社交活动中，对交往对象不加理睬，冷落对方；上下打量，盯视对方，斜眼看人，藐视对方。

3. 面无表情

面容紧绷，表情生硬，面无笑意。

4. 举止失当

行为举止表现失当，坐立不安，手足无措。

5. 手势错误

用手指头指向对方，指指戳戳，或是手掌向下。

6. 动作粗暴

用物品敲打车窗、桌椅、行李，或用脚踢物品。

7. 物品摆放或使用不当

不了解物品与对象的关系，物品摆放不当，使用方法不正确，造成对象心情不悦，影响交谈活动顺利完成。

## 五、其他形式的交谈

随着现代通信的发达，电话、网络等物质手段，已成为人们进行联络、互通信息和交流沟通的重要形式。

（一）电话交谈

电话交谈是一种不见面的交流方式，除以语句、词汇表达完整意义外，语气、语调、节奏、停顿及背景声音，也是重要的话外之音，体现出对交谈对象的不同态度和情感。电话交谈中，要遵循以下 9 个原则。

1. 用语礼貌

电话是以声音传递信息的。拿起电话的第一声，一般是问候语，使用礼貌用语和尊称，体现礼貌、体贴和尊重，声音清晰、悦耳、吐字清脆。如"您好！请问有什么需要？""您好，香格里拉酒店。我能帮您做什么吗？"挂断电话之前，也应友善告别。

2. 心情愉悦

交谈时，面部表情影响声音变化。打电话时，双方虽然看不见各自的表情，但说话者的喜怒哀乐会通过声音传递给对方。所以电话交谈时，应放松心情，保持愉悦，一般情况下，保持正常自然的谈话状态就可以了。

3. 声音清晰明朗

打电话的人，身处异地，甚至相距千里之外，因此交谈时发音要准确，音量要适中，对老人说话时声音可略大些，这样才能达成沟通与交流。

4. 专注通话

打电话时，注意力要集中，不能翻报纸、看电视、吸烟、喝茶、吃零食，因为这些杂声进入话筒后会扩大，干扰通话效果并引起对方的烦躁。

5. 准确拨号

打电话时，要准确拨号，以免打错电话。电话接通后，应耐心等待对方接听，如长时间无人接听，则应挂断电话，几分钟后再行拨打。

6. 迅速接听

现代社会，人们工作和生活都很繁忙，要养成迅速接听电话的习惯。一般而言，应在电话铃响两声后接听，这样既节省双方的时间，又表现出对他人的尊重。

7. 时间选择

打电话应注意时间，社交活动中的电话，一般应选择工作之余、休息时间通话，太早或太晚、吃饭或午休时间，一般不打电话。

8. 内容准备

打电话时，应对自己要说的话进行提前准备，避免电话交谈中漫无边际、东拉西扯，以保证双方愉快通话。

9. 体态端正

电话交谈时，身体姿态也很重要，一般应站立或端坐，这样发出的声音亲切、悦耳，充满活力。如果打电话时躺在沙发上或斜靠在椅子上，对方听到的声音就是懒散的，无精打采的。

（二）网络交谈

网络技术的不断发展，网络的空间虚拟性已为人们所认同和接受。通过网络特别是社交网络进行人际交流，已成为越来越普遍的行为。

网络交谈中，应注意以下 4 个尊重原则。

1. 个人信息，注意保密

网络交谈中，不要随意公开自己的姓名、住址、电话号码、E-mail，更不能透露自己的银行卡、密码等信息，以免被人利用，造成伤害。

2. 初次见面，把握分寸

网上初次见面时，自然、平和、有礼、有度，把握好分寸，既不过分亲切、热情，也不过分冷淡，以免对方难以接受。

3. 文字表达，清楚流畅

网络交谈中，主要以文字为主，要注意书写准确、表意恰当。由于网络词汇的大量出现和更新，网络交谈中也可适当使用某些使用频率较高的网络词汇，如“给力”、“织围脖”、“雷人”、“囧”、“悲催”等。

4. 换位思考，相互理解

网络交谈时，会出现诸如对方突然停止对话，或拒绝呼叫等情况，这可能是由于某些不得已的事情出现，导致交谈中断。这时应耐心等待，如实在无法联系，则换个时间继续沟通；如果有急事，可以采取其他方式进行联系。

# 思考与练习

一、请思考以下问题

1. 你上次当众发言是什么时候?

2. 你和他人交往时，意思表达清楚吗？说话流畅吗?

3. 你在交谈中有口头禅或是常挂在嘴边的话吗?

4. 长时间与某人相处，你会受其表达风格的影响吗?

5. 你注意过别人说话的方式和特点吗?

6. 你在交谈中是否能听出别人说话时的“言外之意”?

7. 与别人交谈时，如果听不懂别人说的话，你会选择什么方式去弄清楚?

8. 你上网吗？是否在交谈中大量使用网络词汇?

9. 在与他人交谈时，你的最大障碍是什么?

10. 以请根据你的思考，对自己的表达进行总结。

二、请你做一个自我介绍

1. 假设你第一次参加社团活动，请向其他社团成员介绍自己。

2. 如果参加某文化传播公司的面试，请你进行自我介绍。

三、在不同的场合，你如何称呼下面的人

1. 比你年长的人。

2. 你的同龄人。

3. 实习单位的领导和同事。

4. 学校里的老师。

四、实践题

请你组织一次班级联谊活动，你将如何邀请大家参加？怎样主持活动?

# 第三章　服饰与修饰礼仪

色彩/色系与色调/色彩礼仪/服装配色/服装选择/
着装礼仪/饰品佩戴/修饰原则/修饰礼仪/彩妆修饰/
关键词：整体协调　端庄稳重　张扬个性　TPO　审美形象

妇人貌不修饰，不见君父。

——《汉书》

## 第一节　色彩礼仪

视觉是人类认识世界的开端。现代科学研究表明，正常人从外界接受的信息中，接近百分之九十的信息是由视觉器官输入大脑的。

### 一、色彩

色彩是重要的视觉信息，在人们的社会活动中具有十分重要的意义。

（一）色彩概述

1. 色彩是重要的视觉语言

色彩是视觉语言中最重要的因素，传递和表达丰富的情感。来自外界的视觉信息，如物体的形状、空间、位置及其界限和区别，通过色彩和明暗关系得到反映。

2. 色彩三原色

英国科学家布鲁斯特发现，利用红、黄、蓝三种颜料，可以调配出红、橙、黄、绿、青、蓝、紫七种颜料，还可以调配出其他更多的颜色。布鲁斯特指出红、黄、蓝是颜料三原色，即别的颜料混合不出来的颜料。这就是色彩三原色，如图 3-1 所示。

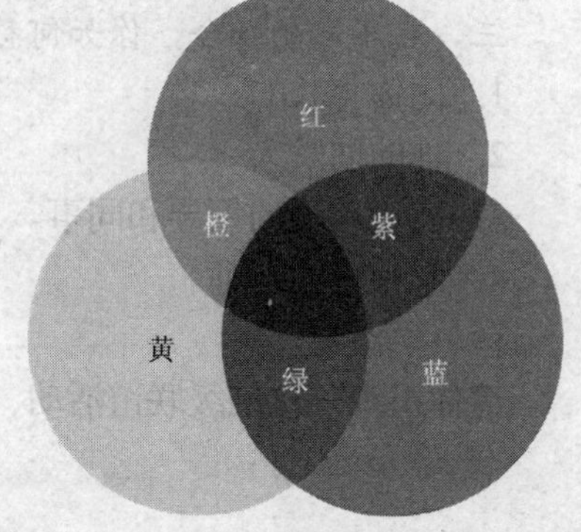

图 3-1　色彩三原色

3. 色彩的种类

色彩一般分为无彩色、有彩色和独立色三大类。无彩色即黑、白、灰等；有彩色即红、黄、蓝及其组成的各种色彩；独立色即金色、银色等金属色和矿石色。

4. 对比色

色彩的对比包括色相、明度、饱和度、冷暖、补色、色彩和消色的对比等。两种可以明显区分的色彩，即对比色。对比色放在一起，会给人强烈的排斥感，若混合在一起，会调出混浊的颜色。如红与绿、蓝与橙、黄与紫、黄与蓝、紫与绿、红与青，任何色彩与黑、白、灰，深色和浅色、冷色和暖色、亮色和暗色等，都是对比色关系。

5. 色彩感受

色彩不仅带来视觉感受，而且带来心理感受。绿色带给人青春、清新、希望的感觉，红色给人温暖、激情与力量的感觉……和谐的色彩使人积极、明朗、轻松、愉快，不和谐的色彩会使人消极、抑郁、疲劳。

6. 色彩是服装最重要的组成要素之一

服饰着装离不开色彩。服饰的色彩不同，表达的情感不同。选择适合自己个性的服装色彩，根据不同的社交场合进行色彩搭配，就能体现自己独特的色彩风格。

（二）色彩三要素

色彩具有色相、纯度（也称彩度、饱和度）、明度三个基本特性，色彩学上也称为色彩的三大要素或三属性。

1. 色相

色相指色彩本身的固有颜色，是色彩的特点，如红、黄、蓝、玫瑰红、橘黄、柠檬黄、钴蓝、群青、翠绿等。

2. 纯度（彩度、饱和度）

纯度指色彩的纯净程度，表示颜色中所含色彩成分的比例。比例越大，色彩纯度越高；比例越小，纯度越低。当某种颜色掺入黑、白或其他色彩时，纯度会产生变化。

3. 明度

明度指色彩的明亮程度。各种有色物体由于反射光量的区别，产生颜色的明暗强弱。

同一色相在不同情况下，有不同的明度。某种色彩在强光下较明亮，弱光下较灰暗；这一色彩加黑或加白后，会产生不同的明暗层次。

不同的色彩，明度也不相同。在有彩色中，明度最高的是黄色，明度最低的是蓝紫色，红色、绿色为中间明度。无彩色中，白色明度最高，黑色明度最低。

色彩的明度变化会影响纯度，如红色中加入黑色后明度降低，纯度也降低；红色中加入白色明度提高了，但纯度却降低了。

## 二、色系与色调

日常着装中，了解色系和色调的构成，对我们穿衣搭配很有帮助。

（一）色系

色系是按照色彩基底色对色彩进行的划分，基底色构成不同，色系不同。根据色系选择服饰色彩，进行面部修饰，就能保持整体形象的协调。

1. 暖色系

以红色、黄色为基底色的色彩，给人以温暖的心理感觉，主要有红色、黄色、橙色、棕色、金色等。

2. 冷色系

以蓝色为基底色的色彩，给人以凉爽的感受，主要有蓝色、粉色、紫色等。

3. 中性色系

中性色系也称无彩色系，指没有基底色的色彩，包括黑色、白色及黑白相混形成的深浅不一的灰色等，组成由白色渐变到浅灰、中灰、深灰再到黑色的系列。中性色系只有明度，越接近白色，明度越高；越接近黑色，明度越低。

（二）色调

色调是色彩的性质，指色彩外观的重要特征和基本倾向，是由于色相、明度和纯度不同而产生的颜色特征。

1. 红色调

红色热情浪漫，给人以强烈的感官刺激，表现热情、奔放、快乐、喜庆。

2. 橙色调

橙色使人温暖，具有亲和力，引人注目，表达开朗、亲切、自信的特点。

3. 黄色调

黄色是有彩色中最明亮的颜色，象征明朗、阳光、希望和温馨，给人以飘逸、跃动、华美、清新、明快的感觉。

4. 绿色调

绿色给人舒适的视觉感受，体现柔顺、温和、舒适、娴静、积极向上。

5. 蓝色调

蓝色深邃而神秘，表现清纯、认真、诚实、理性与沉稳的个性。

6. 紫色调

紫色充满神秘意味，给人以忧郁、冷艳、高贵、孤独、飘逸的感受。

7. 其他色调的心理感受

色调的划分与色彩要素相关，不同的标准，色调的划分不同。按色相可分为红色调、蓝色调、绿色调等，按明度可分为亮调、灰调、暗调等，按纯度可分为鲜艳色调和银灰色调等。

不同色调的不同心理感受

| 色　调 | 心理感受 |
| --- | --- |
| 淡色调 | 透明、朦胧、清雅、柔和 |
| 浅色调 | 甜美、柔和、青春 |
| 亮色调 | 活泼、朝气，具有生命力 |
| 灰色调 | 朴素、文雅 |
| 柔和色调 | 柔软、轻松、自然、优雅 |
| 浊色调 | 稳重、自然，使用范围宽泛 |
| 深色调 | 成稳、华丽、高贵、典雅 |
| 暗色调 | 成熟、自信、权利 |
| 纯色调 | 动力、活力、震撼 |

## 三、色彩与礼仪

色彩是礼仪的重要构成，无论是服饰、修饰、场景、仪式，都离不开色彩。

（一）色彩体现礼仪内容

在各种场合和活动中，色彩成为礼仪的重要内容之一。

1. 古代色彩礼仪

在古代，某些色彩是地位与权势的标志。中国古代许多朝代，黄色是皇室专用色，官员不能乱用，百姓更不可能使用。古代西方，只有贵族阶层才能享用鲜艳的色彩，一般平民只能使用灰暗的色彩。

2. 色彩的特定意义

色彩在特定场合和活动中，具有某种象征意义。应用最多的礼仪色彩，是红色、黑色和白色。

**礼仪小知识：色彩的礼仪含义**

**红色**：喜庆色彩，开业庆典、婚礼、春节时使用较多。

**黑色**：肃穆与庄重的色彩，参加重要活动时男士的服装色彩，女式礼服的常用色；葬礼着装色彩。

**白色**：在西方象征纯洁，是新娘的礼服色彩；在中国表现哀痛。

随着社会发展和文化融合，许多色彩被赋予新的礼仪内容。

（二）色彩形象设计

个人形象设计中，色彩设计占有举足轻重的地位和作用。

1. 色彩设计

中国传统文化追求含蓄、内敛、清雅、庄重、飘逸的色彩效果，常常选择纯度偏低的色彩，是传统、稳重、含蓄的配色方案。

**礼仪小知识：一般色彩设计**

以低纯度色为主色，色彩明度视情况而定，再以高纯度色作为辅助色或点缀色。适用于上班，参加公务活动或会议等。

2. 色彩与体型

人的体型可分为高、矮、胖、瘦四种。进行设计时，色彩应与人的体型相协调。

**提 示**

**根据体型选择色彩的几个建议**

身材高大魁梧者，适合以暗色、冷色为主色。

身材瘦弱者，适合以浅色、暖色为主色。

身材适中、体型肥胖者，适合大面积收缩色为主色，小面积艳色和亮色做点缀。

身材娇小玲珑者，可以大面积使用亮色与艳色。

身材适中、体态适宜者，可根据肤色选择适合自己的色彩。

## 第二节　服饰礼仪

服饰是一种物体语言符号，具有突出的时代特征，是流行时尚的标志，体现了人的审美要求，也是自我形象的展示。相关研究结果表明：得体、优雅的服饰，能增强着装者的气质和风度。人际交往中，服饰着装对塑造个性形象具有重要意义。

## 一、服装配色

从某种意义上说，色彩是服装的灵魂，是创造服饰整体艺术氛围和审美感受的特殊语言，也是充分体现着装者个性、展示服饰风格与变化的重要手段。

（一）服装配色原则

服装及饰物的色彩不仅影响着装效果，而且给人以不同的心理感受。服饰配色应与着装者的年龄、身份相适应，并符合季节变化及所处环境的风俗习惯。

1. 配色基本原则

服装配色应以协调一致为基础，把握三色原则，即全身服装的色彩不超过三种，达到整体和谐。

**礼仪小知识：正确的配色方法**

服装以某种色彩为主，在衣领、腰间等重点部位，以其他色彩作为点缀，通过对比、衬托、装饰，体现整体服装的协调。

2. 端庄统一原则

上衣和下装选择同一种色彩，虽然单调但却比较保险。通过同一色彩的深浅、明暗变化，体现服装的和谐美，适用于一般性场合。如：浅棕色衬衫+深棕色裙子+黑色腰带。对初学者而言，这种搭配简单容易。

3. 对比衬托原则

利用色彩对比，在视觉上产生冲击力，起到深浅衬托的作用，使服饰色彩主次分明，整体和谐，如黄色与紫色、玫瑰红与黑色。此外，黑、白、灰分别与其他色彩进行搭配时，会产生不同的对比效果。如橙色与白色搭配较明亮，与黑色搭配则较暗沉。

不同色彩的对比产生不同的效果，搭配得当，令人耳目一新；如果色彩选择不当，则给人凌乱无序的感觉。正式场合，参加较重要的活动时，一般不采用对比搭配；初学者也不宜进行这方面的尝试。

4. 点缀缓冲原则

对某些比较鲜艳的色彩，可以选择同一色系、明度接近的色彩进行搭配，起到淡化作用，产生和谐、自然的色彩美。如深红与玫瑰红、墨绿与浅绿、橘红色与黄色等。此外，在大面积使用鲜艳色彩时，也可加入少量其他颜色，但点缀色的面积不宜过大。如红色套裙以黑色纽扣点缀，黑色裙子用几缕金线勾边。

5. 呼应协调原则

将两到三种颜色均匀地运用于全身，上下呼应。女士穿着花纹服饰时，可从花纹色彩中选取一种作为搭配。如上衣是白底蓝花，下装是白色裙子，配上蓝色帽子、白色手袋和皮带，就能产生整体协调的视觉效果。

6. 衔接贯通原则

以上衣和下装两种颜色为互补色，如红色与绿色、蓝色与橙色、紫色与黄色。如色彩对比过于强烈，可在中间适当添加白色、黑色、灰色或金色，使上下装颜色得以衔接，对比得到缓和，从而取得协调的效果。

服装色彩搭配时，一般情况下，切忌上下身同时采用鲜艳的色彩。

（二）端庄稳重的深色系

典雅、端庄、稳重，是深色系服装体现的主导风格。深色系吸收光线，在视觉上具有一定的收缩效果。

1. 黑色

黑色是永久的时尚色，可以与任何色彩进行搭配，不会产生冲突。黑色如果穿着不当，也容易给人以冷漠、执著、防御过度的印象。选择黑色服装时，要注意款式、质感和风格，线条和轮廓应尽量简单。

**黑色搭配小贴士**

黑色是经典的色彩，除服装图案中的黑色外，裤子、裙子、鞋、包等，常选择黑色，与其他色彩搭配。

黑色如果与过于柔和的色彩搭配，会失去不少个性。

黑色如搭配深褐色、深紫色等，会使服装过于昏暗沉着，让整套服装的色彩没有重点。

2. 咖啡色

咖啡色是低亮度色彩，给人亲切、友善、端庄、优雅的印象，视觉上没有压迫感，可与其他很多色彩搭配。

**咖啡色搭配小贴士**

咖啡色与浅咖啡、白色搭配体现高雅、宁静的气质，适合初入职场者穿着。

咖啡色与米色、粉色、鹅黄、砖红、蓝绿色、蓝色等亮丽色彩搭配，体现时尚。

参加商务会谈、问卷调查、汇报工作时可以选择咖啡色服饰。

3. 灰色

灰色作为中间色，搭配时自由度比较大。与黑色、咖啡色相比，灰色更朦胧、低调，有时给人我行我素、独来独往、高傲、冷漠的感觉。

**灰色搭配小贴士**

灰色与各种高饱和度色彩或闪亮的金属色搭配，具有或耀眼跳跃、或含蓄内敛、或清纯脱俗、或中性独特的风格。

银灰、深灰、铁灰，比较适合从事金融工作的职场人士穿着。

面试、参加商务会谈或拜访客户时，灰色着装给人诚恳、稳重、睿智的印象。

灰色服装强调质感，应避免穿着纯灰色且质感较差的服装。

4. 墨绿色

与浅绿色相比，墨绿色显得含蓄、沉稳、诚实、可信，体现低调与奢华。但墨绿色有时也显得被动，给人以平淡、孤傲的印象。

**墨绿色搭配小贴士**

墨绿色与深色系搭配，体现稳重、可靠的特点。

大面积使用墨绿色，感觉缺乏创意；如从事合作性工作，容易失去参与感。搭配时应与其他颜色进行调和。

（三）引人注目的浅色系

浅色柔和、素净，能吸引眼球，但也容易增加体积感，显露弱点。身材纤瘦的人，选择浅色系服装会显得较丰满，身材玲珑有致；身材丰腴的人，选择浅色系服装，会让自身缺陷一览无余。

1. 白色

白色宁静、素雅，与其他鲜艳的色彩搭配，能表现个性。但如果白色面积太大，会给人冷漠、不现实的感觉。选择白色服装时应注意款式和质地。

**白色搭配小贴士**

与深色相比，白色没有压迫感，比较适合职场女性穿着，短发配白色是最清爽的组合。

2. 浅粉色

对年轻女性而言，浅粉色具有青春活力，四季适宜；但大面积使用，也会显得稚嫩、不成熟。

**浅粉色搭配小贴士**

正式场合或办公室，不宜穿着粉色裙装。这种场合，可以浅粉色为辅助色，衬托其他色彩。

浅粉色适合居家穿着，给人以松弛、轻松的感受。

（四）张扬个性的彩色系

生活中的色彩绚丽多姿，彩色系服装给人的感受不尽相同。

1. 红色

红色是最刺激、最鲜艳的色彩，表现激情、热烈，也容易造成压迫感。

**红色搭配小贴士**

适当的红色点缀比大面积运用更有特点。

长时间面对红色，会使人产生焦躁不安的情绪，因此与人谈判或协商事务时不宜穿着红色。

出席喜庆宴会、节日活动时，可以穿着红色服装。

2. 蓝色

蓝色如果搭配不好，容易给人留下呆板、无趣、没有想象力的印象。

**蓝色搭配小贴士**

应避免蓝色与深绿色、浅绿色等色彩搭配。

蓝色套装给人认真、专业、积极、干练的印象，出席较严肃的场合，或想树立权威时，可以穿蓝色服装。

初入职场的女性，穿着蓝色短裙显得活泼雅致。

3. 紫色

紫色是敏感和矛盾的色彩，融高雅、优雅、神秘与孤独、忧郁为一体，紫色的深浅、明暗变化，给人不同的感受，体现不同的风格。

**紫色搭配小贴士**

浅紫色体现年轻、轻盈、浪漫、梦幻、纯净；深紫色表现成熟、性感、妩媚。

鲜艳的紫色张扬、强烈，灰浊的紫色含蓄、优雅、内敛；偏蓝的紫色安静、忧郁，偏红的紫色热情、温暖。

紫色与白色搭配十分显眼，与黑色搭配体现成熟、性感。紫色与灰色搭配极具个性，与蓝色、粉色搭配很协调，与黄色、橙色等对比色搭配风格强烈、时尚。

## 二、服装选择

一般而言，由于男性服装款式不多，男性对服装款式的选择余地较大。由于女性服装的色彩和款式比较丰富性，因此，女性不仅要选择适合自己的色彩，还要根据个性确定服装的款式。

### （一）服装与体型

不同的人，体型差异很大，应根据不同的体型选择不同款式的服装。标准型的人，身体各部位比例协调，不同的款式都适应，穿着选择面较宽。

1. 葫芦型

体型像葫芦，胸部和臀部比较丰满，腰部较细，曲线玲珑，不宜穿宽大蓬松的服装。

**葫芦型身材服装选择**

适合穿低领、紧腰身的窄裙或八字裙，质地以柔软为佳。

胸、臀部与腰部对比度过大时，可以穿腰身不显眼的服装。

2. 运动员型

身材苗条，胸部中等或瘦小，臀部瘦削扁平，没有腹部及大腿边的赘肉，服装选择余地大。

**运动员型身材服装选择**

适合穿着舒适飘逸的罩衫，打褶裙、宽松打褶的长裤，较宽松的服装等。

避免穿着紧身长裤和低腰长裤。

3. 梨子型

上身肩部、胸部相对瘦小，而下身臀部肥大，腿部也较发达，形成腰线提高，上身显短的视觉效果。

**梨子型身材服装选择**

适合穿宽松服装和伞状服装，以分散他人对腰部的注意。

上衣宜宽松，以遮到臀部为宜。

4. 腿袋型

臀部和大腿边有赘肉，着装时要尽量将注意力放在身体上部，不能穿紧身裤或长筒靴。

**腿袋型身材服装选择**

适合样式简单的打褶裙或长裤，颜色以明度和色彩度较低的暗色为主。

可佩戴色彩鲜艳的丝巾等饰物。

不适合的服装：及膝靴子、紧身衬衫、大花格子、粗横条纹或背后有口袋的长裤。

5. 娇小型

身材较矮的人，无论何种体型，都受身高限制，服装可变化范围相对较小。

**娇小型身材服装选择**

要选择整洁、简明、直线条的设计，可穿垂直线条的褶裙、直筒长裙。

可选择同色系或素色服装，合身的服装都会使人显得轻松、自然。

避免穿着大型印花布料、厚布料，色彩太杂，大荷叶边，松垮的衣服或紧身裤等。

（二）服装衣领与脸形

服装衣领不仅影响脸形，同时也影响服装的整体效果。一般而言，衣领大小应与脸形比例协调。大方形脸、大圆脸的人，衣领可略低一些，不能太狭小，不能选紧贴颈部的衣领。矮瘦娇小的人，衣领不能过于宽大。

提　示

**脸形与服装衣领选择**

1. 椭圆形：较理想的脸形，不需要加以掩饰，适合不同款式的衣领。

2. 三角形：上额狭小，下鄂宽大，选择 V 字形衣领，面部线条比较柔和。

3. 倒三角形：上额宽大，下颚狭小，理想的短形脸，大多数衣领都适合。

4. 四方形：给人较强的角度感，适合选择 U 字形领口。

5. 长方形：通过刘海儿可适当减少脸的长度感。适合的领型有：船形领、方领、水平领等。

6. 菱形：尖锐狭长，通过刘海儿遮住上额，两鬓头发梳蓬松些，能增加上额宽度，使脸形呈倒三角形，这样就能增加衣领的选择范围。

7. 圆形：宽大饱满，要选择增加长度感的领型，V 形领最合适。

## 三、着装礼仪

人际交往中的着装十分重要，体现了自我尊重与对他人的尊重，应根据时间、地点、场合、对象选择着装。

**服装的种类**

**礼服**：出席礼仪活动时穿着的服装，在正规、隆重、节日场合穿着，男士有西式礼服、西服、中山装等，女士有西式礼服、旗袍等，少数民族的盛装也属此列。

**职业装**：指白领在职业场合穿着的服装，包括男士西装、女士的西装、裙式套装和裤式套装等。

休闲服：工作之余、轻松生活时的穿着，简洁、轻便、松散。颜色和款式的选择上不受约束。

运动装：锻炼运动时穿着的服装，宽松随意，便于运动。

（一）着装基本原则

1. 整体性原则

有两方面的含义，一是指服装应与着装者的性别、年龄、职业及个性气质相协调；二是指着装时上衣、下装、鞋、帽、围巾等的色彩和款式搭配要注重整体性。

2. 个性化原则

选择服装时要切合自身实际，体现独特的个性风格。着装者要根据年龄、体形选择服装款式，根据肤色选择色彩和搭配，根据性格和职业选择服装风格。

3. TPO 原则

要根据时间、地点、场合选择服装及配饰。

**服饰的 TPO 原则**

Time：着装要适时。夏天适宜简洁、凉爽、轻柔；冬天适宜保暖、简练。

Place：着装要因地制宜，上班宜庄重，户外宜休闲。不同的环境应穿着与之相适应的服饰。

Occasion：服装要与场合气氛和谐一致。上班着装要整洁大方、庄重高雅；社交活动着装要时髦潇洒、别致独特、体现个性。

4. 文明性原则

着装是个体良好风貌的体现，职业活动和正式场合，更要体现着装者的自我修养和文明素质。

**着装四忌**

忌穿过分裸露的服装。袒胸露背、暴露大腿、赤膊上阵都是着装禁忌。胸部、腹部、腋下、大腿在公共场合不能外露，特别正式的场合，脚趾与脚跟也不能外露。

忌穿过分单薄、透视的服装。内衣内裤的透视和走光有失检点，是对别人的不尊重，也有损自己的形象。

忌穿过分瘦小或宽大的衣服。正式场合，不能穿如短裤和小背心、超短裙等，对人极不尊重。

忌穿过分艳丽的服装。不宜选择色彩过于艳丽，图案过于繁杂、古怪的服装。

5. 整洁性原则

整洁的着装体现积极向上的精神风貌。整洁性主要指：服装完好，不残破，不乱打补丁；熨烫平整，穿着整齐；着装卫生，常换洗，无油渍、汗渍。

（二）男士西装礼仪

西服是全世界男士通行的正装，体现出现代气息和阳刚之气。

**男士西装种类**

三件套：包括上衣、下装和马甲背心，较传统，严谨、稳重。

两件套：包括上衣和下装，穿着范围广，适合各种正式场合。

单件：西装上衣，穿着自由度较高，相对休闲。

男士西装在正式场合及礼仪场合都可穿着，着装时应注意以下 10 个方面。

1. 西服商标

男士西服的商标大多在袖口，穿着时应将商标取下。

2. 衣领袖口

穿西装时，衬衣袖口应露出西服袖口 1cm 左右，衬衫衣领应高出西服外套 0.5cm，以保护西装领袖，增添美感和立体感。

3. 西装口袋

西服上衣的口袋多为装饰，一般不放物品，上衣小兜可以放折叠扁平的手帕。

4. 西裤

西装长裤的裤线需要熨烫挺直。

5. 衬衫

与西装搭配的衬衫要合体，颜色应与西装颜色相配。

6. 纽扣扣法

双排扣西装的纽扣，在任何场合都要全部扣上。单排两粒扣西装，扣顶端纽扣；单排三粒扣西装，扣顶端两粒或中间一粒；非正式场合也可不扣。参加会议或活动时，坐下后可将纽扣解开，起身时将纽扣再次扣好。

7. 三色原则

穿西装时，身上的所有色彩不能超过三种。

8. 三一定律

穿西装时，鞋、腰带和公文包以同色为宜，黑色常常成为男士的首选色。

9. 袜子皮鞋

穿西服时，袜子宜深色，皮鞋要正式。

10. 领带

正式场合，穿西装要打领带。系领带时，衬衫领口、袖口都要扣好。

（三）女士职场着装礼仪

职场上，衣服是人们的第一张名片。女士职业装款式和色彩的选择相对较多，穿着时要注意以下 5 个方面。

1. 质地选择

职业装要选择质地上乘、不起球、不褶皱、匀称平整、柔软丰厚，悬垂感、手感较好的面料，裙子和背心选用同样布料。穿前要熨平，穿后要挂好，做到上衣平整、裤线笔挺。

2. 色彩

要注意服装颜色与性格的协调平衡，应融入时尚风格，形成自己独特的着装风格和品位。

**女士职业装色彩礼仪**

整体协调、平衡：色彩与性格一致，款式与体型协调，首饰与脸形相配，衣服与配饰和谐。

根据自己的身材、气质、肤色，选择适合自己的色彩，以最能衬托自己肤色的色彩为首选。

套装以冷色调为主：典雅、端庄、稳重。

套装全部色彩以两种为宜，否则就会杂乱无章。

3. 尺寸

服装要合身，套裙的上衣不宜过长，最短可以齐腰，夏裙不宜过短，应盖住膝盖，最长可达小腿中部。袖长以盖住手腕，裤长至脚面为好。上衣或裙子既不能过于肥大，也不能过紧包身。

4. 穿着到位

正式场合，着装力求大方，款式简洁、高雅，线条自然流畅。切忌过分花哨、夸张、性感或暴露。服装款式过于保守时，可适当使用配饰加以点缀。

**女士职业装穿着基本要求**

穿套裙时要端正，上下缝对齐。

整理好上衣领子，钮扣要全部扣上，不能部分或全部解开，更不能当着别人的面脱衣服，不要将上衣披在身上或搭在肩上。

衬衫应轻薄柔软，色彩与外套形成对比，但不能将内衣轮廓显露出来。

衬裙应为肉色或与套裙同色，没有图案，衬裙裙腰不能高于套裙裙腰而暴露在外。

与套裙配套的鞋子，宜为船形皮鞋，前不露趾，后不露跟。穿浅色套装时，鞋子的色彩应与服装同色；穿深色套装时，可选择同色或黑色皮鞋。穿职业装时，不能穿长筒靴。

穿袜子时应能被裙子盖住，不能穿半长不短或勾丝破损的丝袜，正式场合不能穿有镂花的丝袜。不能将健美裤或九分裤当成袜子来穿。

5. 修饰

穿套裙时，配饰不宜过多，以少为宜；面部修饰不能浓妆艳抹，以淡妆为宜。以贴布、绣花、金线、彩条、扣链、亮片、珍珠、皮革等加以点缀或装饰的套裙，不适合职场穿着。不能佩戴与个人身份无关的珠宝首饰，也不允许佩戴过度张扬的耳环、手镯、脚链等首饰。

# 第三节　配饰礼仪

精致、漂亮、独特的配饰，为不同色彩、款式的服装增色不少。配饰使用得当，搭配精巧，能增添美感，提升着装者的整体形象。

## 一、饰品佩戴

选戴饰品要考虑自身的身材、脸色、衣服款式等因素，注意扬长避短。

（一）配饰

1. 服装配饰

服装配饰是人们佩戴的各种装饰品，用以体现服装美。包括帽子、围巾、领带、发卡、首饰（项链、手镯、胸针）、包、眼镜等。

2. 配饰选择

女性使用配饰较多，其色彩、款式的选择应与服装主色及款式搭配协调。

（二）饰品佩戴原则

1. 身材与饰品搭配

服饰搭配要注意细节，合适的配饰可以起到修饰身材的作用。

**身材与配饰**

**肥胖型**：身材粗短，脖子较短，佩戴饰品以修饰身体两侧为主。宜选择色调暗淡、造型简洁的耳环、戒指、手镯及细长稍大的项链，将别人的注意力转移到饰品上。

**清瘦型**：单薄、瘦弱，脖子细长，以淡饰中央、着重两侧为主。宜选择细小、简洁的项链与吊坠；耳环、戒指、手镯可略大、华丽一些，以使身材看起来并不太瘦。

**偏高型**：身材高大、体格健壮，以修饰两侧、淡化中央为主。项链宜粗，挂坠可大些，造型要丰富。

**偏矮型**：个子较小，选择饰品时应增添纤柔感。项链宜选细长简洁的，耳环戒指则应粗细适当。

2. 年龄与饰品的搭配

年龄不同，饰品的选择不尽相同。

**年龄与配饰**

**少女**：可选明亮而轻快的饰品，以体现其稚气、俏皮、天真，不宜选择昂贵的饰品。

**年轻女性**：可尝试不同款式、不同风格的饰品，表现青春、时尚。

**中老年女性**：选择质地较好的饰品，造型高雅、稳重、经典，不宜过分追逐时尚或新潮。

3. 季节与饰品的搭配

季节不同，天气不同，饰品的搭配也要根据季节而变化。

**季节与配饰**

**春天**：可选择邻近色组合，如墨绿、棕绿、白色组合，草绿、黑色组合，淡粉、玫瑰粉、粉蓝、灰色组合，蓝色、深蓝、蓝绿、白色组合等。

**夏季**：可采用冷暖或补色对比色搭配，如大面积淡蓝配小面积橙色，大面积墨绿配小面积红色，大面积白色配小面积红、绿、蓝色等。

**秋天**：沉稳、饱满、中性、柔和，宜选用土红与蛋黄组合，橄榄绿、土黄、米色组合，深蓝、紫红、蓝白组合，土红、墨绿、米色组合。

**冬天**：色彩沉着、厚重、强烈，宜选用藏蓝、蓝灰、土红组合，橙色、蓝色、深蓝色组合，黄、红、蓝三色组合。

4. 佩戴得法

佩戴饰品，不宜贪多。通常情况下，项链、手镯或手链，只戴一条；手链、手镯、手表不宜同时戴在一只手上；耳环应成对佩戴，不宜在一只耳朵上同时戴多个耳环；胸针通常别在西装左侧上方或左侧胸前。

## 二、常用配饰的选择与搭配

女性的配饰较丰富，要根据佩戴部位及佩戴者的身体条件进行选择。

（一）耳饰

1. 耳饰与脸形

根据脸形选择耳饰，可以起到修饰脸形的作用。

**脸形与耳饰**

**圆脸形**：不宜戴圆形耳环，宜选择较长而下垂的方形或三角形耳环。

**方脸形**：可佩戴坠式的中型耳环，以显出脸庞的曲线美。

**长脸形**：可佩戴圆形或较大的耳环，使脸部丰满动人。

**脸形较大**：不宜用圆形耳环，可选择略大的耳环，紧贴耳朵；也可佩戴三角形耳环，减少脸形的宽阔感。

**脸形较小**：宜用中等大小的耳环，长度不超过两厘米。

2. 耳饰与发型

不同的发型，可选择不同的耳饰与之搭配，体现气质与风度。

**发型与耳饰**

**长发女性**：佩戴坠式耳环显得漂亮、醒目。

**短发女性**：宜搭配精巧的耳钉，表现活泼和精明。

**不对称发型女性**：佩戴一对大耳环，能起到平衡作用，别有风韵。

**古典发髻**：搭配吊附式耳饰，典雅、大方。

**戴眼镜女性**：不宜戴大耳环，可佩戴小耳饰作点缀，显得别有情趣。

3. 耳饰与体型

体型不同，选配的耳饰也不相同。

**体型与耳饰**

**身材矮小者**：佩戴贴耳式点形小耳饰，显得优雅、秀气、玲珑。不宜戴有坠子的耳饰，这样会使体型显得更矮小。

**身材瘦高者**：佩戴耳坠或大耳环，可增添美感。

4. 耳饰色彩与肤色

耳饰色彩的选择，还应根据自己的肤色而定。

**肤色与耳饰**

**肤色较暗**：不宜佩戴过于明亮鲜艳的耳饰。

**皮肤白嫩**：适合佩戴红色、棕色、紫色、蓝色或暗色耳饰。

金色耳饰适合各种肤色的人佩戴。

（二）项链

项链的材料、特性及造型，会影响佩戴者的脸部形象及视觉感觉。

1. 脸形与项链

脸形不同，项链的选择不同。

**脸形与耳饰**

**鹅蛋脸**：适合任何形状的项链，与衣服质地、样式相协调。

**圆脸**：适合长项链或T形式样的项链，不宜选择过粗过短的项链，也不宜戴大宝石或珍珠项链。

**椭圆脸**：可佩戴较粗的项链，使纵向长度略短一些。

**心形脸**：可佩戴粗项链或珍珠项链。

**方形脸**：可通过项链加长使脸部线条柔和，可佩戴T形或简单的珍珠项链。

**长方形脸**：佩戴短项链可适当加宽面部。

**三角形脸**：可选择比较醒目的项链，或选择线条柔和的项链以弱化脸部棱角，切忌佩戴下端较尖的项链。

2. 脖子与项链

**脖子与耳饰**

**脖子粗短**：佩戴细长的项链或有挂件的项链，可弥补缺陷。

**脖子细长**：戴项圈或粗短形项链，效果较好。不适合佩戴细长形项链，这会进一步拉长脖子。

（三）胸饰

1. 胸花

胸花的佩戴，位置灵活，胸前、衣袋或袖口都可佩戴，也可用作丝巾扣，或别在随身小包上。佩戴胸花，要体现高雅气质。

**胸花佩戴小贴士**

胸部不够丰满的女性，可佩戴于胸部偏上位置或衣领上。

胸部位置偏上的女性，可佩戴在胸部略偏下的位置。

胸部过于丰满的女性，适合佩戴体积较小、样式简单的胸花。

米黄色上装宜与红色、橙色、黄色等暖色调胸花相配。

净色上衣，或深色连身套装，可佩戴色彩鲜艳、充满活泼动感的胸花，成熟稳重而不失妩媚。

职业装：宜佩戴色彩柔和、样式简约，或质感飘逸的胸花，具有清秀的脱俗气质。

不同色彩的胸花：白色胸花高雅、纯洁，粉色胸花甜蜜、温馨，红色胸花热烈、激情，紫色胸花浪漫、神秘，橙色胸花健康、成熟，黄色胸花温柔、平和。

季节与胸花佩戴：夏季衣着轻薄，可选用精致、小巧的胸花；冬季可在毛衣、外套上佩戴较大的金属胸花。

2. 胸针和领针

胸针比胸花略小，女性也常常佩戴。穿西装时，胸针应别在左侧领上；穿无领上衣或小领上衣时应别在左侧胸前。发型偏左时胸针宜别在右胸上，发型偏右时胸针宜别在左胸上。

领针是专门用于别在西装上衣左侧领上的饰物，男女都可佩戴。领针以一枚为限，不宜与胸针、奖章、企业徽章等同时佩戴。正式场合不宜佩戴有广告标志的领针。

（四）手饰

手部饰品包括戒指、手镯、手链、手表等。

1. 戒指

正式场合佩戴的戒指材质要好，设计独特，做工精致。

戒指通常戴在左手上，戒指佩戴的位置不同，体现出完全不同的意义。

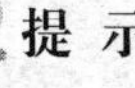
提 示

**戒指的佩戴及含义**

食指——未婚，想结婚；

中指——正在恋爱；

无名指——已经订婚或结婚；

小指——独身或想谈恋爱；

大拇指——一般不佩戴戒指。

2. 手镯、手链

手镯、手链是佩戴于手腕的环形装饰品。手镯、手链除金、银、玉等材质外，还可用动物骨壳及植物果核制作而成。正式场合佩戴一只，一般戴于左手上。

3. 手表

正式场合，手表往往被视同于首饰，某些时候也是地位、身份、财富的象征。正式场合不可以佩戴劣质表、广告表、卡通表、失效表。

# 第四节　修饰礼仪

仪容仪表，是人际交往中的"第一形象"，反映出个体的精神状态和礼仪素养，在社交活动中具有重要意义。

## 一、修饰原则

修饰简单说就是梳妆打扮，通过面部化妆、发型修剪等体现人的整体风貌。

（一）修饰基本原则

1. 整体性

化妆修饰要着眼于人的整体，包括服装、配饰、发型等，并在了解眉、眼、唇、鼻、颊的线、面及空间关系后，通过各种彩妆色彩完成面部修饰，体现整体形象。

2. 适度性

面部修饰的最高境界，就是虽刻意雕琢但却不露痕迹。进行面部修饰时，要把握分寸，自然适度，将自己的精神风貌展现出来。

（二）修饰选择原则

1. 根据个性选择妆容

修饰要充分考虑个人年龄、职业、身份、文化素养等方面的因素，通过修饰，使自己面部轮廓清晰，具有立体感，给人以真诚自然的感觉。

2. 根据服饰选择色系

面部的色彩，应根据服饰主色调进行选择。

服饰为暖色系时，眼影可选择橙色、棕色等暖色系，腮红以暖色为主；服饰为冷色系时，眼影可选择蓝色、紫色等冷色系，腮红可选偏粉色的；服饰为黑白灰等中性色系时，眼影及腮红的色彩可在冷暖两色中选择；服饰为两色以上搭配时，可以将靠近面部的脖颈部服饰色彩，作为面部色彩选择的参考。

3. 根据场合选择造型

要根据出现的场合确定彩妆的整体造型，正式场合、职业场合、社交场合，造型要清新、明快，不能浓妆艳抹。

上班时可选择职业彩妆，居家休闲宜淡妆，出席晚宴或晚间活动时妆容可略浓一些，参加娱乐活动或酒吧聚会时化妆可适当时髦、前卫。

4. 根据时间选择化妆

面部修饰，在自然光和灯光下的效果完全不同，因此白天化妆应以清淡、自然、大方为主；晚上的妆容则可色彩稍浓，体现新潮和时尚感。

## 二、修饰礼仪要求

爱美之心，人皆有之。穿戴整齐、仪容亮丽给人有教养、积极向上的印象，社交场合，我们要展示健康、阳光的精神风貌。

（一）基本要求

1. 选用合适的化妆品

由于个体的差异较大，因此要根据自己的肤质选择适合自己的产品，准备合适的化妆工具。

2. 正确的步骤

进行面部修饰时，应按步骤进行，先护肤后化妆，先打粉底再上妆，先修饰眼部，再修饰唇部和面颊，睡前应卸妆，清洗干净。

3. 化妆基本要求

妆容要自然、协调，符合自己的特点和性格。

化淡妆，自然而不露痕迹。整体协调，即色彩协调，化妆部位协调，与服饰的搭配协调。化妆时应避开他人，不能毫不遮掩地当面修饰。

（二）仪表修饰

1. 发型

要求整洁，规范，长度适中，款式适合自己。

男士：前面不留刘海儿，不挡住额头，两侧头发不遮住耳朵，后面头发不碰到衬衣领子。

女士：长发不过肩，重要场合应将头发束起来，不能随意散开。公司、企业、国家公务员，发型要求庄重、保守，不能过于时尚，不染发。

2. 面部

保持整洁，鼻毛、耳毛要刮干净，口腔无异味，无异物，男士不留胡子。

女士的修饰：工作时化职业淡妆，参加正式活动或出席宴请，面部修饰应端庄、文雅。

## 三、彩妆修饰

化妆是一种积极的生活态度，是热爱生活的表现，体现女性的天然丽质，增强自信，增添魅力，延缓衰老。

（一）彩妆修饰

1. 彩妆

彩妆是利用粉底、蜜粉、眼影、口红、胭脂等化妆材料，在面部进行修饰，以达到美化效果，使面部轮廓清晰，增强立体感。根据不同场合的要求，彩妆可分为生活妆、宴会妆、舞台妆等，生活妆清新、自然，宴会妆尊贵、高雅，舞台妆夸张、浪漫。

2. 化妆目的

化妆的目的在于扬长避短，凸显自身优点，淡化和弱化自身缺点。好的化妆自然而不露痕迹，体现自身气质，符合年龄、身份和场合。

（二）彩妆基本步骤

1. 洁面

清洁的面部为化妆提供良好基础。面部清洁是每天的必修课，早晚都要做。

2. 护肤

面部皮肤护理，是改善和保护皮肤的重要途径。可按照下列步骤进行：使用眼部护理产品护理眼部，面部先用爽肤水或柔肤水补充水分，再用乳液或面霜护理皮肤。

3. 粉底

使用粉底，能掩饰面部瑕疵，使肤色均匀，为上妆做好准备。

4. 眼部修饰

眼部是彩妆最关键的部位，也是最不容易化好的部位。眼部修饰的目的是增强眼部立体感。眼部修饰包括上眼影，画眼线、鼻翼，涂睫毛等。

5. 脸部修饰

可通过修容膏、盖斑膏和腮红修饰脸形。脸形不同，腮红刷法不同，脸形较小者可用横刷，脸庞较大者适宜采用贝壳型刷法。

6. 唇部修饰

先用唇线笔描画唇部轮廓，描画时要注意唇峰的勾勒和嘴角的完整，之后再用唇刷或口红棒涂抹唇部。

要根据服装、配饰的色彩选择口红的色彩。

（三）香水礼仪

1. 香水的不同香味

社交场合，香水的使用十分重要，味道不宜太浓烈。

**小知识：香水的前味、中味和后味**

香水在不同阶段散发出不同的香味，可区分如下。

**首调（前味）**——香水的第一印象，闻到的最初气味。

**中调（中味）**——香水的核心，涂抹几分钟后才挥发和表现出来。

**基调（后味）**——香水的最终印象，最具持续力的气味，涂抹后能维持数小时的香味。

2. 香味的种类

香水是主观诉诸情感的。香水的构成十分复杂，成分不同，香味及其在肌肤上的持久性也不同。

**小知识：香味的种类**

**花香类**——强烈的花气息，某些有甜味，大多清新淡雅而有女人味。

**青草类**——清新、户外型香氛，清新、活泼。

**乙醛类**——以合成物质为基础，常与其他花香（玫瑰、茉莉）相混合，优雅、成熟。

**东方情调类**——混合了薰香料、辛香料及香草成分，持续时间最长，适合大胆、富冒险精神的女性使用。

**森林类**——混合了松木、柑橘、森林、苔藓等气息，时尚、温暖、深沉。

**麝香类**——以合成香料为基础，混合其他基调以增加戏剧性，使香味持久。

3. 香水的喷抹

香水的喷抹很有讲究，应喷抹到位。一般应在出门前半小时左右喷抹，主要喷抹于身体体温较高部位，以使香味得到完全扩散。

**小知识：香水的喷抹**

**脉搏跳动处**——耳朵后面、手腕内侧、膝盖内侧、前胸，这些部位体温高，香味扩散性最佳。

**发梢**——随着头发飘动，散发阵阵香味。

**后颈部**——有头发相隔，散发的香气若有似无，隐隐约约。

**腰部**——随着身体的摆动传送出迷人的香味，宴会时适合。

（四）女性彩妆

女性面部修饰，应根据具体的时间、地点和场合进行，眼部修饰最为重要。

1. 职业妆

职业妆应清新、淡雅，不宜过分浓妆艳抹，以体现女性的健康、自信。

**职业彩妆小贴士**

**眉毛**：首先整理好眉形，然后用眉笔轻轻描画。

**眼影**：职业女性的眼部化妆应自然、干净、柔和，重点放在外眼角的睫毛根部，以向上向外的手法逐渐晕染。

**眼线**：用眼线笔，紧贴睫毛根部，细细勾画，上眼线外眼角可轻轻上翘。

**睫毛**：用睫毛夹紧贴睫毛根部，使之卷曲上翘，然后顺睫毛生长的方向刷上睫毛膏。

**腮红**：腮红要表现自然、健康的容颜，用腮红刷从太阳穴位置由上而下轻刷在颧骨下方，刷时距离鼻翼要有两指距离。

**口红**：应选用亮丽、自然的口红，色彩与服装色系一致，表现出职业女性的健康与自信。

2. 晚妆

晚间社交活动常在柔和、朦胧的灯光下进行，化晚妆时用色应浓艳些，眼影色彩尽可能丰富。

**晚妆小贴士**

粉底颜色可比肤色略深，应使粉底均匀遮盖面部。

眉毛用眉刷整形后，沾些金色眼影在上面。

上眼睑部位涂眼影，并用眼影在眉骨与上眼睑之间涂出分界线，再用淡色和虹彩色眼影，使眉骨部的色彩亮丽起来。

上下眼睑的眼线，颜色要深，以衬托眼睛的明亮和深邃，下眼睑高出的地方，用蓝色眼影或眼线笔轻轻涂上几笔。

分次涂睫毛油。涂完第一层睫毛油后，用眉毛刷梳开睫毛，并除去多余的睫毛油，再用透明的蜜粉，刷在睫毛上。

在颧骨凸出处，涂上浅色胭脂，再刷一层白金色眼影，使其增加亮度。

涂完口红后，可再涂上珍珠色或金色唇膏，使色彩更艳丽。

用淡色眼影在鼻子、颧骨和下颌处描绘轮廓，用白色眼影修饰双颊顶端、鼻梁和下巴。

用虹彩、透明的蜜粉定妆，再用粉刷整理。

# 思考与练习

一、思考题

1. 什么是色系？生活中主要有哪些色系？

2. 简介着装的基本原则。

3. 简介男士穿西装及女士穿职业装时的主要礼仪要求。

4. 与肤色相近的颜色会加重皮肤的色调，请举出三种与发红皮肤忌搭的颜色；一些纯度较低的颜色也会放大肤色的缺陷，请举出三种会放大肤色缺陷的低纯度颜色。

二、实践训练

女同学分别练习化职业妆和晚妆，再配以服饰相互观摩、点评。

男同学练习穿西装、系领带。

三、案例分析

1. 请分析以下案例，谈谈李总的失败教训是什么？如果是你，你会怎样做？

李强是一家大型国有企业的总经理。一次，他获悉有一家著名的德国企业董事长在本市访问，并有寻求合作伙伴的意向，于是他想尽办法，请有关部门为双方牵线搭桥。令人欣喜的是，对方也有兴趣合作，并希望尽快会面。双方会面那天，李总根据自己对时尚的理解，用昂贵的名牌精心设计了自己的着装：上穿夹克衫，下着牛仔裤，头戴棒球帽，足登旅游鞋，希望给对方以精明强干、时尚新潮的印象。见面后，对方却避而不谈合作事宜。之后传来的信息令李总后悔不已：由于见面时李总着装随意，个人形象不合常规，过于前卫，沉稳不足，双方缺乏合作基础。

2. 请你为下面所介绍的理财专家张女士进行一个完整的形象设计。要求：符合职业特点及个性。

张女士，26 岁，身高 147 厘米，体重 43 公斤，看起来机敏、可爱。她是位理财师，有很好的学历背景，在公司里表现非常出色，也常能给客户提出良好的理财建议。

# 第四章　仪容仪态礼仪

眼神/微笑/站姿/走姿/蹲姿/手势/头肩脚/空间表达/

关键词：身势风度　优雅稳重　准确表达

巧笑倩兮，美目盼兮。

——《诗经·卫风·硕人》

## 第一节　仪容礼仪

交际活动中，面部表情给人留下深刻的印象。美国心理学家艾伯特·梅拉比安在一系列实验的基础上得出以下结论：

信息的总效果 100% = 7%的书面语言 + 38%的音调 + 55%的面部表情

### 一、眼神礼仪

眼睛被称为心灵之窗，可以表达最细微、最精妙的内心情感。人与人的交往常常是从眼神交流开始的。

眼语指日常生活中人们借助眼神传递的信息，可以通过时间、角度、部位、方式、变化五方面来加以把握。

（一）时间

眼神交流的时间，在交往活动中具有重要意义。

1. 时间长短

人际交往中，特别是同熟人相处时，注视对方时间的长短，具有十分重要的意义。一般而言，关系融洽的交往双方，注视的时间或略长。

眼睛看对方的时间占全部时间的约 1/3，向对方表示友好；听报告或向他人请教问题时，注视对方的时间占约 2/3；看对方的时间不到全部时间的 1/3，表现为看不起对方，或对对方所说没有兴趣；注视对方的时间超过 2/3 以上，可能对对方抱有敌意，或对对方本人有兴趣；只听而不看对方，表示自卑、紧张，或是有心事，不愿让对方看到自己的内心活动。

2. 交谈中的注视

一般而言，交谈过程中，倾听者应多注视说话者，以体现对他人的尊重。但也不能长时间盯住对方，那样会造成对方的不安。一般场合，打量对方的时间不宜太长，表示已看见对方就可以了，否则会被对方视为不礼貌。

（二）角度

眼睛看对方的角度，即眼部视线的方向。角度不同，表达的意义不同。

1. 平视

平视也叫正视，即双方目光在同一高度平等接触，视线呈水平方向，体现平等、公正、自信、坦率等语义，适用于双方身份、地位接近时。

2. 仰视

仰视是眼睛向上，抬眼注视他人，形成仰望的视角。一般表示尊重、崇拜、敬畏之意，当面对尊者、长辈时，可以采用仰视。

3. 俯视

俯视是目光向下注视他人，形成俯视的视角，一般为地位较高者、处于优势者选用，也含有对他人表示轻慢、歧视之意。如是长辈看晚辈，则表示宽容、爱护。

4. 侧扫视

目光向一侧扫视，表示的意义截然不同。当表示喜欢、兴趣时，常伴随眉毛上扬和微笑；当表示敌意、轻视时，伴有皱眉，嘴巴下撇。

5. 斜视

视线斜行，一般表示疑问、怀疑的意义。

（三）注视位置

与人交流时，目光落于他人面部的位置，也称为目光凝视区域。与他人相处时，不宜注视其头顶、大腿、脚部和手部，也不能不看对方。交往中活动的内容不同，凝视位置也不相同。

1. 注视双眼

关注型注视。看对方双眼，表示聚精会神，一心一意，但注视时间不宜过久。

2. 注视额头

公务型注视。目光停留在对方额头，表示严肃、认真、公事公办，这种注视可以在交谈中把握主动权和控制权，适用于正规的公务活动。

3. 注视眼部至唇部

社交型注视。是社交场合面对交往对象使所用的注视方法，表示相对轻松、活跃的气氛。

4. 注视眼部至胸部

亲密型注视。表示亲近、友善，多用于关系密切的男女之间、亲人之间、家庭成员之间，这种注视方法，在职业场合和社交场合不宜采用。

（四）注视方式

注视方式指眼睛看对方的不同方式。注视他人，在社交场合中有多种方式可以选择。

1. 直视

直接注视交往对象，表示认真、尊重，在大多数交往活动中适用。

2. 凝视

全神贯注地注视，是直视的一种特殊表现，表示专注、恭敬。

3. 盯视

目不转睛地看，长时间地注视对方的某一部位，具有挑衅意味，不宜多用。

4. 虚视

相对凝视而言，看人时目光不聚焦，眼神不集中，常表示胆怯、疑虑、走神、疲乏或是失意、无聊。

5. 扫视

看对方时，视线移来移去，上下左右反复打量，表示好奇、吃惊，交往中不可多用，对异性应禁用。

6. 睨视

斜着眼睛注视，多表示怀疑、轻视，一般应禁用。

7. 眯视

眯着眼睛看人，表示看不清楚、好奇，或看不起人，交际活动中不宜使用。

8. 环视

面对多位对象时，有节奏地注视不同的人员或事物，表示“一视同仁”、认真、重视。

9. 他视

与人交往时不看对方，将视线停留在其他物品上，表示胆怯、害羞、心虚、反感、心不在焉，是不宜采用的一种眼神。

10. 无视

交往中闭上双眼不看对方，表示疲惫、反感、生气、无聊或没有兴趣，给人的感觉不友好，有时甚至被理解为厌烦、拒绝。

（五）变化

1. 眼皮开合

内心情感的变化，会引起眼周肌肉运动，使眼皮开合发生变化。瞪大双眼，表示惊异、愤怒；圆睁双目，表示疑惑、不满。眼皮眨动过快表示活跃、思索，过慢表示轻蔑、厌恶。眨眼有时也表示调皮或不解。

2. 瞳孔变化

瞳孔的变化直接反映人的内心世界。瞳孔突然张大，目光炯炯，表示喜悦、感兴趣；突然缩小，双目暗淡无光，表示伤感、厌恶、毫无兴趣。

3. 眼球转动

眼球反复转动，表示心有所思；眼球悄然挤动，暗示某种意义。

4. 视线交流

人际交往中，视线的交流可表示多重含义：或爱憎，或身份地位，或补偿，或威吓，具体表达的意义，因人、因事、因地而异。

提 示 眼神和目光的使用

坚定、自若的目光具有威慑力，使人不敢藐视，形成对自己有利的气氛。

正直、敏锐的目光会赢得别人的好感和信赖，能促进沟通。

正式场合交谈时，目光应落在对方脸上正三角部分——以双眼为底线，上顶角到前额——显得严肃认真，有诚意，并能把握谈话的主动权和控制权。

社交活动中，看对方面部的倒三角部位——以两眼为上线，嘴为下顶角，也就是双眼和嘴之间，营造轻松的社交气氛。

目光游移不定，是心神不宁或心不在焉的表现，会使人对你心存芥蒂，拉大双方的距离。

中国传统礼仪中，当长辈或地位较高者和晚辈或地位低微者谈话时，后者应“低眉顺眼”，不能直视，看对方的目光应略低一些。

## 二、微笑礼仪

微笑是交流的世界语言，传递喜悦的信息与美好的情感，充分展现热情、修养与魅力。

微笑有时可以起到替代有声语言的作用，握手时微笑，表示“欢迎光临”，能使对方感受到热情；交谈中碰到不易接受的事情，可以边微笑边摇头，表示委婉谢绝，这样不会使人感到难堪。

（一）微笑与个体形象

1. 心情愉快

欢快温馨的微笑，表明心情愉快，充实满足，乐观向上，具有魅力。

2. 充满自信

微笑使人自信，交往中既给人以信任，又很容易为对方接受。

3. 真诚友善

真诚的微笑表现出自己的热情、友好与善良，便于双方交往与沟通。

4. 爱岗敬业

职业活动中的微笑，特别是服务行业的微笑，营造出温馨融洽的气氛，使职业活动顺利进行。

（二）微笑在人际交往中的作用

1. 缩短人与人之间的距离

温馨而亲切的微笑，给人春风般的温暖与舒适，缩短人与人的心理距离，给对方留下美好的心理感受。

2. 消除戒备

人际交往中，特别是不熟悉的人之间常常有戒备心理，相互之间会很尴尬。这时，真诚的微笑，能化解双方的心理防线，相互之间产生信任与好感。

（三）真诚微笑

无论是无声的笑，还是职业的笑，都是自我情感的真诚表达。

1. 无声的笑

面部肌肉放松，嘴角微微上翘，嘴唇略呈弧形，轻轻一笑。这种微笑，不牵动鼻子，不发出笑声，不露出牙齿和牙龈。

2. 感触的笑

闭上眼睛，调动感情，回忆过去，展望未来，有感而发。

3. 职业微笑

放松肌肉，张开嘴巴，露出上排 6 ~ 8 颗牙齿。职业场合、公众场合，都应以职业微笑面对交往对象。

**提　示**

### 慎重使用微笑的特殊场合

升国旗、唱国歌或奏国歌；

较隆重的会议；

较重要的庆典活动；

法庭；

探病或吊丧；

讨论某些重大问题。

# 第二节　形体礼仪

形体指人身体站、行、坐的姿势，能表现人的风度和气质。

## 一、站姿

人的站立姿势，静态造型，是其他动态造型的基础与起点。交际活动中，站立姿势是个体身势特征的重要体现。

（一）站姿要领

1. 标准站姿

头正肩平，双眼平视前方，下颌微收，嘴巴微闭，挺胸、收腹、提臀、立腰，腰背挺直，双臂自然下垂，放于身体两侧，双膝并拢，脚跟并拢，身体重心落于两腿正中。站立时，全身挺直，精神饱满。

正常情况下，站立时双脚可呈“V”字步、“丁”字步或平行步等脚位；也可根据情况略有变化，或两脚略分开，不超过肩宽；也可以两脚轮换支撑身体重心。

| 女性标准站姿 | 男性标准站姿 |
| --- | --- |
| 头肩正直，挺胸收腹，双眼平视前方；手指并拢，双臂自然下垂，或双手相握放于身体前方；双膝并拢，脚跟并拢，或脚跟并拢，脚尖分开成“V”形；也可一只脚略前，一只脚略后，两脚呈“丁”字步。 | 身体立直，挺胸抬头、下颌微收、双目平视、两膝并拢、脚跟靠紧，脚掌分开呈“V”字形。挺髋立腰、收腹提臀，双手置于身体两侧，自然下垂，或者两腿分开平行，不超过肩宽，双手在身后交叉。 |

2. 不同站姿反映的心理特征

双腿并拢站立，给人诚实可靠、意识健全、脚踏实地、忠厚老实的印象，但表面上略显冷漠。

两腿分开，脚尖略朝外偏的站姿，表现出果断、人性和富于进取的特点。

胸挺背直，双目平视，表现出充分的自信，给人乐观开放的感觉，相反，弯腰驼背的人精神上处于劣势，表现出自我防卫、消沉、封闭的倾向。

两臂交叉，表明对他人的谈话采取审视或者排斥的态度，女性经常以此作为习惯性防范动作。

两人相对而立，如果距离很近，双方上身或者头型成“A”字形，表明不容第三者加入的亲密关系。

3. 不良站姿

站姿是人整体精神风貌的体现。站姿不当，人显得拘谨，不够庄重，给人缺乏自信和没有经验的感觉。

弯腰驼背：身躯歪斜，弯腰驼背，无精打采。

手位不当：站立时双手抱头，手托下巴，双手抱于胸前，肘部放于桌上，双手叉腰，手插在衣服或裤子口袋里，等等，都是不合适的身势。

脚位不当：一只脚站立的同时，另一只脚踩在鞋帮上的“蹬踩式”，或是将脚踏在其他物体上。

半坐半立：既不舒服又显得过于随便。

（二）不同场合的站姿

1. 交谈时的站姿

站着交谈时，一般可采用标准站姿，面向对方站立，保持一定距离，双手在身前相握，掌心向内，也可一只手轻拿皮包肩带。候车或等人时，双脚可分开但不能超过肩宽，手脚肌肉适当放松。

站立时，不可身体歪斜，两腿分开过大，倚墙靠柱，手扶椅背等，也不可双臂在胸前交叉，两手叉腰，或将手插在裤袋里，或摆弄打火机、烟盒，玩弄衣带或发辫、咬手指甲等。

2. 工作场合站姿

**垂直站姿**：即标准站立姿态。

**前交手站姿**：身体直立。男性双脚分开不超过肩宽，重心分散于两脚上，两手在腹前交叉。女性两脚尖略展开，呈 V 字步站立，或两脚呈丁字步站立，重心可放于两脚上，也可放于一只脚上，双手在腹前交叉，掌心向内。

**后交手站姿**：脚跟并拢，脚尖分开 60°～70°。挺胸立腰，双目平视，两手在身后相搭，贴于臀部。

**单背手站姿**：脚尖展开，左脚向前，呈左丁字步，背左手，右手自然下垂，身体重心于两脚上。也可成右丁字步，背右手，左手下垂。

**单前手站姿**：脚尖展开，左脚向前，脚跟靠于右脚内侧中间，左手臂下垂，右臂肘关节屈，右前臂平抬，手心向内，手指自然弯曲。相反的脚位和手位可站成左前手站姿。

3. 服务人员站姿

**正规站姿**：抬头、双眼平视前方，挺胸、立腰、收腹，肩平，双臂自然下垂、双腿并拢直立、脚尖分开呈 V 字形，或两脚分开，比肩略窄，双手合起，放在腹前或背后。

**背手站姿**：双手合起放在背后，右手放在左手外面，贴在两臀中间。两脚可分可并，分开时，不超过 20 厘米，脚尖展开，挺胸立腰，收颔收腹，双目平视。男士站立时用得较多。

**叉手站姿**：两手在腹前相握，掌心向内，左手在内右手在外。脚跟并拢脚尖分开呈 V 字形，也可丁字步站立。女士站立时常用。

**背垂手站姿**：一手背在后面，贴于臀部。另一手自然下垂，手指自然弯曲，中指对准裤缝，两脚可以并拢也可以分开。男士站立时多用，显得大方、自然、洒脱。

**提示**

**站姿自我训练要点**

**九点靠墙**：即后脑、双肩、臀、小腿、脚跟九点紧靠墙面，并由下往上逐步确认姿势要领。

**双脚**：女士脚跟并拢，脚尖分开不超过 45°，两膝并拢；男士双脚分开站立与肩同宽。

**身体**：挺胸，双肩放松、打开，双臂自然下垂于身体两侧。立腰、收腹，使腹部肌肉有紧绷的感觉；收紧臀肌，使背部肌肉也同时紧压脊椎骨，感觉整个身体在向上延伸。

**面部**：双眼平视前方，脸部肌肉自然放松，脖子也有向上延伸的感觉。

## 二、走姿

行走的姿势，是一种动态姿势，在站姿基础上展示动态美，体现人的精神状态、基本素质、生活节奏、风度与活力。

（一）走姿基本要领

1. 标准走姿

在标准站姿基础上，双脚交叉向前迈动，重心随之移动；两臂以身体为中心，自然摆动。起步时身子稍向前倾，双脚行走轨迹成为一条直线。

2. 女士走姿

女士行走时，步履要匀称、轻盈、端庄、文雅，展现温柔之美。

3. 男士走姿

男士行走时，步伐要镇定、稳健、踏实、坚毅，体现自信与力量。

（二）不同走姿

面对不同对象，在不同场合，走姿不同。

1. 正式场合

走进会场，走向话筒，迎向宾客，步伐要稳健、大方。

进入办公机关，拜访别人，在室内时脚步应轻盈、稳健。

外出办事联络，步伐要快捷、稳重，体现效率、干练。

2. 外出活动

参观展览、探望病人，脚步应轻而柔，不要发出声响。

参加喜庆活动，步态应轻盈、欢快、有跳跃感。

参加吊丧活动，步态要缓慢、沉重，反映悲哀的情绪。

## 三、坐姿

坐姿指人就座后身体的姿势，是相对静态的造型。

（一）坐姿要求

1. 入座要轻、稳

就座时要不紧不慢，靠近座椅时轻轻坐下。

2. 从椅子左侧入座

自然大方地从座椅左后侧走到座位前，轻稳坐下。

3. 整理裙装

女士穿裙装入座，先用手由上而下捋一下裙子，整理好着装后再入座，坐下后应适当调整体位。

4. 面部表情

入座时应面带笑容，双目平视，嘴唇微闭，微收下额。

5. 身体姿势

落座时，上体自然挺直，立腰、挺胸，双肩平正，两臂自然弯曲放于椅子或沙发扶手上，双膝自然并拢，双腿正放或侧放，双脚平放或交叠。

6. 不满座

落座时不能满座，一般只坐椅子的三分之二，脊背轻靠椅背。

（二）坐姿要领

坐姿文雅、大方，给人稳重、冷静的感觉，同时也展现气质和风度。

1. 标准坐姿

靠近座位，屈膝并轻稳坐下。上体自然挺直，头部端正，表情自然亲切，目光柔和平视，嘴微闭，两肩平正放松，两臂自然弯曲放在膝上，也可放在座椅扶手上，掌心向下，两脚平落地面。男性两腿之间可有一拳距离，女性两腿并拢无空隙，两腿自然弯曲。坐下后，脚尖垂向地面，或斜向左、右两侧。

| 女士坐姿 | 男士坐姿 |
| --- | --- |
| 正式场合，女性两腿并拢，两脚平落地面，不宜前伸。双腿可放于正前方，也可斜放一侧。小腿可交叉，但不宜向前伸直。<br>女士穿裙装，落座时应有抚裙动作。 | 双脚平踏地面，双膝略微分开，双手分置左右膝盖上。穿西装时应解开上衣纽扣。一般场合，男性两腿之间可有一拳距离。日常交往场合，男性可以跷腿，但不可跷得过高，也不可抖动双腿。 |

2. 常见坐姿

**正襟危坐式**：坐时上身与大腿、大腿与小腿、小腿与地面，都成直角，双膝双脚完全并拢。适用于正式场合。

**垂腿开膝式**：坐时上身与大腿、大腿与小腿、小腿与地面，皆成直角，双膝略分开，但不超过肩宽。一般为男性使用。

**双腿叠放式**：双腿交叠，斜放于身体一侧，腿部与地面呈 45° 夹角，叠放在上的脚尖垂向地面。适合穿短裙的女士在较高处就座时使用。

**双腿斜放式**：双膝并拢，双脚向左或向右斜放。适合穿裙子的女性在较低处就座时使用。

**双脚交叉式**：双膝并拢，双脚在踝部交叉，既可内收，也可斜放，但不能向前方直伸出去。适用于各种场合，男女皆适合。

**前伸后屈式**：大腿并拢，一条腿向前，另一条腿屈后，两脚脚掌着地，双脚前后保持在同一直线上。女性适用。

**大腿叠放式**：双腿交叠，位于下方的腿与地面垂直，脚掌着地，位于上方的小腿向内收，脚尖向下。适用男性在非正式场合使用。

无论哪种坐姿，都要自然放松，面带微笑。坐时要立腰、挺胸，上体自然挺直。

3. 不良坐姿

脚跟触地，脚尖跷起，指人指物，有失礼貌。

腿部抖动摇晃。就座后，反复抖动或摇晃腿部，使人心烦意乱。

双腿直伸出去。落座后双腿直伸向前方，会使对方无法落脚。

腿部高跷蹬踩。坐下时腿部高高跷起，架上、蹬上、踩踏身边的桌椅，或者盘腿而坐。

双腿过度叉开。过度叉开大腿或是过度叉开小腿，都是失礼的表现。

前倾后仰。身体不能前俯后仰，或歪向一侧，或仰头靠在椅背上，既不文雅，也不礼貌。

## 四、蹲姿

日常生活中，当人们捡拾低处物品时，常常采用蹲姿。

（一）标准蹲姿

下蹲时两腿靠近，两膝并拢，臀部始终向下。如有他人在场，应使自己的身体侧面朝向对方，保持头、胸与膝关节的自然大方。

（二）常见蹲姿

1. 高低式蹲姿

左脚在前，右脚在后，两腿靠紧往下蹲，左脚着地，小腿垂直于地面，右脚跟提起，脚掌着地，支撑身体重心，形成左膝高右膝低的姿态，臀部向下。也可反过来，形成右高左低的姿势。采用这种蹲式时，女性应双腿靠拢，男性则可适度分开。

2. 交叉式蹲姿

下蹲时右脚在前，左脚在后，右小腿垂直于地面，全脚着地，左腿在后与右腿交叉重叠，左膝由后面伸向右侧，左脚跟抬起，脚掌着地，两腿前后靠紧，合力支撑身体。臀部向下，上身稍前倾，也可左右脚掉换。此姿势较适合女性。

3. 蹲姿禁忌

忌方位失当。如果正面或背面对着客人蹲下，会让对方感到尴尬或不便。

忌毫无遮拦。下蹲时，注意不能让背后的上衣上提，露出皮肤和内衣裤；女士切忌两腿分开，不雅观，不礼貌。

# 第三节　体态礼仪

体态是人体带有某种意义的动作和姿态。人际交往中的体态，也能表达不同的意义。

## 一、手势礼仪

仪态中动作最多、变化最多的是手势，反映人的修养、性格。手势常常配合眼神、表情和其他姿态，起到表示形象、表达情感的作用。

（一）常用手势

1. 翘大拇指

一般表示顺利或夸奖。在美国和欧洲部分地区，表示搭车。谈话时将拇指跷起来指向交谈对象外的第三者，表示对第三者的嘲讽。

2. OK 手势

拇指、食指相接成环形，其余三指伸直，掌心向外。在美国表示同意、顺利、很好；在法国表示零或毫无价值。

3. V 形手势

第二次世界大战时英国首相丘吉尔首先使用这种手势，表示胜利。但如果掌心向内，就变成骂人手势了。

4. 举手致意

掌心向外，面对对方，指尖向上，向他人表示问候、致敬、感谢，是常使用的致意礼。

5. 摆弄手指

反复摆弄自己的手指，活动关节，捻响，攥着拳头，或是手指动来动去，给人无聊的感觉。

（二）手势的使用

手势的使用应准确、规范，合乎惯例，使用适度。

1. 准确把握

各种手势动作都有不同的含义，特别是在不同国家和地域，同一手势动作表达的意义不同，应明确其含义后再加以使用。

2. 手势宜少不宜多

手势是语言符号的辅助手段，适当使用能起到强化意义的作用，但使用过多，则给人装腔作势、缺乏涵养的感觉，甚至会引起对方反感。

3. 手势禁忌

交际活动中，也要注意手势使用的禁忌，如当众搔头皮、掏耳朵、抠鼻子、咬指甲、用手指指点点、手指在桌上乱写乱画等。

## 二、身体动作

头、肩、脚的动作在交往中也表达丰富的意义。

（一）头、肩动作

1. 点头

表示赞成、肯定，理解、承认；也可以是事先约好的特定暗号；也可以是表示礼貌、问候的致意礼。

2. 摇头

一般表示拒绝、否定；特定背景下，轻微摇头有沉思之义。

3. 肩

西方人有耸肩示意的习惯，表示随便、无可奈何；有时也表示放弃；还可表示不理解；受到惊吓、紧张时也会有耸肩动作。中国人则习惯于相互扳抚肩膀端详或拍肩膀以示亲热。

（二）腰的动作

叉腰、哈腰、伸腰、弯腰都会间接给人某种暗示信号。如在客人面前或庄重的社交场合伸懒腰，是粗俗无知、不拘小节乃至戏谑的表示。

（三）脚、腿动作

1. 脚

顿足、跺脚、插足、失足、手忙脚乱、手足无措、指手画脚，在特定语境中表达特定的含义。

抖脚表明轻松、愉快；跺脚表明兴奋、愤怒；脚步轻快表明心情舒畅；脚步沉重表明疲乏，有压力。

2. 腿

拔腿、伸腿、扯腿、撒腿、偏腿、叉腿、跷腿、盘腿之类动作形态，在具体环境中，也表达不同的意义。如“跷起二郎腿”，是一种悠然自得或满不在乎、大大咧咧、不拘小节的象征。

## 三、身体的空间表达

人际交往活动中，交往双方身体之间的相互位置、距离和朝向，传递出人与人间的复杂关系。

（一）位置与距离

1. 位置

交往活动中，交流双方的身份及相互关系，往往是通过位置安排和距离来体现的。

到办公室拜访时，客人坐在主人办公桌对面，主人有控制权。到家中拜访时，客人坐主人身边，双方相处融洽，气氛轻松。

开会时坐在较显眼位置，显示自己的存在和重要性；如坐在较偏远的位置，希望不被人注意。

2. 距离

社交活动中，心理距离的远近决定空间距离的远近。一般而言，相处融洽、兴趣相投的人，社会地位相近的人，交往时的空间距离较近。反之，兴趣爱好相差甚远、个性差异大，社会地位相距较远的人，交往时的空间距离较远。

美国人类学家爱德华·霍尔在《沉默的语言》中把个人周围的空间领域或交流距离划分为以下四类：亲密距离、个人距离、社交距离、公众距离。交谈中以个人距离和社交距离为主，亲密距离、公众距离不适合在社交谈话中使用。

**提 示**

**距离小资料**

亲密距离：身体很容易接触到的距离，一般在 0.15 ~ 0.45m。适用于家人、恋人及亲密好友之间，谈话内容具有私密性。

个人距离：伸手可以握到对方的手，但不容易接触到对方身体。在 0.46 ~ 1.22m 之间。是普通朋友、同学、同事之间的交往距离，交谈话题属事务性内容。

社交距离：社交场合、关系一般的人之间的距离，在 1.22 ~ 3.66m，交谈时可选择轻松、愉悦的话题。

公共距离：人们在公共场合的空间需求，在 3.66m 之外的区域，如公园散步、路上行走等，教师授课、政治家演讲等也选择这一距离。

特别提示：不同国家和不同民族中、不同文化背景下人们对空间距离的要求会有所差别。

（二）朝向

交际主体调整自己相对于对方的角度，就是朝向。

1. 面对面朝向

交往双方面部、肩膀正面相对，表示交际活动正在进行，同时显示双方或亲密、或严肃甚至敌对的关系。谈判、会面时，双方往往选择这种面对面朝向。

2. 背对背朝向

与面对面朝向相对，表示否定。选择这种朝向，表示双方无交往兴趣，或是双方处于对立状态。

3. 其他朝向

肩并肩：肩部成一直线，朝向一致，表示交往者有共同的利益关系。

V形朝向：交往双方以一定角度相对，表示维持交际的兴趣相对较弱。

# 思考与练习

一、思考题

1. 眼睛在交往中如何表达意义？

2. 如何合理运用微笑？

3. 使用手势的原则有哪些？

4. 人际交往中如何正确使用体态语言？

二、实践训练

练习使用正确的站姿、坐姿和走姿。

# 第五章　社交行为礼仪

社交称呼/家庭称呼/自我介绍/他人介绍/握手/名片/
乘车/电梯/迎来送往/致意/特殊见面礼/拜访/馈赠/
关键词：适当　礼貌　热情　友善　准时　文雅

举止是映照每个人自身形象的镜子。

——歌德

## 第一节　日常交往礼仪

迎来送往是社交中最常见的活动，也是体现礼仪素养的最佳时机，适当的称呼、介绍，正确的握手和名片递送方式将给对方留下良好的第一印象。

### 一、称呼礼仪

称呼是人们在日常交往应酬之中，彼此之间采用的称谓。人际交往中，正确、适当的称呼，既是对对方的尊重，又反映自身修养。

（一）社交称呼

社交场合使用的称呼，一般根据对方年龄、职业、地位、身份、辈分及与自己的关系亲疏、感情深浅进行选择。

1. 尊称

对他人表示尊敬的称呼，包括“您”、“贵方”、“某老”等。

2. 泛称

对他人的一般称呼。双方可根据关系和场合差异，选择不同的称呼。

不同场合的称呼选择

| 场　合 | 称　呼 | 具体要求 | 举　例 |
|---|---|---|---|
| 正式场合 | 姓名 | 平辈之间、长辈对晚辈 | 王小平、刘佳 |
| | 职务 | 姓+职务 | 张局长、李经理 |
| | | 姓名+职务（非常正式的场合） | 李××省长、王××厅长、 |

续表

| 场　　合 | 称　　呼 | 具体要求 | 举　　例 |
| --- | --- | --- | --- |
| 正式场合 | 职称 | 姓+职称 | 张教授、王工程师、刘研究员 |
| | | 姓名+职称<br>（非常正式的场合） | 张××教授、王××工程师 |
| | 职业 | 姓或姓名+职业 | 杨老师、张医生、刘××律师 |
| | 学衔 | 一般针对博士 | 林博士 |
| 非正式场合 | 辈分 | 姓+辈分称呼 | 李叔叔、张阿姨、王伯伯 |
| | | 辈分称呼 | 叔叔、阿姨、伯伯 |
| | 姓 | 老/小+姓 | 小王、老李 |
| | 名 | 关系亲密 | 俊杰、晓丽 |

在一些非正式场合，有些称呼可以简化，如将“刘工程师”简化为“刘工”，“张局长”简化为“张局”，但使用简称时应注意不要造成误会和歧义。

3. 其他称呼

双方初次见面，不知对方姓名、职务。可选择一般称呼。

**同志**　流行于建国后，成为最普通、最常用的称呼。目前这一称谓使用率相对减少，对儿童、对外国人，应尽量少用或不用。

**老师**　原是尊称传授文化知识、技术的人，一般用于学校中传授文化科学知识、技术的教育工作者。有时出于对交际对象的学识、经验或某方面的敬佩、尊重，虽然对方不是教师，也可以此称呼对方。

**先生**　古代，一般以此称呼父兄、老师、医生等。在西方国家，先生是对成年男子的一般称呼。社交场合，以此称呼男士。

**师傅**　原是对工、商、戏剧行业中传授技艺者的尊称，后用于称呼有技艺的人。这一称呼在北方使用比较频繁。一般不能用于称呼有职称、有学位的人。

**不同交谈对象的称呼选择**

| 对　　象 | 称呼选择 | 示　　例 | 备　　注 |
| --- | --- | --- | --- |
| 上级领导或<br>有职务者 | 姓氏 ＋ 职务称 | 王局长、处长、主任<br>王董事长、经理 | 多人称呼时，<br>先上级后下级 |
| 同事或<br>无职务者 | 姓氏 ＋ 职业称 | 张老师、医生、律师<br>张记者、导游、秘书 | “老师”可在多种场合下使用 |
| 熟人 | 一般称呼 | 先生、女士 | 较熟悉的客人<br>可使用亲属称 |
| 交谈对象 | 尊称 | 您、尊贵的、可敬的 | 表示对对象的尊重 |

（二）亲属称呼

亲属之间使用的称呼。汉文化的传统是建立在血缘与家庭关系基础上的，注重长幼尊卑，内外有别，严格区分亲属关系。

**中国人的亲属称呼**

| | 关系 | | 称呼 | | 关系 | | 称呼 |
|---|---|---|---|---|---|---|---|
| 父亲家人 | 父亲长辈 | 父亲 | 祖父、爷爷 | 母亲家人 | 母亲长辈 | 父亲 | 外祖父、外公 |
| | | 母亲 | 祖母、奶奶 | | | 母亲 | 外祖母、外婆 |
| | 父亲平辈 | 哥哥 | 伯伯 | | 母亲平辈 | 兄弟 | 舅舅 |
| | | 嫂子 | 伯母 | | | 兄弟的妻子 | 舅妈 |
| | | 弟弟 | 叔叔 | | | | |
| | | 弟媳 | 婶婶 | | | | |
| | | 姐妹 | 姑姑 | | | 姐妹 | 姨妈 |
| | | 姐妹的丈夫 | 姑父 | | | 姐妹的丈夫 | 姨父 |
| | 自己平辈 | 男性 | 堂兄弟 | | 自己平辈 | 男性 | 表兄弟 |
| | | 女性 | 堂姐妹 | | | 女性 | 表姐妹 |
| | 自己晚辈 | 男孩 | 侄儿 | | 自己晚辈 | 男孩 | 外甥 |
| | | 女孩 | 侄女 | | | 女孩 | 外甥女 |
| 丈夫家人 | 长辈 | 父亲 | 公公 | 妻子家人 | 长辈 | 父亲 | 岳父 |
| | | 母亲 | 婆婆 | | | 母亲 | 岳母 |
| | 平辈 | 兄、弟 | 伯、叔 | | 平辈 | 兄弟 | 舅子 |
| | | 姐妹 | 姑子 | | | 姐妹 | 姨子 |

在社交场合，特别是交谈中，经常会谈到自己和他人的亲属，可根据具体情况采取谦称或敬称。

| 关系 | 辈分 | 称呼 | 举例 |
|---|---|---|---|
| 自己亲属（谦称） | 辈分或年龄高于自己的亲属 | 称呼前加“家” | “家父”、“家叔” |
| | 辈分或年龄低于自己的亲属 | 称呼前加“舍” | “舍弟”、“舍侄” |
| | 自己的子女 | 称呼前加“小” | “小儿”、“小女”、“小婿” |
| 他人亲属（敬称） | 对其长辈 | 称呼前加“尊” | “尊母”、“尊兄” |
| | 对其平辈或晚辈 | 称呼前加“贤” | “贤妹”、“贤侄” |
| | 不分辈分与长幼 | 称呼前加“令” | “令堂”、“令爱”、“令郎” |

（三）称呼技巧

1. 初次见面要注意称呼

初次见面或谈公事，用姓+职务称呼对方，交谈过程中用敬语，如“王总经理，您说得真对……”，之后交谈中可称呼“王总”。如果对方是副总经理，有时可省略“副”字。

2. 称呼对方时不要一带而过

交谈中称呼对方，要加重语气，略作停顿，然后再接着谈，这样能引起对方注意，也体现对他人的尊重。如果称呼轻而快，就会给人一带而过的感觉，不会引起对方兴趣。

3. 关系越熟越要注意称呼

即使与交谈对象很熟悉，正式场合也要使用姓+职务（职称）的称呼，尤其是有其他人在场的情况下。如果随便称呼“老王”、“老李”，或者以“唉”、“喂”代替称呼，则极不礼貌。

## 二、介绍礼仪

介绍是初次见面的陌生人交往的起点，是社交活动最常见、也是最重要的礼节之一，在人与人之间起到桥梁与沟通的作用。

（一）自我介绍

1. 向他人自我介绍

以自己主动沟通的方式与交往对象认识，建立联系，进行交流往来的方式，就是自我介绍。根据自我角色定位，进行准确的自我介绍，有助于交谈活动顺利开展，达成沟通目标。

自我介绍时可借助谐音、形象的语言和想象，同时辅助名片等手段进行。你可以这样介绍：“您好，我是覃毅，西早覃，坚毅的毅。武侠小说中‘有情有义’的覃毅，那就是我。”

2. 自我介绍的时机

与他人不期而遇，并且有必要与之建立临时接触时，可适当自我介绍。

初次前往他人处所、办公室，进行登门拜访时要自我介绍。

应聘求职时需首先做自我介绍。

3. 自我介绍的要求

面带微笑，温和地看着对方说：“您好！”引起对方注意后，再报出自己的姓名身份，并简要表明结识对方的愿望或缘由。自我介绍一定要力求简洁，尽可能节省时间，以半分钟为佳。

> **情景** 导游小李，接待到丽江旅游的团队，一见面，小李介绍说：“大家好，我是旅行社的导游，姓李，大家可以称呼我小李，我将陪伴大家度过三天愉快的旅程，请多多关照。”

自我介绍，态度要自然、友善、亲切、随和。语气自然、语速正常，语音清晰。如果对方有相识的愿望，非常热情，则可以做进一步介绍，经历、专长、兴趣等。

如果与对方有一面之缘，但由于时间较长或外形上的变化，对方一时没有认出你时，这时应委婉提示对方，再做一次介绍，而不应该生硬地说“你把我忘了吧”。

> **情景** 一次展销会上，甲公司王经理遇见乙公司业务员小李，小李看到王经理后过去打招呼，但是见到小李后王经理一脸茫然，小李猜想王经理可能没有想起他们曾见过面，就说道：“您是王经理吧？我是乙公司的业务员，小李。我们去年曾在昆交会上见过面。”王经理愣了一下，接着说：“是你啊，好久不见了。”两人很快交谈起来。

（二）为他人介绍

社交活动中，身边同时出现互不认识的客人，而自己对双方情况都比较了解，双方也有相互认识的愿望时，为他人介绍就非常有必要了。

1. 为他人做介绍

为他人做介绍是第三者沟通的方式，一般由认识双方的朋友进行介绍。为他人介绍，应遵循介绍原则，合乎礼仪规范。

为他人介绍时，要面带微笑，掌心向上指向被介绍者。除年长者和女性外，一般情况下，被介绍双方应起立，点头微笑有所表示。

2. 介绍的原则

为他人介绍时必须遵循“尊者优先了解情况”的原则，介绍前，先确定双方地位的尊卑，然后把位卑者介绍给尊者。介绍时，可以先提尊者的姓名，再做介绍，如“刘老，这是我的同学小王”。

为他人介绍时，需要注意区分社交场合和工作场合。

**介绍原则之一：**

将职位低者介绍给职位高者；
将晚辈介绍给长辈；
将男士介绍给女士；
将主人介绍给客人；
将未婚者介绍给已婚者。

**介绍原则之二：**

工作场合：以职务高低作为介绍标准。

社交场合：以性别、年龄、婚否作为介绍标准。

**为他人介绍的几种情况**

| 情景 | 介绍方式 | 举例 |
| --- | --- | --- |
| 朋友到家里来做客 | 将主人介绍给客人 | “张先生，我想请你认识一下我的女儿晓芳。”“张先生，请允许我介绍一下我的妻子。” |
| 日常生活中，介绍两位异性朋友认识 | 将男士介绍给女士 | “李小姐，我给你介绍一下，这位是王先生。” |
| 日常生活中，介绍长辈和晚辈认识 | 将年轻者介绍给年长者 | “刘老，这是我的同学小王。” |
| 日常生活中，介绍未婚和已婚的女士认识 | 将未婚女子介绍给已婚女子 | “张太太，让我来介绍一下，这位是李小姐。” |
| 工作中，介绍上下级认识 | 将地位低的介绍给地位高的 | “王总，这是我们公司的行政秘书李××。” |

3. 介绍时的注意事项

**手势：**动作文雅，手心向上，四指并拢，拇指张开，指向被介绍方，忌用手指指来指去。

**微笑：**介绍时要面带微笑。

**发音：**介绍姓名，要口齿清楚，发音准确，把易混的字咬准，对同音字、近音字要加以解释、说明。

如：“王”和“黄”、“刘”和“牛”等；对同音字、近音字、多音字必要时要加以解释，如“邹”和“周”、“张”和“章”、“徐”和“许”，“解”“区”“单”等。

（三）被他人介绍

当自己被介绍给他人时，作为被介绍者应该注意以下方面。

1. 欣然接受

当介绍者询问自己是否有意认识某人时，被介绍者一般不应加以拒绝，应欣然表示接受。实在不愿意时，则应说明原由。

2. 面含微笑

当介绍者走上前来，开始为被介绍者进行介绍时，被介绍双方应起身站立，面含微笑，大方注视介绍者或者对方，神态庄重、专注。

3. 握手问候

介绍完毕后，被介绍双方应相互问候或握手，可以说“你好”“很高兴认识你”“久仰大名”“认识你非常荣幸”“幸会，幸会”，等等。必要时还可做进一步的自我介绍。

（四）集体介绍

当被介绍双方的人数较多时，就要根据具体情况，进行集体介绍。集体介绍与他人介绍基本相同，除认识双方的相关人员外，还可由在场职位较高者为双方做介绍。介绍时，一般应使用职务、职业称和尊称，无职务时，可使用先生、女士等称呼。

1. 把少数介绍给多数

当被介绍者双方地位、身份大致相似，或者难以确定时，可以先介绍人数较少的一方或个人，后介绍人数较多的一方或多数人。

**情景**　小李带两个同学参加朋友聚会，他们到的时候，十多个朋友已经先到了。小李忙着介绍说：“各位朋友，抱歉，来晚了。请容我给大家先做个介绍，这两位是我的大学同学，陈×和王××，请大家多关照。”

2. 把多数介绍给少数

被介绍者地位、身份之间存在明显差异，表现为年龄、性别、婚否、师生以及职务有别时，则地位、身份为尊的一方即使人数较少，甚至仅为一人，仍然应被置于尊贵位置，最后加以介绍。介绍时，人多一方按身份高低，由尊到卑进行。

**情景**　一天，总公司的领导到下级部门视察工作，作为部门经理的张××给领导做介绍说：“王总，您好，请容我给您介绍我们部门的人员，这位是行政秘书李××，这几位分别是业务员张××、刘××、王××……”

如需介绍的一方人数较多，当时情况又不允许一一介绍时，也可进行笼统介绍，可以说“这是我的家人”，“他们都是我的同事”，等等。

## 三、握手礼仪

握手已成为最常见的见面礼节，应用范围较广。

（一）握手要求

1. 神态

在通常情况下，与人握手时，应面带微笑，目视对方双眼，口道问候。握手时不能敷衍了事，漫不经心，傲慢、冷淡。

2. 力度

如果手指轻轻一碰，刚刚触及就离开，或是懒懒地、慢慢地相握，缺少应有的力度，会给人勉强应付、不得已而为之的感受。

一般来说，手握得紧是表示热情，男士之间可以这样握，但注意不能使人感到疼痛。男士与女士握手则不能握得太紧，应热情、大方、用力适度。

3. 时间

以2、3秒为宜，握紧后打过招呼即松开。

握手时间应根据与对方的亲密程度而定。但如亲密朋友意外相遇，敬慕已久而初次见面，至爱亲朋依依惜别，衷心感谢难以表达等场合，握手时间就长一点，甚至紧握不放，话语不休。在公共场合，如列队迎接外宾，握手时间一般较短。

4. 姿势

握手双方相距一步左右，双脚立正，上身稍微前倾，正视对方，面带微笑，右臂自然向前伸出，四指并拢，拇指张开，掌心向身体侧面，与对方虎口相握，同时讲问候语或敬语

（二）握手原则

根据礼仪规范，握手时双方伸手的先后，一般应遵循“尊者先伸手”原则，由长者、女士、身份高者先伸手，位卑者予以响应，不可贸然抢先伸手。

提 示

**握手顺序**

男女之间：女士先伸手。

上下级之间：上级先伸手。

长幼之间：长辈先伸手。

主宾之间：迎接时主人先伸手，离别时客人先伸手。

1. 男女间握手

握手时，男士应等女士先伸出手后才握手。如果女士不伸手或无握手之意，男士可向对方点头致意。初次见面，女士可不和男士握手，点头致意即可。男女握手时，男士应轻握女士手指，力度不能太大，女士则应大方、自然。

2. 宾客间握手

主人应向客人先伸手。如果主人是男士，面对女宾时，也可先伸手，以表示欢迎。客人告辞时，则应由客人伸手与主人相握。

3. 长辈与晚辈握手

长辈先伸手。与长辈握手时，不论男女，都要站立趋前，以示尊敬。

4. 上下级握手

上下级之间握手，下级要等上级先伸出手。涉及主宾关系时，主人应先伸手。

5. 一人与多人握手

当一人与多人握手时，应由尊而卑，即先上级后下级，先长辈后晚辈，先老师后学生，先女士后男士。

6. 特别提示

公务场合，握手时伸手的先后次序主要取决于职位、身份；社交、休闲场合，主要取决于年龄、性别、婚否。

（三）握手禁忌

提 示

**握手十忌**

1. 左手相握，有悖习俗；
2. 争先恐后，不讲先后顺序；
3. 十字交叉握手；
4. 戴着手套、墨镜握手，不尊重对方；
5. 握手时将另外一只手插在口袋里；
6. 握手时另外一只手依旧拿着物品；

7. 握手时面无表情；

8. 握手时滥用热情；

9. 握手时将对方的手拉来推去，或者上下、左右抖个没完；

10. 握手后立即揩拭自己的手掌。

## 四、名片礼仪

日常交往中，名片既是“自我介绍信”，又是“社交联谊卡”。两人初次见面，先互通姓名，再奉上名片，单位、姓名、职务、电话等一目了然，既回答了对方想问而又不便贸然出口的问题，又拉近了相互之间的距离。

（一）名片制作

提 示

**名片内容**

所在单位、所在部门、企业标志；

姓名、行政职务、学术技术职称；

地址、邮政编码、办公室电话、传真、E-mail、手机号码。

1. 名片内容

名片制作中需要中文、外文各印一面，并且不能随便进行涂改，不提供私宅电话，尽量不要印多个头衔。

2. 名片设计

可根据自己的喜好及客户对象，选择名片的版式结构。可以有横式、竖式，单面、双面等不同设计。

×××××有限责任公司

×××总经理

地址：云南省昆明市金碧路××号××大厦 邮编：650000

办公电话：（0871）—12345678 手机：12345678900

E-mail：1234567@126.com

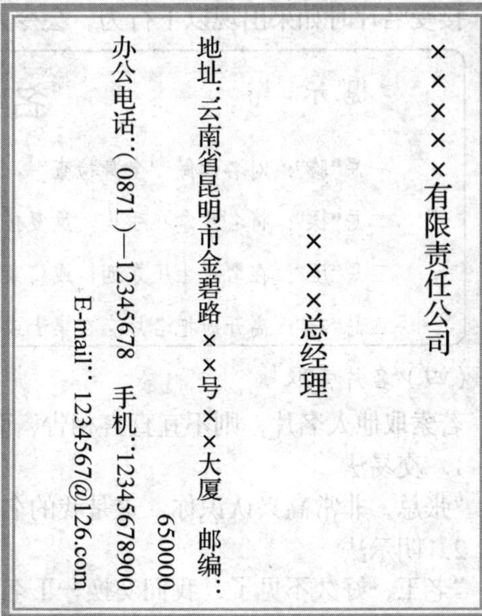


（二）名片递送

1. 足量携带

出门前检查携带的名片数量，防止发放中数量不足造成尴尬。

2. 合理放置

应事先将名片放在容易拿取的位置，取出名片后再得体地递给对方。男士一般将名片放在外衣内侧口袋或公文包内，女士一般将名片放在随身包内。

3. 讲究顺序

了解对方身份时，按尊者优先原则发放；如果首次见面，不了解对方身份情况时，则遵循近者优先原则，由左自右散发。

4. 注重细节

用拇指和食指拿住名片两个上角双手递送，名片正面朝向对方，同时说礼貌语。一般应站立递送，上身前屈 15° 左右。

（三）名片接受

1. 起身接受

接受他人名片时，需要站立接受。

2. 表示谢意

接受他人名片时，应恭恭敬敬，双手接递，并表示感谢。

3. 回敬对方

收到别人名片后，也要将自己的名片回递给对方。如果名片用完或是无法给对方时，要委婉地说明缘由，可以说“对不起，我忘带名片了”，或“抱歉，我的名片用完了”。

4. 认真看读

接过名片，应认真看名片上的内容，并轻声读出对方姓名、职务（较重要或较高的职务），同时向对方说“久仰久仰……”。

5. 现场收藏

收到名片后应细心将其放进名片夹或笔记本里。男士可将名片放入左胸内侧的西服口袋，女士则放入包内。

6. 注意四忌

接受名片时如果出现以下行为，会令人十分不快。

提　示

**名片接受四忌**

一忌“验”：对名片做“全身检查”，前后左右反复查看。

二忌“揉”：将名片拿在手里，反复搓揉。

三忌“压”：在名片上压东西，或将菜汤、油渍滴到名片上。

四忌“忘”：离开时把名片忘在桌上或茶几上。

（四）名片索取

若索取他人名片，则不宜直言相告，而应委婉表达。

1. 交易法

“张总，非常高兴认识你，这是我的名片，请多指教。”

2. 明示法

“老王，好久不见了，我们交换一下名片吧，这样联系起来更方便。”

3. 谦恭法

向尊者、长者索要名片时多用此法。如“汪老，您的报告对我很有启发，希望有机会向您请教，以后怎样向您请教比较方便？”

# 第二节　迎送礼仪

俗话说“礼多人不怪”，懂礼，知礼，行礼，是交往双方相互认同的前提和基础。

## 一、待客礼仪

古人说：“非礼勿视，非礼勿听，非礼勿言，非礼勿动。”交际往来活动中，我们应该掌握最基本的待客礼仪。

（一）待客原则

1. 真诚待客

真诚是人与人相处的基础，对朋友、对客人真诚相待，是顺利实现沟通与交流，完成社交活动的保证。

2. 尊重他人

尊重表现为自我尊重和尊重他人。自尊是保持自己的人格，锤炼自己的修养，从而赢得他人的尊敬；尊重他人是以礼待人，遵循行为规范，从而保证与他人和谐、愉快的相处。

**案例：晏子使楚**

齐王派晏子出使楚国。看到晏子貌不惊人，楚王说：“你们齐国没有人才了吗？”晏子假装不知其意，回答道：“齐国地方大，人才济济，怎能说没有人才呢？”楚王冷笑道：“既然人才济济，怎会派你来呢？”晏子不动声色：“就因为齐国派使者是看对方国家的，假如对方有贤明的君主，就派一流的使者去；假如对方没有贤明的君主，就派较差的使者去。我是最差的使者，所以就被派到楚国来了。”楚王语塞。

3. 适度

待客礼仪要把握好分寸，做到不卑不亢，适可而止，才能落落大方，显示出施礼者的修养。

（二）待客要求

1. 恰当、得体、优雅、含蓄

恰当、得体指具体的举止行为，尺度把握要适度；优雅、含蓄指所有交往活动中的表现，是个体内在魅力的显现。

2. 喜悦

“有朋自远方来，不亦乐乎。”见到友人、熟人，应感到由衷高兴。邀请朋友来家做客，事先应该做好准备，如打扫房间、准备茶点等，客人到时，热情接待，让座奉茶。

3. 客为上座

家中最佳的位置应该让给客人就座。按照中国的传统这是我们常说的“上座”，上座往往是靠右边，面对正门的座位，或是“正南面”的座位。

## 二、乘车礼仪

迎来送往，是常见的社交活动。乘车时的位置安排体现了对他人的尊重与敬意。

（一）轿车上座

根据驾驶者及乘坐者身份、地位的不同，轿车中的上座不尽相同。

1. 社交场合上座

社交场合，主人亲自驾车时，上座为副驾驶座，方便与主人交谈。其他顺序依次为：右后座、左后座、中后座。

2. 公务接待上座

公务接待时，由专职司机驾车，上座为右后座，比较舒适，方便上下车。其余顺序依次为：左后座、中后座、副驾驶座。这时的副驾驶座是随员座，一般由接待方秘书乘坐。

3. VIP 上座

接待高级领导、高级将领或高级专家，“VIP”上座为驾驶座后面的座位，即左后座，这个座位最安全。其余顺序依次为：右后座、中后座、副驾驶座。

（二）乘车礼规

1. 乘车顺序

上车时，应请位尊者、女士先上，地位低者、男士后上；下车时则相反，地位低者、男士先下，位尊者、女士后下。

2. 女士乘车

女士乘车时，应站在车门边，降低重心，臀部先坐在座位上，身体进入车内后，再依次将两腿轻抬至车内；下车时先转身，两腿依序放至车外，再小心站起。女士上下车时，双膝始终保持并拢姿势。

3. 随员礼仪

乘车时，随员应为客人打开车门，用手护住车顶，照顾尊者和女士上车，然后自己上车。下车时，自己先下，再请尊者和女士下车。

4. 乘车行为

乘车时，主客可互致问候，轻声交谈。车内不吸烟、不吃零食，保持空气清新、环境整洁。

## 三、电梯礼仪

在很多场所，都要乘坐电梯。乘坐电梯时，应遵守相关礼仪。

（一）进出电梯

1. 先出后进

乘坐电梯时，应先出后进，等电梯中的人出来后，再进入电梯。如有老人、小孩、残疾人和客人时，应让他们先进电梯。

2. 有人赶来

在电梯中，如看到有人疾行赶来，应按住开关，或用手挡住电梯门，等候来人进入后，再关电梯。

3. 离开电梯

出电梯时，应等尊者、长者、客人和小孩先走出电梯，然后自己再离开。

（二）乘坐礼仪

1. 等候与乘坐

等候电梯时，应站在电梯门的右侧。出电梯时也应从右侧走出，这样可以避免相互拥挤。

2. 楼层按钮

进入电梯后，轻轻按动楼层按钮，不能反复乱按，也不能用伞柄、钥匙等物品代替手指。如果遇到电梯人多不方便按时，可以请靠近按钮的其他人员帮忙按下楼层按钮。

3. 乘坐行为

电梯空间狭小，乘坐电梯时，要爱护设施，不大声喧哗，不吸烟。孩子乘坐电梯时，不能打闹、跳动。不携带危险品乘坐电梯。

乘坐电梯，如遇电梯困人时，请按“电铃”或呼救电话，不能自己乱撞、乱撬去开电梯门。

4. 乘坐自动扶梯

乘坐自动扶梯时，应靠右侧站立，让出左侧通道，以便有急事的人赶路。

## 四、迎来送往

迎来送往是常见的社交活动，也是体现社交礼仪的重要活动。

（一）准备

1. 了解相关信息

了解宾客个人信息，核实人数，查明宾客到达时间，以便接机和等候。

2. 环境安排

有客人来访，应提前进行准备，保持整洁、优雅的环境。

3. 住宿安排

如果需要，可以根据客人的要求帮助预订或安排住宿。

（二）客人到来

1. 迎接

客人到来时，应主动起身相迎，引领客人进入会客厅或接待区，让座。

2. 奉茶

客人落座后，应奉上茶水、饮品，表现自己的热情。上茶时，应左手托杯底，右手拿杯子中部，不能碰到杯口。口中轻声说：“请用茶。”杯中茶水不能斟得太满，当客人杯中茶水不到一半时，应及时续水。

3. 交谈

与客人交谈，可选择大家感兴趣的话题。如在公共接待区域交谈，声音不能太大。交谈时，始终面带微笑。

4. 注意事项

家中或单位有客人来访时，开关门要轻，物品应轻拿轻放；不能当着客人的面责骂或打孩子，或是训斥下级；不能在客人面前吵架、摔砸东西等。

（三）客人离开

1. 送客

客人告辞时，主人要送客。如客人地位较高或年长，一般应将客人送到车旁，待客人离开后方可离开。如是普通客人，可送至门口，目送客人离开。

2. 送站

送远地客人时，应送至机场、车站或码头。要根据航班、车次、船次提前到达。送年纪大的客人时，应主动帮拿行李物品。安排妥当后即可离开。

# 第三节　交际行为礼仪

社交往来中，交际、交往行为无处不在。交往讲分寸，办事重策略，行为有节制，体现对他人的友好和关爱。

## 一、致意礼仪

致意是一种不出声的问候方式。通常用于交往双方在各种不便交谈的场合打招呼。无论是对熟识者还是初次见面者，致意都是表达友好的方式。

（一）致意形式

1. 举手致意

右臂向前方伸直，四指并齐、拇指分开，掌心朝向对方，左右轻轻摆动。致意时手不要上下摆动，也不要将手背朝向对方。举手致意，适于向较远距离的熟人打招呼。

2. 点头致意

面带微笑，头向下微微轻点，幅度不宜大。适于双方距离虽近但不宜交谈的场所，如会议、会谈进行中，与不太熟悉的人在社交场合重逢，都可以点头致意。

3. 欠身致意

全身或身体上部微微前倾，表示对他人的恭敬，适用范围较广。

4. 脱帽致意

与朋友、熟人见面时，若戴着有檐的帽子，应脱帽表示问候。致意时微微欠身，脱帽点头，同时向对方微笑。

5. 注目致意

主要用于升国旗、剪彩揭幕、庆典等活动时。行注目礼时，不可戴帽、东张西望、嬉皮笑脸、大声喧哗。正确的做法是：身体立正站好，挺胸抬头，双手自然下垂放于身体的两侧，表情庄重严肃，目视行礼对象，并随之缓缓移动。

（二）致意的规范

1. 致意顺序

把握卑者向尊者先致意的原则。下级先向上级致意；晚辈先向长辈致意；学生先向老师致意；男士先向女士致意。

2. 多礼并用

向他人致意时，可以同时使用几种致意礼，如点头、微笑并用，起立、欠身并用，点头、微笑、欠身、脱帽并用。多礼并用时，应注意一气呵成。

3. 致意要求

致意时应大方、文雅，一般不向对方高声叫喊，以免妨碍他人。

4. 回礼

遇到对方先向自己致意，应以同样的方式回礼，不可视而不见。

## 二、特殊见面礼

无论双方初次见面，还是已经相识，或是知己老友相会，得体的见面礼能表达双方的尊重和敬意。由于文化传统的差异，不同国家、不同民族、不同地区形成了体现浓厚地域及民族风格的不同见面礼俗。

（一）东方见面礼

东方式见面礼是双方各自行礼，没有身体接触，体现东方文化特点。

1. 拱手礼（作揖礼）

传统见面礼。行礼时起身站立，上身挺直，两臂前伸，双手在胸前高举抱拳，自上而下，或自外而内，有节奏地晃动两三次。春节团拜、向友人拜年、向长辈祝寿，恭喜结婚、生子、晋升、乔迁，表示感谢等，都可行拱手礼。

2. 鞠躬礼

行礼时应脱帽立正，双目凝视受礼者，然后上身弯腰前倾。上身下弯幅度越大，敬重程度越高。一般问候为 15° 鞠躬；迎客、送客为 30° ～45° 鞠躬，对地位最尊者，或是悔过、谢罪为 90° 鞠躬。

日本、韩国、朝鲜等国，鞠躬礼十分普遍。在我国，鞠躬礼主要适用于向他人表示感谢、领奖或讲演之后，演员谢幕，举行婚礼或参加追悼活动。

3. 合掌礼

双掌在胸前对合，手指并拢向上，掌尖和鼻尖基本持平，双腿正直站立，上身微欠低头，行礼时可口诵祝词或问候对方，亦可面带微笑，但不能手舞足蹈，反复点头。行礼时，双手举得越高，对对方越尊重。

合掌礼在东南亚、南亚一带信奉佛教的地区以及我国傣族聚居区最为普遍。

（二）西方见面礼

1. 拥抱礼

在西方，特别是在欧美国家，拥抱是常见的见面礼与道别礼。在人们表示慰问、祝贺、欣喜时，也常用拥抱礼。

行礼时，两人正面相向站立，各自举起右臂，搭在对方左肩后面；左臂下垂，扶住对方右腰后侧，然后拥抱。

2. 亲吻礼

亲吻礼西方国家常用的见面礼，有时也与拥抱礼同时使用。

行礼时，因双方关系不同，亲吻部位有所不同：长辈吻晚辈，应吻额头；晚辈吻长辈，应吻下颌或面颊；同辈之间，相互贴面颊，异性则吻面颊。行礼时，不可发出响声，也不应将唾液弄到对方脸上。

3. 吻手礼

流行于欧美国家，为象征性礼节，一般用于在较隆重的场合对身份特别高的女士行礼。

男士行至女士面前，首先垂手立正致意，然后以右手或双手捧起女士的右手，俯首以微闭的嘴唇，象征性轻吻女士的手背或手指。行吻手礼的地点，一般是室内，吻手礼的受礼者，一般是地位较高的已婚女性。

## 三、拜访礼仪

拜访是交际往来中的有效沟通方式，拜访老友，结交新朋，建立广泛的社会联系，有助于了解各方信息，开阔视野，联络感情。

（一）拜访要求

1. 拜访

拜访指前往他人处所进行的问候、请教、探望等活动。

2. 方式

根据拜访目的，可以分为一般性拜访、请教拜访、探视拜访、突然拜访和遣人拜访等。

3. 要求

拜访要经常化。拜访前的联系和沟通很重要，不要给对方“无事不登三宝殿”的感觉，不能在“有求于人”时才想到拜访。在拜访前，我们需要明确拜访的目的，做好拜访的准备。

**提　示**

**拜访礼仪**

事先预约，不做不速之客；

如期而至，不做失约之客；

衣冠整洁，不做邋遢之客；

举止文雅、谈吐得体，不做粗俗之客；

适时告辞，不做难辞之客。

（二）拜访前准备

1. 事先约定

办公室或家庭拜访必须事前约定，不能不期而至，那样会扰乱别人的工作和生活秩序。如确有急事，应打电话说明原因，见面简短交谈后离开。

2. 选择时间

拜访他人，需征得主人同意，避开吃饭和休息时间，一般可以安排在节假日，上午 9～10 点，下午 3～4 点，晚上 7～8 点比较适宜。

3. 注意仪表

拜访时要注意服饰整洁，仪容、仪表要端庄，女士可略化淡妆。

蓬头垢面，衣冠不整有失敬意。拜访时不能穿短裤、背心、拖鞋，对主人不敬。冬天进屋，应将大衣、围巾、帽子脱掉，离开时再穿上。

4. 物质准备

拜访时，如携带名片，应将名片放在容易取出的地方。可以根据拜访对象和目的，适当准备鲜花、糖果、摆设等小礼物，以表敬意。

（三）进门礼节

1. 进门前敲门或按门铃

进门应先敲门，以弯曲的食指和中指轻敲三下，如无反应，再敲三下，不能用手掌拍门或用脚踢门。

按门铃时间不宜过长，按后应耐心等待。

2. 进门应得到许可

即使主人家的门开着，也应用手指轻敲两下，得到允许后方可进入。主人开门后，如未邀请，客人不能擅自闯入。进入房间后，如果没请就座，表示主人不打算留客，应简要说明相关事宜后迅速告辞。

3. 随身物品摆放在正确位置

带的礼品，应在进门时送交主人，由主人放置。随身带的外衣或雨具，应放在主人指定的位置，不可乱扔、乱放。

（四）室内礼节

1. 问好

进入主人处所，要向主人热情问候，向其他家人和先到的客人点头致意。如主人向你介绍新朋友，要说“很高兴认识您”、“初次见面请多关照”等客套话。如主人没向你介绍其他客人，不能随便打听客人与主人的关系，也不要喧宾夺主，与客人亲密交谈或乱插话。

2. 谈话

与主人交谈，要态度真诚、自然、恳切。可谈论与拜访相关的内容。不要过多谈论主人个人生活和家庭情况。

如专程拜访，可以直接说明来意，讲清事情，如果主人有困难，不能强人所难。如是礼节性拜访，可简单问候，交谈20分钟左右后告辞。

3. 行为举止

拜访时，主人招呼后方可坐下，坐姿要端正、文雅，不抖脚、翘脚，不东倒西歪，不能躺在沙发上。在主人家，不能乱翻、乱动房间内的陈设，也不随便进入主人卧室或书房。

主人倒茶时，应离座欠身，双手接过，表示感谢；主人端上小吃、水果，应让其他客人或长辈先吃。

在主人家或办公室，不能吸烟。

4. 告辞致谢

拜访时间不宜太长，事情说完就应告辞。交谈时要注意对方的情绪变化，如发现主人心不在焉、长吁短叹、偷偷看表或东张西望，要及时告辞。

告辞时应对主人的款待表示谢意；有长辈在场先向长辈告辞，再向其他人告辞，出门后请主人留步。

## 四、馈赠礼仪

馈赠是以物表情的交流方式。得体的馈赠，为人们之间的感情和友谊注入新的活力，给人际交往活动锦上添花。

### （一）馈赠六要素

古语说“礼轻情意重”，馈赠时，要根据对象和目的认真选择礼品。

1. 馈赠对象

送礼前要了解受礼者的年龄、性格特征、身份地位、民族习惯等情况，针对不同对象的不同情况，选择合适的礼品，满足各自不同的需求。

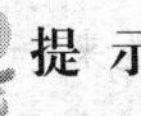

提 示

**根据馈赠对象选择礼品**

送家贫者，选择实惠礼品；

送富裕者，选择精巧礼品；

送家人、恋人，选择有纪念意义的礼品；

送朋友，选择有趣味的礼品；

送老人，选择养生、滋补、实用的礼品；

送孩子，选择启智、新颖的礼品；

送外宾，选择具有民族特色的礼品。

2. 馈赠时机

中国人注重送礼的时效性，强调“雪中送炭”的效果，因此把握馈赠时间和机会十分重要。一般来说，送礼贵在及时，根据事由、情感及其他需要程度，把握馈赠机会。

春节、中秋等传统节日，是人们表情达意、友好往来的较好时机，礼尚往来的一般性馈赠可选择这些时间。喜庆祝贺、表示谢意、拜见长辈、探望病人、到朋友家做客时，可适当赠礼。重要纪念日，应选择有纪念意义的礼品。交往对象遭受不测事件，也可适当赠礼表示慰问。

3. 馈赠的场合

赠礼场合的选择十分重要。特别是出于酬谢、应酬或有特殊目的的馈赠，更应注意场合的选择。一般情况下，不能当着众人的面给某人或某几人赠礼。

4. 馈赠目的

馈赠目的不同，礼品和时机的选择也不相同。

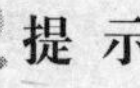

**提 示**

**根据馈赠目的选择礼品**

以交际为目的，注重礼品的精美实用；

以巩固和维系人际关系为目的，注重礼品意义；

以酬谢为目的，注重礼品价值；

以公关为目的，注重礼品的趣味和独特性。

5. 馈赠礼品

礼尚往来的馈赠，更强调“礼轻情意重”的意义。因此，选择礼品时，应根据自己的经济情况，根据对方的个性、喜好，选择适合的礼品。

价值不高的礼品，也能传递赠礼者的真诚与友好。对远在他乡的人来说，生日时收到的祝贺短信也会让人欣喜若狂；身处困境时，朋友的一句暖言，也会令人感动。

**案例：赫本的狗**

著名影星奥黛丽·赫本十分爱狗。多年来一直养着一只叫杰西的长耳罗塞尔种的小猎犬。一天，杰西误吃毒药，很快就死了。赫本爱犬心切，终因悲伤过度，一病不起。这时，她的朋友克里斯多夫·格里文森托人送来一只长耳罗塞尔狗——彭妮，小巧玲珑，毛色白亮，十分可爱。彭妮的到来，给了赫本无限的慰藉，赫本说：“彭妮不仅使我恢复了健康，也赐给我无限的幸福，它真是来自天堂的宝贝。”

6. 馈赠方式

**当面赠送** 充分表达赠送的用意，有时还可以介绍礼品的寓意，演示礼品的用法，使受礼者感受馈赠者的良苦用心。

**邮寄赠送** 异地馈赠的方式。由于身处异地，无法当面送达，通过邮寄赠送，弥补了无法面送的遗憾，克服了“过期失效”的不足。

**委托赠送** 由于赠送者身处异地，或者不宜当面赠送，可以委托他人代为赠送。采用这种方式时，理由要充分。

提 示

**礼笺妙用**

礼笺即礼品上的留言，一般表达祝贺之意。礼笺用词要文雅而富诗意。为老人祝寿可写“身边带着童年，生命之树常青”。为朋友庆婚可写“最美的浪漫存在于婚姻之中，最好的爱情故事产生于婚礼之后”。也可以体现时尚、浪漫，如“执著地爱”、“献上心香一瓣”、“春天永远陪伴您”之类。

（二）鲜花馈赠

鲜花是传统的馈赠礼品。鲜花的寓意不同，表达的情意也不相同。

1. 表达爱情

热恋中的男女，一般赠送玫瑰、百合或桂花，象征爱情的美丽、雅洁、芳香。

新婚贺喜，宜用玫瑰、百合、郁金香、香雪兰、非洲菊等。新娘捧花中，适当加入几枝满天星，显得华丽脱俗。

夫妻之间可互赠玫瑰或合欢花，表达恩爱永久之意。

送爱人，可选择月季、玫瑰、蔷薇、海棠、水仙、碧桃、桃花、茶花，表示真情相爱；茉莉、含笑、白兰花、晚香玉、栀子花表示鲜花传情及思念；蓝色的橘梗表示甜蜜的爱。

对爱情受挫的人，可以送秋海棠（又名相思红），寓意苦恋，以示安慰。

2. 表达祝愿

给老人祝寿可送寿桃或万年青，表示长寿，也可用寿星桃、虎刺、枸杞、吉庆果、五针松等制作盆景送与老人。拜访德高望重的长者，宜送兰花，象征品质高洁。此外，还可选择菊花、牡丹、梅、枫、橘等表示敬老，祝老人多福。

送新婚夫妇石榴，希望他们多子多福；祝贺友人生日，可选月季和石榴，象征“火红年华，前程似锦”。

节日期间看望亲朋，宜送吉祥草，象征“幸福吉祥”。

3. 表达惜别

为朋友送行，可赠芍药，寓意难舍难分；也可用垂柳枝、杜鹃等表示依依惜别。

4. 看望病人

看望病人宜送兰花、水仙、马蹄莲、海棠、含笑等，或选用病人平时喜欢的其他品种，有利于病人早日康复。看望病人，常以红色鲜花祝愿病人早日康复。

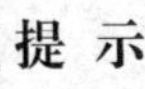

提 示

**数字与鲜花馈赠**

蜜月、婚礼、生日送花十枝；

送老者宜用九枝，表示天长地久；

新居入住，公司、新店开张送八枝；

送夫妻、爱人宜用两枝，表示成双成对；

送朋友可送六枝，表示称心如意；

三、五、七枝少用，四枝一般不用。

（三）受礼

接受礼物时，受礼者应向馈赠者表达谢意。

1. 表示感谢

一般应赞美礼品的精致、优雅或实用，夸奖赠礼者的周到和细致，表示对礼品的喜爱，表达谢意。

2. 双手接礼

接受礼物时，应用双手。接受外国人的礼物，可以当面打开；国人之间送礼，一般不当面打开。

3. 礼品拒收

一般而言，礼尚往来的礼品不能拒收，那会使赠礼人很没面子。但如果礼品太过贵重，或赠礼者目的突出而自己又无法提供相关帮助时，就不能接受赠礼者的礼品。拒礼时，态度要坚决，语气要委婉。

（四）馈赠禁忌

中国人馈赠时，要考虑物品名称的谐音，不应产生歧义。馈赠恋人，不能送伞；馈赠女士，不能送手绢；馈赠老人，不能送钟。

看望病人，不能送过于刺激的鲜花和整盆有根的植物，香味浓郁的花容易引起咳嗽；整盆的花，会让人误会为“久病成根”；颜色太浓艳的花，会刺激病人的神经，激发烦躁情绪；山茶花容易落蕾，被认为不吉利，也不宜送。

馈赠礼品时，还要充分考虑不同民族、不同地域、不同年龄的文化差异。

**鲜花禁忌**

日本：荷花是不祥之花。

法国等欧洲国家：菊花、纸花和黄色花不吉利。

南美：菊花祭祀用的，房里不摆菊花。

**色彩禁忌**

大部分国家：黑色为丧色。

日本：绿色不吉祥。

法国：憎恶墨绿色。

巴西：棕黄色为凶丧之色。

比利时：最忌蓝色。

# 思考与练习

一、简答题

1. 简介社交场合中称呼的使用。
2. 为他人做介绍时的基本原则有哪些？
3. 握手的顺序是什么？有哪些禁忌？
4. 简介名片递送的要求。
5. 简介待客礼仪的原则和要求。
6. 简介轿车的上座及乘车的主要礼规。
7. 简介乘坐电梯的礼仪要求。
8. 简介体现东西方民族特色的主要见面礼。
9. 什么是拜访？拜访礼仪的主要要求是什么？
10. 什么是馈赠？简介馈赠六要素。

二、实践训练

1. 要介绍同学小李与同事老张相识，作为介绍人，你如何为他们做介绍？
2. 李老师生病做手术，你代表全班同学去医院看望，你将如何做？

# 第六章 就餐礼仪

宴请形式/宴请礼仪/赴宴礼仪/
中餐特点/中餐礼仪/西餐特点/西餐礼仪/
关键词：交际　宴请　席次　座次　文雅

夫礼之初，始诸饮食，其燔黍捭豚，污尊而抔饮，蒉桴而土鼓，犹若可以致其敬于鬼神。

——《礼记》

## 第一节 宴请活动

宴请是常见的社交往来方式，通过轻松、愉悦的活动，增进相互之间的了解和友谊。宴请是常见的交际方式，掌握餐桌礼仪的规范和要求十分重要。

### 一、宴请形式

通用的宴请形式主要有四种，每种形式均有特定的规格和要求。

（一）宴会

宴会是较正式、隆重的设宴招待，宾主在一起饮酒、吃饭的聚会。宴会是正餐，出席者按主人安排的席位入座进餐，由服务员按菜单依次上菜。

按隆重程度，可分为国宴、正式宴会、便宴；按举行时间，分早宴、午宴、晚宴，晚宴比早宴、午宴更正式、隆重；按性质，分为礼仪性宴会、交谊性宴会、工作性宴会、生活性宴会。

1. 正式宴会

正式宴请活动。宾主均按身份排位就座，有时也安排乐队奏席间乐，对餐具、酒水、菜肴的道数及上菜程序均有严格规定。最高规格的正式宴会是国宴，厅内要悬挂国旗，乐队演奏国歌及席间乐，席间主、宾双方要致辞、祝酒。

2. 便宴

非正式宴会，形式较简单，晚间和午间都可举行，不注重规模档次，可不排席位，菜品可丰可俭。有时也可采取自助餐形式。

3. 家宴

在家中设便宴招待客人。西方人士喜欢采取这种形式待客，以示亲切，常用自助餐方式。

（二）招待会

不备正餐的宴请形式。一般准备食品和酒水饮料，不安排固定席位，宾主活动形式比较灵活。

1. 冷餐会

适宜于招待人数众多的宾客。菜肴以冷食为主，也可冷、热兼备，与餐具一起陈设在餐桌上，供客人自取，客人可多次进食。地点可在室内，也可在室外花园。不排席位，客人站立进餐，自由活动，边谈边用。有老人和体弱者参加时，要为他们准备桌椅。

2. 酒会

以酒水为主，略备小吃，不设桌椅，客人可随意走动。酒水食品由服务员托盘端送，有时也放置在餐桌上，供客人自行取用。举办时间比较灵活，请柬上一般要注明酒会起止时间，客人在酒会开始后至结束前 15 分钟，可以入席、离席，来去自由，不受约束。

国际上举办大型活动时，常采用酒会这一方式。

（三）茶会

茶会是更为简便的招待形式。一般在早、午茶时间（上午 10 点、下午 4 点左右）举行，地点常在客厅，厅内设茶几、座椅，不排席位。

茶会即请客人品茶，对茶叶、茶具及上茶都有规定和要求。一般选用陶瓷茶具，不用玻璃杯。西方人一般选择红茶，可略备点心、小吃。

有时也会以咖啡代替茶水，其他安排与茶会基本相同。

（四）工作进餐

非正式宴请形式，采用快餐分食形式。主客双方利用进餐时间，边吃边谈工作。按时间不同，可分为工作早餐、工作午餐、工作晚餐。因是以谈论工作、交换意见为主，这类进餐一般不请配偶。

如双边工作进餐，往往以长桌安排席位，座位排列参照会谈桌座位排列，便于主宾双方交谈、磋商。

## 二、宴请礼仪

宴请是国际交往中最常见的交际形式，也是公关活动和社交往来中最常见的交际方式，以表示欢迎、答谢、祝贺或喜庆为目的。

（一）宴请活动

1. 宴请目的

一般宴请可有以下目的：应酬、答谢、祝贺、共勉，联络感情，结交朋友，增加接触机会，讨论共同感兴趣的话题，促进沟通，促成公关活动的达成等。

2. 宴请准备

确定宴请对象和范围，确定宴请时间、形式和地点，谨慎、及时地填写和发出请柬，安排好宴会服务和座次，确定菜单，摆放餐具、酒具，安排好宴会服务。

（二）宴请程序

宴请是一种社交性活动，是对宾客的一种礼遇，必须按相关要求进行准备。

1. 确定宴请目的、对象和形式

要根据宴请性质、目的，主宾身份、宴请惯例及经费，遵循主客身份对等原则，确定宴请对象、规格和范围。

2. 选择时间、地点

确定对主客双方都合适的宴请时间，并按实际情况确定宴请地点。时间安排一般可遵循民俗惯例，或主随客便。时间安排事先应征询主宾意见。宴请西方客人应尽量避开 13 日、星期五。

宴请地点的选择要考虑预算、环境、设施、交通等方面的因素，根据宴会形式确定。一般宴请以室内为宜，酒会、茶会等，在条件允许时，可考虑室外举行。

3. 发出邀请

正式宴会要书面邀请，请柬一般应提前一至二周发出，即使口头已约定，也应补送请柬。宴请需要安排宾客座位时，应请被邀请者及时答复。一般家宴、便宴可口头邀请参加，明确告知宾客宴请时间、地点。

4. 确定菜单

要根据宴会规格，宾客口味和喜好，提前确定菜单。菜肴应有冷有热，荤素搭配，主次分明，合理搭配。如宾客中有少数民族（如回族）人士，要充分尊重他人的饮食习惯，注意饮食禁忌。

（三）席位安排

1. 桌次安排

当宴请活动有两桌或两桌以上时，桌次安排要排列主次。

桌次安排的原则是：面门为上，居中为上，以右为尊，以近为大。确定主桌后，其他桌次按照离主桌“近为主、远为次，右为主、左为次”的原则安排（见图 6-1、图 6-2）。

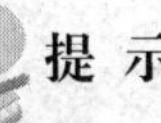

**提 示**　　**宴请时的桌次安排**

【两桌宴请】

横排：以右为尊，以左为卑。（面对门）

竖排：以远为上，以近为下。（以门为参照）

【多桌宴请】

主桌定位、面门定位、以右为尊。

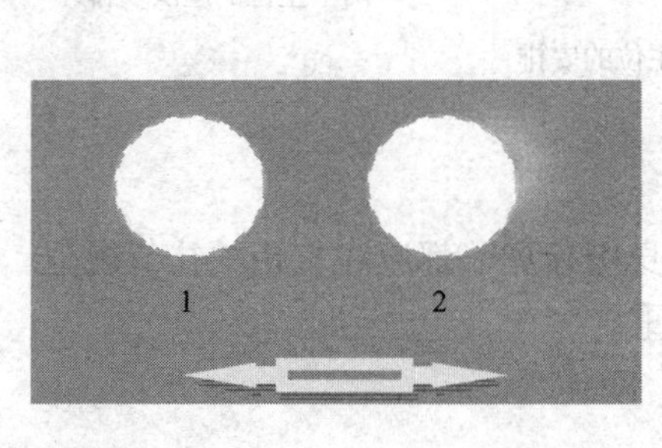


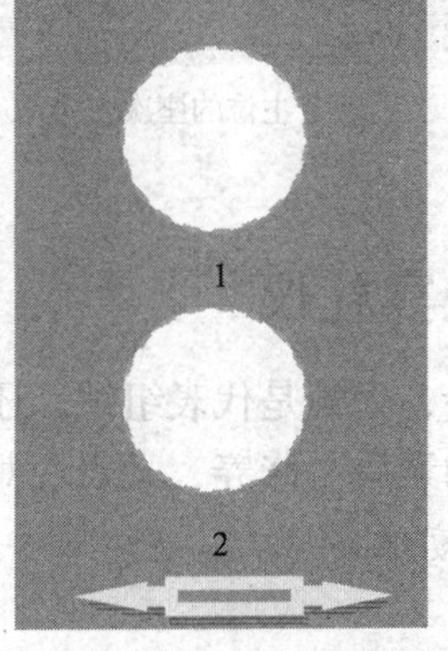


图 6-1　两桌宴请的桌次

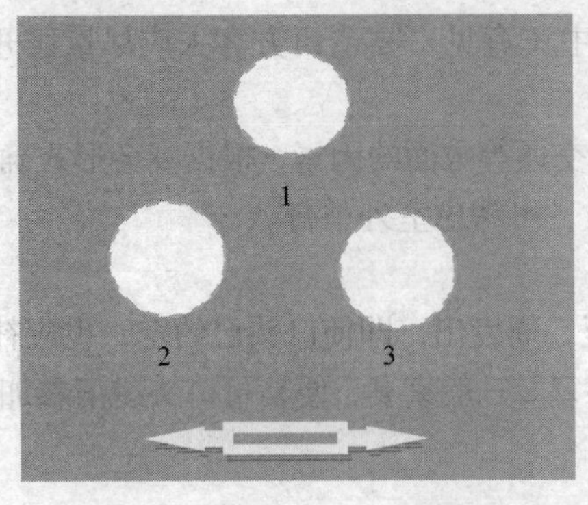


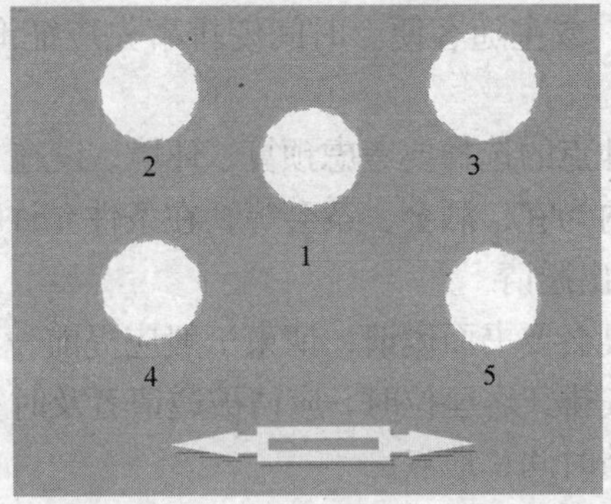


图 6-2　多桌宴请的桌次

2. 座次安排

宴请时，每张餐桌 8 ~ 10 人就座，座次安排也有主次尊卑之别。

> **座次安排**
>
> 中座为尊，右高左低，面门为上，观景为佳，临墙为好。

主人正面对门就座，其余位置根据距主人的远近确定，遵循以右为尊、以近为上原则。如主宾身份高于主人，主人与主宾应换位就座。主人一方有地位更高者出席宴请，则位高者居主座（见图 6-3）。

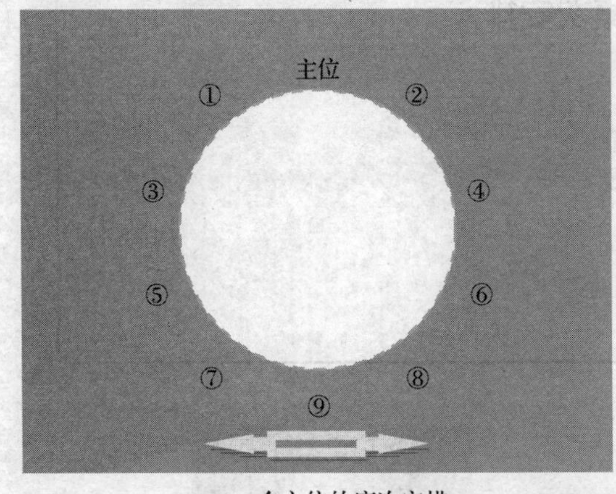


一个主位的座次安排

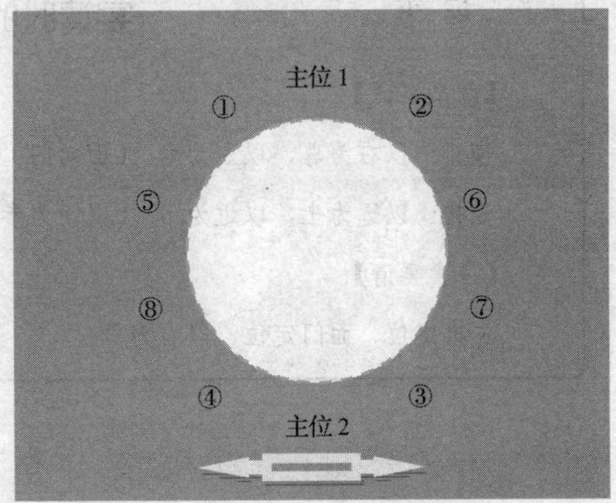


两个主位的座次安排

图 6-3　主位的安排

## 三、赴宴礼仪

出席宴会，无论是代表组织，还是以个人身份参加，都应注重相关礼节规范。餐桌言行，既体现个人的素质与修养，又表现对主人的尊重。

（一）赴宴准备

1. 答复

接到邀请，应尽早答复对方，以便主人做出安排。

2. 准备

出席宴会者，要注意仪态仪表，女士应化淡妆，男士要仪容整洁。服装要正式、大方、美观，如果参加隆重的晚宴，应着礼服。参加家庭宴会时，可给女主人适当准备一份礼品，于宴会开始前送给主人。

（二）就餐礼仪

1. 准时参加

按时参加宴会是最基本的礼貌。要根据不同民族和地区的习惯，正点抵达。在我国，参加宴请活动应正点或提前1～2分钟抵达。

参加酒会时，可在酒会开始后至结束前15分钟的时间内到达。

2. 礼貌入座

应邀出席宴请活动，要听从主人安排，按照自己的桌次和座次就座，不可随意入座。如邻座是长者或女士，应主动帮助他们入座。坐下后坐姿要端正，不能摆弄桌上的餐具，不可用手托腮或将双肘放在餐桌上，双脚则应放在本人座位下，不可随意向前或向侧面伸出，以免影响他人。

3. 适当交谈

参加宴请活动，无论是主人还是宾客或陪客，都应与同桌的人交谈。若双方互不相识，可自我介绍。交谈时要掌握时机，根据交谈对象确定谈话内容，不可夸夸其谈，不顾他人，也不能谈一些荒诞离奇、破坏食欲的话，以免让人不悦。交谈时，音量要适中，不能对着盘中食物大声说话，也不能吐沫四溅。

4. 文雅进餐

宴会开始时，一般先由主人致祝酒辞。主人致辞时，应停止谈话，也不可吃东西，要注意倾听。致辞完毕，待主人招呼后，才可以用餐。夹菜时动作要轻巧，进餐时要小口嚼食，不能发出声响。

**礼仪小知识：侍应顺序**

国际惯例，侍应顺序应从男主人右侧的女宾或男主宾开始，接着男主人，自右向左按顺时针方向进行。如宴会规格较高，须由两人同时担任侍应，其中一人按上述顺序开始，至女主人或第二主人右侧的宾客为止；另一侍应人员从女主人或第二主人开始，依次向右，至前一侍者开始的邻座为止。上菜、派菜、分汤时均按以上顺序进行。

5. 举杯祝酒

祝酒时，主人和主宾先碰杯，也可主人向来宾一并祝酒，多人同时举杯时不一定碰杯，祝酒时同桌主客不能交叉碰杯。在主人和主宾祝酒、致辞时应停止进餐和交谈。碰杯时要注视对方，地位低者、晚辈碰杯时，杯口应低于地位高者、长辈，以表示尊重友好。出席宴请时，切忌饮酒过量，更不可饮酒过量失言、失态。如确实不能喝酒，可礼貌地予以说明，但不可将杯子倒扣在桌上。

**礼仪小知识：斟酒**

宴请时，应从客人右侧斟酒，一般斟至酒杯容量的2/3即可。大多数宴会只用一种酒。中式宴会上冷盘后即可开始饮酒。

6. 告辞致谢

宴会结束时，一般先由主人向主宾示意，然后从座位上站起，其他客人也应起身告辞。告辞时应礼貌地向主人道谢，先向主人告辞，然后再向其他人告辞。席间一般不应中途离席，若确有急事需提前离开，要向主人说明情况，表示感谢和歉意后再轻轻离开。

# 第二节　中餐礼仪

中餐，是中国人生活方式的体现，也是中国饮食文化的载体。

## 一、中餐

中餐即中国风味的菜肴餐食。中餐讲求实用性，以谷物为主，辅以菜肴，肉少粮多，通过烹饪和饮食加工技术，把食物搭配得好吃。

（一）中餐特点

1. 食谱广泛

中餐中，凡是能食用的物质，山上的、海里的，都可通过烹饪，成为美味，甚至有些药材也能成为食材。

2. 烹饪精细

中国烹饪技术发达，经过煎、炸、蒸、煮等精细烹饪，就能制作出各种不同的菜肴。

3. 口味丰富

中餐口味丰富，根据不同地域食材及烹饪的不同特点，形成了粤、川、鲁、淮扬、浙、闽、湘、徽等不同菜系。

4. 桌餐为主

中国传统的就餐方式，吃饭就餐讲求热闹，家人围坐一桌，分别从盘中取食。

（二）就餐地点

主客双方确定用餐时间后，主人要根据宴请对象、目的确定用餐地点。

1. 环境

现代人宴请更多注重气氛，选择的就餐环境要优雅、安静，卫生条件良好，干净、爽洁。

2. 交通

现代人生活节奏较快，要充分考虑就餐者的交通问题，尽量选择公共交通发达，有停车场的地点就餐，对重要客人，还应亲自接送。

（三）中餐餐具

宴请活动中，餐具的准备十分重要，体现了对客人的尊重。

1. 碗

用来盛放食物，根据尺寸大小不同，用于盛放汤、菜、米饭和面食。

2. 盘（碟）

浅的器皿，用来盛放菜、肉及面食。宴请时，每位客人桌前均放有一个食碟，用来暂放从公用菜盘中取用的少量菜肴，就餐时的残渣、骨刺等也放于食碟中。

3. 筷

中餐的主要餐具，用于夹取食物。一般应成双使用，右手执拿。

4. 勺

用于取拿菜肴和食物的辅助餐具。用勺取食时，不能过满，取后的食物放在自己餐盘或碗中，暂时不用时，可放在自己的小蝶上。喝汤时，应用汤勺将汤汁轻舀至自己碗中，再用小勺小口食用，不能用小勺直接从汤盆中舀汤喝。

提 示　　**用筷禁忌**

疑筷：举筷不定，不知夹什么菜。

脏筷：用筷子在盘里扒拉、挑挑拣拣。

指筷：说话时用筷子指人。

抢筷：两个人同时夹同一个菜，筷子撞在一起。

刺筷：把筷子当叉子用，扎进菜中。

横筷：将筷子横放碗碟上，表示用餐完毕，客人和晚辈在主人横筷后才能横筷。

吸筷：用嘴嘬吸筷子上的汤汁。

泪筷：夹菜时菜上挂汤，到处滴漏。

别筷：将筷子当刀使用，撕扯肉类。

供筷：筷子竖插在饭菜上，是用于祭奠死者的方式。

拉筷：正嚼着的东西用筷子往外撕。

剔筷：把筷子当牙签，用来剔牙。

粘筷：筷子上还粘着饭菜，就去夹别的菜。

移筷：夹菜时中间不停顿，或同一道菜连夹 3 次以上。

斜筷：斜着身体用筷子夹远处的菜。

分筷：将筷子分放在餐具左右，这是吃绝交饭的摆法。

5. 酒杯

用来饮酒的器皿，就餐时要根据酒品选择酒杯，喝白酒用小杯，喝红酒用高脚杯，喝啤酒用较大的啤酒杯。餐桌上喝酒，不能灌酒，更不要醉酒。

6. 水杯

用于盛放茶水、饮品的较大杯具，不能用来饮酒，就餐时也不能倒扣水杯。

7. 牙签

有食物夹塞牙中时，可用牙签轻轻剔除。剔牙时应用左手掩住口部，右手轻剔，不能随手乱弹，也不能长时间叼着牙签。

8. 纸巾

就餐时用于擦拭嘴、手的用品。使用时应注意适量，不要过于浪费。

## 二、就餐要求

宴请客人，要根据具体情况和预算，了解上菜程序，确定菜单，巧作搭配。宴请规格较高时，应提前确定菜单。一般性宴请，也可在餐厅现场点菜，兼顾就餐者的口味。

（一）菜单

确定菜单时，根据餐厅情况，可按“就餐人数+2”的方法确定菜品数量，如菜品精致、数量较少，或年轻人较多时可在此基础上适当增加菜肴数量。

此外，还要综合考虑以下因素，选择和确定菜品。

1. 地方特色

点菜时，要选择具有地方特色的菜肴，如北京烤鸭、涮羊肉，西安羊肉泡馍，云南汽锅鸡、过桥米线等，让就餐者感受地域特色。

2. 季节特色

中餐菜肴中，有许多具有季节性特征，点菜时可以此为参考。如夏季可考虑菌类，冬季可选择火锅。

3. 餐馆特色

很多餐厅都有自己的特色菜肴，点餐时可适当考虑。

4. 中餐特色

如客人中有外宾时，所点菜肴应具有鲜明的中国特色，如饺子、元宵、春卷、烤鸭等。

5. 主人拿手

如在家中宴请客人，主人可准备几道拿手菜，表现对客人的尊重和友好。

6. 客人喜好

确定菜单时，要考虑客人的喜好。通过了解客人的兴趣、喜好、年龄、口味等，选择适合的菜品。如宴请年长客人，可选择松软可口、不太油腻的菜肴；宴请年轻人，则可适当增加荤菜。

（二）注意饮食禁忌与偏好

确定菜单前，要考虑来宾的饮食禁忌，特别是对主宾，应提前了解其饮食习惯和禁忌。

1. 宗教禁忌

要考虑来宾宗教方面的饮食禁忌，如穆斯林不吃猪肉等食物；佛教徒不吃荤腥食物及气味刺鼻的食物等。

2. 民族禁忌

有些国家或民族的人不吃宠物、稀有动物、动物头部和脚爪、动物内脏等。

3. 健康禁忌

健康方面的食物禁忌，如糖尿病人禁吃甜食，少吃碳水化合物含量高的食物，如土豆、白薯、芋头、藕等；心脑血管病人禁吃高脂肪、高油脂食物；消化系统疾病的人禁吃辛辣及刺激性强的食物。

4. 工作禁忌

不同职业在饮食方面也有一些禁忌。如驾驶员在工作期间不能饮酒，自驾出游时开车者不能饮酒；从事酒店、管理等工作的人员早上、中午不应吃葱、姜、韭菜、洋葱、芥末等有刺激性气味的食物，以免影响工作。

5. 地域偏好

不同地域环境下，饮食习惯差距较大。如北方人喜面食，南方人吃米饭；湖南、四川、贵州、云南等地的人喜吃辛辣食物，北方人则喜欢较清淡的食物。

（三）上菜程序

中餐以桌餐为主，虽然菜系众多，但上菜顺序基本相同，可遵循以下原则：先冷后热，先菜后点，先咸后甜，先炒后烧，先清淡后肥厚，先优质后一般。

1. 冷菜

一般是冷菜拼盘，放于桌子中央。酒水、饮料可同时奉上。

2. 主菜

一般是较名贵的菜肴，或是有特色的菜肴。点菜时，可根据情况，准备 1 ~ 2 个主菜。

3. 热菜

主菜以外的其他热菜。品种较多，荤素兼备。

4. 汤

一般是炖煮菜肴，用汤碗盛放，也应置于桌子中央。

5. 点心

面食或甜点，品种可略多一些，方便宾客选择。

6. 水果

中餐的水果是饭后食用，一般在用餐接近结束时呈上，可以牙签或水果小叉摆放于果盘中，方便宾客取用。

（四）菜品摆放

中餐的菜品摆放，以尊重主宾，讲究造型，方便食用为原则。

1. 桌子中间

宴席中的冷拼、主菜，砂锅、暖锅等炖菜、汤菜，应放于桌子中间。

2. 尊重主宾

一般而言，主菜、较高档或有特色的菜，应先放在主宾位置，然后再做调整。

3. 看面朝向主位

菜肴宜于观赏的一面，要朝向主人和主宾，体现美观。

## 三、餐桌礼仪

餐桌礼仪，体现个人的修养，也是社会文明的“晴雨表”。

（一）就座和离席

在餐厅，就座和离席都应遵循相关礼规。

1. 入座

参加宴请，一般由服务员领台入座；如有长者及地位较高者，应等他们坐定后，自己再坐下。

2. 就座

一般从椅子的左侧入座、离座。入座后，坐姿应端正。

3. 离席

用餐完毕，男女主人离席后，其他宾客才能离席。如有事需提前离席时，应向主人说明情况，表示歉意。

（二）进餐礼仪

1. 文雅进餐

小口进食，食物未咽下时，不能再塞其他食物入口；不能将带汁的食物匆忙送入口中；已吃进口的东西，不能吐出来；如食物滚烫，应稍凉后再吃；咬过的菜不能再放回碗中，或者调料碟中；进餐的速度，宜与男女主人同步，不宜太快，也不宜太慢。

无论咀嚼、喝汤，都不应发出响声。

就餐途中，不宜抽烟。避免在餐桌上咳嗽、打喷嚏，如无法控制时，应尽量避开他人，并向他人表示歉意。

2. 食物取拿

自用餐具不放入公用餐盘夹取菜肴，应尽量使用公筷公匙；如需取用摆在其他客人面前的调味品，应请邻座客人帮忙传递，不可伸手横越，长驱取物；不用自己的小勺直接从汤盆里舀汤喝。

3. 餐具使用

餐具坠地时，可请侍者帮忙拾起；饭后餐具应摆放整齐，不可散乱放置；不能用手指掏牙，用牙签时，要以手或手帕遮掩。

4. 交谈

进餐过程中，可与邻座客人轻声交谈；口内有食物时，应避免说话；餐桌上不能谈悲戚之事，否则会破坏欢愉的气氛。

5. 饮酒

就餐中饮酒要随意，敬酒时礼到为止，不能劝酒、猜拳，更不能醉酒。

6. 感谢

出席宴会，应对主人表示感谢；如系家宴主人亲自烹调，一定要给予赞赏。

7. 付账

在餐厅进餐，不能抢着付账，推拉争付。如是参加宾客，不要抢着付账；如是朋友请客，未征得朋友同意，亦不能代朋友付账。

# 第三节　西餐礼仪

西餐是中国人对西方餐饮的统称，一般指欧美国家的饮食菜肴，是西方饮食文化的突出表现。

## 一、西餐

西餐中，肉食所占比例较高，强调营养搭配，方便食用。不同的国家，餐饮习惯不尽相同，这里笼统介绍一下。

（一）西餐的特点

1. 注重营养

西餐是根据人体对营养和热量的需求进行搭配和加工的，重视各类营养成分的搭配、组合。

2. 选料精细

西餐选料精细、广泛，肉类、蔬菜、水果、面食等，通过不同烹饪方式，制作成美味佳肴。

3. 讲究调味

西餐讲究调味，酒、奶、柠檬、香菜等是常见的调味料，与主菜相配，色泽鲜艳，味道浓郁，刺激食欲。

4. 工艺严谨

西方的科学、理性精神，也突出表现在餐饮文化中。烹饪讲求科学，注重程序化，煎、烩、烤、焖等工序严谨，时间掌握准确，配料精确。

5. 餐具考究

西方人将就餐当做是享受，餐具器皿十分考究，除精美的瓷制品外，金属餐具、玻璃或水晶制品也很常见。

（二）六个“M”

1. Menu——菜单

西餐厅的菜单一般都设计精美，典雅别致，人手一份。点餐时，个人根据自己的喜好和饮食习惯选择菜品。

2. Music——音乐

高级西餐厅，常由乐队演奏柔和舒缓的音乐，一般西餐厅，也会播放优雅美妙的乐曲，作为背景音乐，起到调节气氛和情绪的作用。

3. Mood——气氛

吃西餐，注重环境，餐具洁净，餐台整洁，气氛和谐。吃晚餐时，灯光较暗，桌上也可点放蜡烛，气氛浪漫、迷人。

4. Meeting——会面

西方人在一起吃饭，以联络感情为主要目的，参加者一般是亲朋好友或趣味相投的人，以见面会友为主，一般不在西餐桌上谈生意。

5. Meal——食品

西餐以肉食为主，肉食天然可口，烹饪时可不必考虑色、味，强调以营养为核心。因此西方人说，他们是用鼻子而不是用舌头吃饭。

6. Manner——礼俗

西餐礼俗十分重要。西餐以刀叉为主要餐具，就餐时要注意餐具的使用。西方以女士优先为传统，宴请时，主人一般安排男女相邻而坐，男士适当照顾女士。

（三）西餐餐具

西餐宴席使用的餐具主要是刀、叉、匙、盘等，讲究精致美观。

1. 刀

刀是主要餐具。根据用途有不同的餐刀。刮牛油用牛油刀，吃鱼用鱼刀，吃牛排用牛排刀，吃水果用较小的水果刀。

2. 叉

叉也有大小，吃肉的叉子较大，吃海鲜的小一些，吃水果和沙拉的叉子最小。

3. 匙

匙也有多种，喝汤时用较大的汤匙，调咖啡用咖啡匙，吃布丁及冰激凌用较小的甜点用匙。所有匙、叉和刀用完以后要放在盘碟上，不可置于碗内。

汤用深盘或小碗盛放，喝时用汤匙由内往外舀起送入嘴中，快要喝尽时可将盘向外略托起。除喝汤、吃甜品外，其余均不用匙进食。

4. 盘

一般是制作精美的瓷器。大盘盛放主菜，小盘盛放小菜。使用时，不能发出声响。

（四）餐具使用

1. 餐具的摆放

西餐餐具比较复杂，按用途不同，又分为不同的刀、叉、匙，摆放时也按一定顺序，便于就餐者使用（见图 6-4）。

1—面包碟和奶油刀 2—甜品匙 3—酒杯 4—沙拉盘 5—餐巾

6、7、9、10—吃饭用刀叉 8—主菜盘 11—咖啡杯或茶杯

图 6-4 西餐餐具的摆放

2. 使用

西餐餐具较多，应按上菜顺序由外至内取用，吃一道，用一副刀叉。

**礼仪小知识：西餐餐具的使用**

左手拿叉，右手握刀。左手用叉按住食物，右手食指按在刀背上，用刀将肉食切成小块。左右配合，用力要轻、稳。刀、叉、盘、碟不能发出相互碰击的声音。食物切一块吃一块，每块不宜过大，缓缓送入口中。不能用刀子进食。

3. 餐巾使用

餐巾用于防止弄脏衣服，同时可用来擦嘴及手上的油渍；应等大家坐定点完餐后，才打开餐巾；餐巾可打开对折，或整条打开后，放在双腿上，不能系在腰带上或挂在西装领口；不能用餐巾擦拭餐具。

4. 意义表达

西餐就餐时，顾客不需要大声叫喊，侍者就能知道他们的需求。这些意义，是通过餐具的不同摆放完成的（见图 6-5）。

**西餐餐具的意义表达**

| 餐 具 | 摆放位置 | 表达意义 |
|---|---|---|
| 刀、叉 | 刀叉并排放在盘子中央，刀右叉左，叉面向上 | 用餐结束 |
| 餐巾 | 餐巾可放置在桌子上 | |
| 刀、叉 | 刀叉分开呈八字形，叉面向下 | 暂时离席 |
| 餐巾 | 餐巾轻折后放于椅子上 | |

用餐完毕

暂时离席

图 6-5 刀叉摆放的意义

## 二、就餐要求

中西文化传统的差异，不仅形成了中西饮食结构、餐具使用等方面的差异，而且在座次安排、上菜顺序等方面，西餐与中餐也不相同。

（一）座次安排

1. 遵循原则

西餐座次的原则是：恭敬主宾，女士优先，以右为尊，面门为上，距离定位，交叉排列。其中，右为尊位，面门为上等与中餐座次原则相近。

西餐中，主宾和女士极受尊敬。主位一般为女主人就座，男主人在第二主位就座；男、女主宾分别在女主人和男主人右手边就座，其他来宾也采用男女士交叉排列的方式就座，便于男士照顾女士；此外，安排位次时，对生人与熟人也采用交叉排列的方式，以广交朋友。

2. 座次安排

西餐桌为长方形，男女主人可分坐长桌两端，女主人右手边坐男主宾，男主人右手边坐女主宾，其余位置按男女交叉排列就座。男女主人也可在长桌中央相向而坐，其他客人男女交叉就座，餐桌两端可以坐人，也可空出（见图 6-6）。

如是方桌，就座时餐桌四面的人数应相等，一般情况下，每侧各坐两人，一桌八人，排列座次时，男女主人、男女主宾及其他人都与自己的恋人或配偶成斜对角，相向而坐。

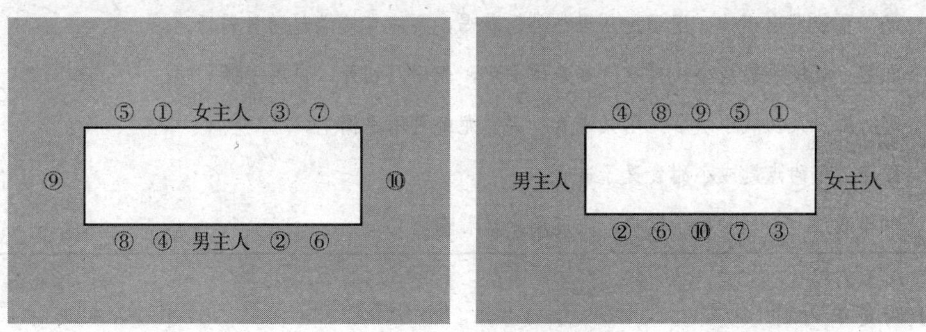


图 6-6　西餐桌座次安排

（二）西餐上菜顺序

1. 开胃菜

开胃菜即西餐的第一道菜，也称前菜、头盘，体现特色风味，以咸味和酸味为主，鱼子酱、鹅肝酱、熏鲑鱼、鸡尾杯、奶油鸡酥盒等是较常见的品种。头盘一般菜量较少，质量较高。

2. 汤

西餐中的汤一般有清汤、奶油汤、蔬菜汤和冷汤等种类。按就餐者的喜好，各自点餐。

3. 副菜

副菜一般为海鲜类菜肴，包括鱼类、贝类等，使用专用调味汁，肉质鲜嫩，容易消化。

4. 主菜

主菜即肉、禽类菜肴，肉类以牛肉或牛排最为常见，常用烤、煎、铁扒等烹调方法。禽类主要有鸡、鸭、鹅等，采用煮、炸、烤、焖等方法。根据菜品的不同，配用各种调味汁。

5. 蔬菜

蔬菜可在肉类菜肴之后，也可与肉类菜肴同时上桌。蔬菜沙拉一般用生菜、西红柿、黄瓜、芦笋，配以沙拉酱制作。也可用花椰菜、煮菠菜、炸土豆条等熟食蔬菜作为配菜，与主菜的肉类菜肴一同摆放在餐盘中上桌。

6. 甜品

甜品一般是主菜后食用，包括布丁、煎饼、冰淇淋、奶酪、水果等。

7. 咖啡或茶

咖啡或茶是西餐的组成部分。咖啡一般加糖或淡奶油，红茶一般加糖。

（三）西餐用餐

1. 点餐技巧

吃西餐时，不必所有菜式都点，点得太多吃不完是极不礼貌的事；也不能只点开胃菜。开胃菜、主菜加甜点，是西餐的最合适组合。也可以选自己最喜欢的主菜，配以适合的汤和蔬菜。

2. 食物取拿

西餐用餐采用分餐制，每人一份，各自分食。参加宴会时，一般由服务员或主人将每道菜送到餐桌旁供宾客取用，一人取完后再传给其他人，取菜时少量多次，每次取拿量不宜过多。面包等食物放在大盘里，根据需要自己取食。

3. 用餐过程

提 示

西餐用餐注意事项

**汤** 不能发出声响，用汤匙从里往外舀着喝，不能直接端起汤盘喝汤。

**面包** 先用手撕成小块再吃；如是硬面包，先用刀切开，再用手撕着吃。

**肉** 用刀叉切成小块后，用叉进食。鸡、龙虾可用手撕吃。

**甜点** 用甜点匙或小甜食叉子进食。

**咖啡或茶** 小匙只用于搅拌，不能用来舀着喝。

（四）西餐中的酒

1. 点酒

西餐中的酒，应与主菜相配。牛、羊等红肉配红葡萄酒，鸡、鱼等白肉配白葡萄酒。上菜前，可以先喝香槟、雪利酒等味道较淡的开胃酒。

2. 酒

红葡萄酒一般适合常温下饮用，白葡萄酒一般需冷藏后再喝。主人不开瓶，由侍者负责开瓶、斟酒。

3. 饮酒

饮酒时，酒杯不能斟得太满，一般只斟到酒杯 2/3 处。喝葡萄酒、香槟时，不能手持杯身，而应手持杯脚。开始时，主人可举杯感谢大家光临，之后则不敬酒，也不劝酒。

## 三、餐桌礼仪

西餐就餐讲求气氛，了解西餐礼仪十分重要。

（一）订座

1. 预约

吃西餐，要提前预约订座，并在预定时间准时到达餐厅。如临时发生变化，要及时告知并表示歉意。

2. 明确要求

订座时要说明时间、人数及对座位的要求，如是纪念日或有特殊意义，可告知餐厅宴会目的及相关预算。

（二）着装与修饰

1. 基本要求

穿着正式、得体，体现对主人的尊重及自我尊重。

2. 着装

一般宴请，女士应穿着套装，高跟或坡跟皮鞋；男士穿着西装，整洁、清爽。出席晚宴，要穿着礼服。男士可穿深色西装，系领带或打领结。女士应穿晚礼服。

3. 修饰

参加宴会，女士应化妆、修饰。如是晚宴，化妆可稍重些。不能用味道浓烈的香水。

（三）就座

1. 就位

进入西餐厅，应由侍者引领就位，不能自己直接到餐桌就座。

2. 入座

入座时，男士应为女士拉开座椅，帮助女士入座，之后自己入座。

3. 坐姿

从椅子左侧轻、稳入座，腰背挺直，腹部和桌子保持一拳左右距离，胳膊不能放在桌上，坐时不要两腿叉开或跷二郎腿。

（四）进餐礼仪

1. 请递给我

一般来说，餐桌上有备好的佐料。如果需要但距离太远时，可麻烦旁边的人帮忙传递。自己伸手去够，或者站起来去拿，都是极不礼貌的。

2. 餐具使用

西餐桌上，餐具应轻拿轻放，不能发出声响。吃肉用刀叉，喝汤用汤匙，吃甜品用小匙。咖啡匙或茶匙只用于搅拌，不能放于口中。

3. 进餐

肉类要边切边吃，切一次吃一口；吃鸡、龙虾等食物时，经主人示意后可用手撕开吃。面包用手撕着吃。汤较烫时不能用嘴吹，喝汤时不能啜，不能端起汤碗喝汤，也不能发出声响。口中的骨头、鱼刺等，不能直接吐出，要用餐具轻轻取出。

进餐时不让菜。餐桌上发生突发事件时，不能大惊小怪。

4. 交谈

进餐时，可与同桌客人，特别是邻座客人交谈，交谈时声音要轻。大声喧哗或放声大笑，都是极不礼貌的事。如与邻座不相识，可先自我介绍。口中有食物时，不要说话。同桌客人在咀嚼时，也不能与之交谈。说话时，应将餐具放下，舞动刀叉与人交谈，是很不礼貌的。

5. 饮酒

西餐饮酒，注重礼貌，通过视觉、嗅觉和味觉等多种感官体验，完成品酒过程。具体步骤如下：举起酒杯，双目平视；稍微靠近，轻闻酒香；小啜一口，慢慢品尝；赞美酒好、酒香。

饮酒时，用手指握住杯脚，轻轻摇动酒杯，以增加酒的醇香。

一饮而尽，边说话边喝酒，边吃东西边喝酒，透过酒杯看人，口红印在酒杯边缘等，都是不礼貌的行为。

6. 饮食禁忌

西方人的饮食中，也有重要的禁忌。动物内脏和头脚、宠物、珍稀动物、无鳞无鳍的鱼等，都不食用。

# 思考与练习

一、思考题

1. 什么是宴请？常见的宴请形式有哪些？

2. 简介赴宴礼仪的基本要求。

3. 中餐饮食中的禁忌主要有哪些？

4. 中餐就餐礼仪主要有哪些方面的要求？

5. 简介西餐的特点。

6. 西餐餐具的使用有哪些方面的要求？餐具摆放的意义是什么？

二、实践训练

1. 中秋节前夕，王先生邀请你参加宴请活动。你怎样进行赴宴准备？在就餐中要注意哪些礼仪规范？

2. 你和朋友去吃西餐，从订餐到用餐结束，你会怎样做？

# 第七章　大学生礼仪

性格特点/交际特点/交际能力/人际关系/校园礼仪/着装与修饰/
书面求职/求职简历/求职信/面试准备/面试礼仪/网络面试/
关键词：大学生　交际　修养　求职　面试

人不能孤独地生活，他需要社会。

——歌德

## 第一节　大学生社交往来

大学生在现代青年中具有一定代表性，经过系统的知识学习，即将进入社会。大学生们要想在今后的事业中获得成功，除了具有较强的专业素质，还要具备较强的沟通和协调能力，学会处理各种复杂的社会关系。

### 一、大学生的特点

大学时代的年轻人，充满热情和活力，极富创造力和进取精神，他们逐渐走向成熟，形成自己对社会、对人生的看法，为迈入社会进行充分准备。

（一）性格特点

1. 性格

性格是心理学的重要概念，来自希腊文，原意为雕刻，也解释为标记、特性。在人的成长过程中，性格发挥着重要的作用。

性格是个体较稳定的对现实的态度以及与之相适应的习惯化行为方式。

2. 倾向性

性格的形成是个体长期发展的结果。对个体而言，某些特点在性格中具有主导性，形成具有倾向性的性格。美国盲聋女作家海伦·凯勒性格中的坚毅、自强与自信，最终促使她走向成功，创作了《假如给我三天光明》等作品，被《时代》周刊评为20世纪美国十大英雄偶像。

3. 多样性

个体性格的多样性，即个体在主导性格之下，融入其他方面的特点。再坚强的性格，面临某些重大事件或人生抉择时，也会犹豫、彷徨；再乐观的性格，面临人生低谷时，也会有些许悲观、失望……

不同个体，性格表现出多样性。由于个体的经历不同，生活境遇不同，形成各不相同的性格特点，有的内向，有的外向；有的孤僻、怯懦，有的乐观、积极……

4. 变化性

个体性格的形成是长期的过程，儿童、少年到青年时期，是性格形成的关键时期，如果生活环境发生较大变化，或遭遇某些重大的突发性事件，会促使人的性格发生变化。青年时期是性格形成的关键时期，对人生成长、自我发展具有重要意义。

（二）气质类型

1. 气质

气质是人生来具有的典型、稳定的心理特点。古希腊著名医生希波克拉底根据血液、黏液、黄胆汁和黑胆汁在身体中所占比例的不同，将人的气质划分为多血质、黏液质、胆汁质、抑郁质四种类型。气质不同，人的表现不同。

2. 多血质

多血质的人活泼、热情、有朝气、反应迅速，喜欢与人交往，但注意力易发生转移，兴趣和情感易发生变化，行为缺少持久性。这种气质的人，要克服兴趣易变的弱点，培养精益求精的品质。

3. 黏液质

黏液质的人稳重、安静，善于忍耐和克制，情绪稳定，不外露，但行动缓慢，不够灵活，环境适应力相对较低。这类人要克服冷漠、保守的弱点，培养敏捷果断的性格特征。

4. 胆汁质

胆汁质的人敏捷、热情、坚毅，精力旺盛，外倾性明显，但易冲动，自制力差，情绪急躁，容易冲动而不计后果。要克服暴躁、粗心、感情用事等缺点，培养自制、冷静、细心的品质。

5. 抑郁质

抑郁质的人敏感，善于观察，情感细腻，但较脆弱，优柔寡断，忍受力差。要克服孤僻、冷漠的缺点，培养自信、活泼的品质。

6. 气质与交际

不同的气质类型，都有自己的长处和短处。在交际活动中，要了解不同气质类型的特点，更好地实现沟通。

不同气质类型的特点及交往

| 气质类型 | 特　点 | 适合职业 | 交际方式 |
|---|---|---|---|
| 多血质 | 活泼、热情，反应迅速，兴趣易变 | 主持人、演讲者、演员、接待员、调查员、导游等 | 寻找新鲜、有趣的信息 |
| 黏液质 | 稳重、安静、沉默，善于克制、忍耐 | 医生、法官、会计、教师等 | 耐心细致，多沟通、多交流 |
| 胆汁质 | 热情、旺盛、思维敏捷、情感外露、易冲动 | 医生、律师、演员、管理者、记者、军人等 | 发生争执时，采取冷处理方式 |
| 抑郁质 | 敏感、孤僻、优柔寡断、行动迟缓 | 经济规划、统计、设计、推销、主持人、演员等 | 多肯定、赞美和鼓励，提升自信 |

## 二、大学生的交际特点

大学生处在青春时期，热情积极，愿意与人沟通、交流，乐于接受各种新事物，交际活动特点也较突出。

（一）个性化

个性是指个体区别于其他人的独特特征。青年人自我意识强烈，具有突出的个性化特点。

1. 独立个性

现代青年崇尚个性，自我意识突出，善于表达自己的观点与见解，注重知识、技能和能力的培养与提高，具有独立的个性，充满自信，不盲从，不随大流。

2. 自我展现

大学生追求个性化生存方式，从语言表达、仪容仪态、服饰着装、行为举止等方面，尽情展现自我，体现自己的理想与追求，同时也吸引他人的关注。

（二）情绪化

1. 情绪

情绪是人对客观事物所持态度的体验，是伴随认知过程形成的。与情感相比，情绪是一种短暂的心理体验，倾向于个体的基本需求欲望；情感是一种较持久的心理体验，倾向于社会的需求欲望。

情绪化指人的情绪波动，或是在情感影响下产生的行为。

2. 情绪不稳定

情绪的产生主要与个体所处环境相关，与个体对自我、对他人的认知，以及对自我与他人之间关系的认知相关。由于社会经验和人生阅历不足，心理不够成熟，大学生容易受外界影响，情绪变化较快，起伏不定。

3. 易冲动

大学生比较敏感，当外界事物与自己的认知判断相吻合时，会积极回应、投入；但如果与自己的认知发生偏离或不一致时，就会产生消极情绪，甚至因此产生否定的态度。

产生消极情绪时，如不能及时加以引导和控制，很容易产生负面评价，引发行为冲动，激化矛盾，导致不良后果的产生。

## 三、交际能力的培养

学校是一个相对单纯的环境，为大学生步入社会进行着全面的准备。大学生交际能力的培养，有助于更好地适应社会，走向社会。

（一）礼仪修养

1. 品德修养

青年大学生应具备真诚、公正、廉洁、自信、宽容、积极、乐观、信念等修养，主动、积极地与他人沟通，促成交际活动的顺利完成。

2. 文化修养

要有广博的知识，既具备一定专业知识，又有丰富的艺术文化修养，以帮助我们建立良好的人际关系，实现人际沟通。

3. 心理素质

要培养良好的心理素质，做到积极乐观，兴趣广泛，性格开朗，热情主动，意志坚强，信念坚定，具有坚持到底的决心，付诸行动的勇气。

（二）交往技巧

1. 真诚

孔子说："人而无信，不知其可也。"诚信是人际交往中最重要的原则，大学生的交往中也以此为基础。

2. 距离

俗话说距离产生美，与同学、朋友相处保持适度距离很重要，有助于协调人际关系。

3. 宽容

人际交往活动中，每个人都是别人的镜子，常常看到对方的弱点与短处。在交际往来中，要多看别人的长处，宽厚待人，广交朋友。

4. 感谢

心怀感激，有一颗感恩的心，感谢自己的家人、朋友、同学，感谢曾经予以自己帮助的人，就能在人际交往中获得别人的理解与接受。

5. 自我约束

社会交往的礼仪规范要求我们在很多方面要约束自己的行为，才能体现礼尚往来。

# 第二节　校园礼仪

大学是传承文化与文明的地方。校园礼仪概括了大学生学习、生活的方方面面，是社交礼仪的缩影。了解和掌握大学生礼仪，有助于更好地融入社会。

## 一、校园人际关系

在学校，大学生要处理的人际关系，主要是师生之间、同学之间的关系。

（一）师生关系

1. 尊重师长

两千多年前，孔子开办私学，建立了尊师重教的传统。古人说："一日为师，终身为父"。古时学童入学时，都要举行拜师礼。作为传道、授业、解惑的人，教师受到社会普遍尊重。

教师、管理人员、服务人员是学校的重要组成部分，对他们都应给予尊重。

2. 与教师及其他人员的交往

尊重教师，虚心求教，认真学习，掌握知识，同时，作为平等关系，师生之间也要相互尊重、相互理解。

对管理人员及后勤服务人员，平等相待，尊重友好。

3. 具体做法

在校园里：见到老师，主动招呼，微笑点头，不能面无表情，绕道而行；遇到教师提拿重物或行动不便时，应给予帮助。

在办公室里：主动问候，礼貌有加；寻求帮助，轻声细语；互相尊重，平等相待。

在课堂上：上课时提前到达教室，不随意走动和进出；课堂上保持安静，不交头接耳，不看课外书籍，不打电话和接听手机；如有急事需离开教室，应举手示意并说明情况，得到同意后方可离开。

在校车上：上车时请教师先行，车内主动让座，不与教师抢座，尽量坐后排座位。

（二）同学关系

1. 平等、尊重

来自五湖四海的大学生们，学习、生活在一起，在学校大家庭中，相互之间要做到平等、尊重，增进理解。

2. 宽容、友善

现在的大学生中，很大部分来自独生子女家庭，他们在长期生活中形成了自我中心。由于生活经历、环境不同，各自的性格也不同，同学之间也会发生矛盾和摩擦。因此，在与同学相处的过程中，要宽以待人，友善相处。

3. 换位思考

换位思考就是站在对方角度，从对方立场考虑。与同学相处，与他人相处，换位思考很重要，是协调同学关系的重要条件。

**案例：换位思考**

身无分文的青年流浪到一个偏僻小镇，镇长杰克逊给予他热情款待。时逢下雨，镇长家门前的小路泥泞不堪，来往的人图方便，纷纷从镇长家的花圃上踩过。流浪汉很替镇长生气，冒雨守在花圃边，不让人们通过。这时，镇长却挑来一筐煤渣，将它铺在泥泞路上。泥泞的路不再泥泞，人们也不再踩花圃了。杰克逊镇长意味深长地说："看到了吧，关照了别人，就是关照了自己。如果多站在他人的角度想一想，很多矛盾自然迎刃而解。"

4. 互相帮助

大学生远离家乡和亲人，同学习，同生活。因此同学之间要在学习、生活上互相关心、互相帮助，加强联系，共同进步。有同学生病，尽可能给予帮助，可以陪同去医院，帮助打饭、打水，及时告诉班主任或辅导员，需要时帮助联系家人，等等。切不可事不关己，不闻不问。

5. 保持适度距离

人们常说：距离产生美。同学之间，上课、生活、娱乐等活动，在一起的时间很多，因此相互之间应保持适度距离，才能不断加深友谊。

6. 保守秘密

同室居住或关系亲近的同学，有时会相互交谈诸如感情、家庭关系或人际关系等方面的私人化事情。当同学向你倾诉时，要做一个好听众，替同学保密，不能四处宣讲。

7. 不刨根问底

同学相处，要注意把握分寸，特别是当别人不想说、不愿说的时候，不能刨根问底。

## 二、校园基本礼仪

校园是社会的缩影。掌握和运用校园礼仪，不仅能促成与老师、同学之间的交流与沟通，而且为步入社会打下基础。

（一）课堂礼仪

课堂学习中，师生之间、同学之间要相互尊重，才能保持良好教学氛围，保证课堂教学正常进行。

**情景** 上课前两分钟，李老师走进教室，打开多媒体课件。教室里零零散散坐着几个学生。上课铃声响过，李老师开始上课。随后的五分钟里，不断有学生开门、关门、坐下，讲课不时被打断。学生们到得差不多时，李老师看到有几个同学没有听课，墙角一个男生翻着报纸，靠窗两个学生低头看着英语，前排的女同学正发短信……

思考：你上课的教室有这种情况吗？你是如何做的？

1. 礼仪原则

尊重老师，维护老师的自我价值；尊重同学，自我尊重，营造良好的学习环境。

2. 进出课堂

上课前提前到达教室，不无故旷课、迟到；特殊情况迟到时，应征得老师同意后再进入教室；上课时不随意在课堂上走动或进出，如有事需要离开，应向教师说明缘由，征得同意后才能外出。

3. 上课

上课起立问好，下课起身告别。上课时，要关闭手机或将手机调至无声；不交头接耳；不做与本门课程无关的事；不在课堂上抽烟、吃东西，嚼口香糖等。

4. 环境

定期打扫教室卫生，保持教室环境的整洁；主动帮老师擦黑板。不乱丢纸屑、果皮，下课时应将自己桌椅上、抽屉里的垃圾放入垃圾桶内。

5. 着装

上课时，衣着要整齐、清洁，可以穿休闲装、运动装等，但不能穿背心、吊带衫、超短裙、拖鞋等。

（二）图书馆礼仪

校园图书馆，是重要的学习场所，也要注意相关礼规。

1. 安静

在图书馆要保持安静。办理借阅手续，同管理员交谈时要尽量压低声音。走路要轻，尽量不发出响声。手机应调到无声或振动状态，接电话时应走出阅览室，通话声音不能太大，并应尽快结束通话。

2. 借阅图书

借阅的书籍要保持清洁，不能乱涂、乱画，更不能毁坏所借书籍，阅读完后应尽快归还。

3. 就座

在图书馆看书学习，一人一个座位，不要占用太大桌面，也不要用书包、课本到处占位子。入座和离座时动作要轻，尽量不影响周围的同学。

4. 环境

保持图书馆阅览室的整洁、清爽，不乱扔垃圾、废纸；不乱涂、乱画。

5. 着装

到图书馆，着装要干净、整洁，最好穿软底、无响声的鞋。

（三）宿舍礼仪

宿舍，是同学在学校的“家”，是大家共同生活的地方。与宿舍同学的关系，是同学之间关系的缩影。

1. 相互了解

宿舍是集体生活的缩影，要学会与他人相处，了解他人的兴趣、爱好和忌讳，相互关心、帮助，才能促成沟通，友好相处。

2. 顾及他人

与舍友相处时，不能凭自己的兴趣，也不能以自我为中心，过于任性，要学会为他人考虑，互相谦让。有同学休息时，不要大声喧哗或将音乐声开得很大；使用他人物品时，应征得同意；

有事请求帮助时，不能采用命令语气。

3. 尊重隐私

同舍相处，应充分尊重同学的隐私权，不要窥探、追问别人的私事；同学之间谈论的私密话题，或同学向你倾诉的有关情感或人际关系方面的问题，要注意保守秘密，切不可传话、评说。

4. 保持距离

同舍相处，与同学保持适度距离很重要。无论是交谈、生活还是学习，都要学会保持一定距离。事事通报、“无话不说”不是与同学的相处基础；同一个饭碗吃饭、同一个杯子喝水，也不是同学之间的相处之道。

**案例：小王如何成了不受欢迎的人？**

小王在某高校就读，大学四年，宿舍换了四次，成为不受欢迎的人。

小王喜欢流行音乐，听音乐时从不戴耳机，只要在宿舍，不管什么时候，都会把音乐开得很大，舍友们很有意见。

小王睡下铺，对上铺同学翻身或坐起的一点响动，他都不能接受，会大声吼道：“你能不能轻一点？”结果常常将宿舍同学吵醒，闹得大家都不高兴。

大家一起聊天、开玩笑时，小王可以随意调侃别人，但如果其他人跟他说笑几句，他就马上翻脸，有时还出言不逊。以后，只要他出现，宿舍同学的谈笑声就会戛然而止。

宿舍里轮流打扫卫生，其他同学都按时认真值日，每到小王值日时，总是不见人影，久而久之，大家背地里都叫他“泥鳅”。

小王经常随意翻阅别人的书籍，刨根问底探究别人的秘密，甚至趁室友不在时偷看别人的日记。大家知道他的这个“爱好”后，都特别小心。

（四）食堂礼仪

1. 购买饭菜

食堂就餐人多，要遵守秩序，自觉排队，不插队，不拥挤，不敲打碗筷。

2. 就座

在食堂餐厅寻找空位就座。如餐桌上已有他人时，应礼貌询问旁边是否可以就座。就餐高峰时间不能将书包等物品放在座位上占座。

3. 进餐

注意自己的举止，文明进餐。不要在饭碗里翻刨挑拣，骨刺等应放进残渣盘里，咀嚼时不要发出太大声响，不要随意往地上抛扔东西。如用食堂餐盘进餐，饭后应将餐盘放到指定的回收地点。

## 三、校园着装与修饰

大学生的着装与修饰，应展现年轻人的风采。

（一）着装

1. 着装原则

**个性：**大学生服装要体现青春、活力、积极、阳光、热情的个性。

**时尚：**服装的色彩、款式，要有一定时尚感。

**运动：**青年人充满热情，不受拘束，服装应便于运动，不能太紧身。

**协调：**服装的色彩、款式要与着装者协调，与校园环境适应。

2. 服装选择

大学生可选择 T 恤、牛仔、针织衫或运动装，旅游鞋、运动鞋，以大众品牌为主，穿着舒适、宽松，便于活动。

如参加较正式的活动时，可选择休闲正装，穿着整洁、得体。

3. 着装禁忌

校园中，女同学不应穿着超短裙、紧身衣裤、面料过于轻薄或过于短小、紧身或透视的服装，不穿图案、颜色过于花哨的服装，也不穿过于华丽的服装，不穿高档、奢侈品牌的服装。

男同学不穿太紧、色彩太过鲜艳的服装，不穿女性化服装，也不穿高档、奢侈品牌服装。

（二）修饰

1. 原则

大学生正值青春岁月，风华正茂，修饰应以整洁清爽、自然朴实为原则。

2. 修饰要求

一般场合，以自然为主，简单质朴，单纯活泼，不重修饰。

正式场合，可略加修饰，使用较自然的色彩，造型体现学生特点，凸显青春靓丽，展现大学生风采。

使用的围巾、手袋等配饰，色彩自然，款式简单，有一定时尚感和修饰效果。

3. 修饰禁忌

面部和身体修饰应避免浓妆艳抹、香气扑鼻，配饰忌珠光宝气。

# 第三节　求职礼仪

具备专业知识及相关能力后，大学生们要通过不同途径找寻适合自己的工作岗位，求职是他们迈向社会的开始。

## 一、求职材料的准备

大学生的求职方式很多，如招聘会、中介机构、登门求职等，但采用这些方式时，都需要按照相关写作要求，提前准备求职简历和自荐信等。

（一）基本要求

对用人单位而言，求职材料是未见其人，先睹其文。他们可以根据求职材料的书写格式、排列逻辑、语言辞汇，了解求职者的素养、气质和内涵。

1. 格式规范

版面设计是书面材料给人的第一印象。正确、规范的格式，是一般公文写作的基本要求，精美的版面设计给人耳目一新的感觉。一般而言，个人简历的格式不能太花哨、太另类，自荐信可参照信函写作要求及格式设计。

版面设计要美观，标示要明显，段落不能太长，字体大小适中，行距字距疏密得当。如果书写漂亮、美观，可以用手写材料，这样会比较引人注目。

2. 称呼得体

使用尊称。一般可称呼招聘单位为“贵公司”、“贵企业”等；称呼招聘主要负责人时，可用“尊敬的+职务”称。行文中用“您”称呼招聘单位或人员，用第一人称“我”称呼自己，一般不用“鄙人”、“在下”等谦称。

3. 内容真实

书面材料中提供的信息内容应真实全面，客观评价自己的才学和能力，不弄虚作假，使用人单位产生信任。

4. 言词准确

撰写求职材料，要用事实说话，行文严肃、沉稳、平实，以叙述、说明为主，少发或不发议论，遣词造句准确，语气自信、谦和，说话要留有余地，既不吹嘘、抬高自己，也不妄自菲薄，不使用拗口或生僻的词句，不能有病句或错别字。

5. 修改、校对

求职材料写作完成后，要反复修改，行文和语气不要出现错误；认真核对公司名称和负责人职衔、姓名，检查相关材料证书是否齐全，避免出现失误。

6. 篇幅短小

写作求职简历和自荐信时，应尽量减少冗余信息，最好能将相关内容压缩在一个页码内，以A4纸张打印，使阅读者一目了然。

（二）写作原则

1. 信息全面、真实

求职材料中，个人受教育情况、专业学习情况、参与社会实践情况等信息材料要全面完整，符合用人单位要求，使用人单位对自己有较全面的印象。

2. 目标明确，针对性强

书面求职材料中，目标要明确，写清求职意向，应根据不同用人单位和不同招聘岗位的需求，有针对性地来设计不同的求职材料。一份求职材料中，不可同时出现多个求职目标，也不能一份求职材料“打天下”。

**案例：小张的求职意愿**

小张是某高校文秘专业优秀毕业生，在校期间多次被评为优秀学生干部。他参加本年度的大学生招聘会，在自荐书“求职意愿”一栏这样写道：应聘新闻记者、报刊编辑、教师、文秘、市场营销等……他被多家用人单位拒绝。

3. 简短、精练

要遵循言简意赅、朴实精练的原则，切忌长篇大论，没有重点，泛泛而谈。

4. 事实说话

求职材料要注重事实，将工作、协调、实践能力等具体化，可以通过参加或组织社团活动、社会实践活动等具体经历加以证明，或以相关业绩数字说明问题。

5. 突出优势

制作求职材料时，应做到扬长避短，突出自己与应聘职位相关的内容及优点，少谈或不谈与应聘职位无关联的劣势和不足，对相关工作经历、担任职务、社会实践或科研成绩等，要突出重点，不可一笔带过。

## 二、求职简历和自荐信

个人简历和自荐信，是全面介绍自己个人情况的书面材料，能给用人单位提供求职者的基本材料和信息，在某种意义上能决定对求职者的取舍。

（一）求职简历

### 案例：求职简历

<table>
<tr><td>姓名</td><td>王敏</td><td>性别</td><td>女</td><td>民族</td><td>汉族</td><td rowspan="4">相　片</td></tr>
<tr><td>出生年月</td><td>1985 年 3 月</td><td>籍贯</td><td>云南曲靖</td><td>政治面貌</td><td>中共党员</td></tr>
<tr><td>毕业学校</td><td>× × 大学</td><td>专业</td><td>英语语言学与应用语言学</td><td>学历学位</td><td>硕士<br>研究生</td></tr>
<tr><td>英语等级</td><td>专业八级<br>（TEM-8）</td><td>毕业年份</td><td>2010 年<br>6 月</td><td>联系电话</td><td>× × × ×</td></tr>
<tr><td>教育背景</td><td colspan="6">2000.9—2003.6　× × 师范大学附属中学（全国重点高中）　高中<br>2003.9—2007.7　× × 大学　英语语言文学　本科<br>2007.9—2010.7　× × 大学　英语语言学与应用语言学　硕士</td></tr>
<tr><td>工作经验</td><td colspan="6">2008 年至今　× × 国际英语学校　主讲教师<br>× × 国际英语学校是国内最大的英语培训机构之一<br>我是该校最年轻的英语教师<br>主讲《英语听力》、《新概念英语》等课程，受到培训学员好评<br>2009 年至今　北京 × × 大学国际学院　兼职教师<br>负责教授《英语听力》课程，教学效果优秀<br>本课程是该学院课时最多、学生最多、教学压力最大的课程之一<br>兼职口译<br>给美国 × × 大学和北京 × × 大学合办的 MBA 课程作口译员<br>在澳大利亚 × × 集团与中国数家公司的会议、谈判中作口译员</td></tr>
<tr><td>外语技能</td><td colspan="6">英语：全国高校英语专业八级考试（TEM-8）　成绩优秀<br>英语：具备听、说、读、写各项能力　接近母语<br>日语：国家四级　初级水平</td></tr>
<tr><td>基本素质</td><td colspan="6">大量社会实践，锻炼和提高了口头表达能力和有效沟通能力<br>培养了团队合作意识与敬业精神<br>学习到大量教育、教学知识，获得一定教学经验<br>有关爱学生、耐心对待每一个学生的情怀</td></tr>
<tr><td>特长爱好</td><td colspan="6">英语歌曲演唱，曾在学校演唱比赛中获二等奖</td></tr>
<tr><td>求职意向</td><td colspan="6">高校教师</td></tr>
</table>

1. 基本信息

基本信息即个人主要信息，一般放于简历最前端，包括姓名、性别、民族、政治面貌、通信地址、邮政编码、手机、固定电话、E-mail 地址等基本情况。个人信息的写作要准确，一般使用全称。

2. 求职意向

求职意向是个人简历的重点内容，应具体写明应聘岗位或职位，写作时要注意，一份求职材料只能写一个求职意向。

3. 教育背景

教育背景一般从高中写起，按时间顺序，写明就读学校、专业，时间写到年月，学校、专业用全称，如“2007 年 9 月—2011 年 7 月在 × × 大学 × × 专业学习”。可根据应聘职位特点，列出与之相关的重要课程。

4. 实践经历

大学期间的社会实践、兼职工作、组织活动、实习经历等，是证明求职者个人能力的重要材料，要具体、准确地罗列清楚，并提供如证书、工作业绩等相关证明材料。

5. 奖励和证书

对于大学期间获得的如三好学生、优秀学生干部称号，英语水平、计算机能力等资格证书，参加竞赛的级别和奖项，可按奖励级别高低排列，写明颁奖单位、级别，获奖时间，奖项名称等，但不能将团队荣誉加在自己个人身上。

6. 爱好与特长

结合求职要求，写出自己的爱好和特长，包括语言方面、兴趣方面、能力方面等，要突出强项。

（二）自荐信

1. 称呼

与一般书信相比，自荐信的称呼比较正规，一般采用“尊敬的 + 职务”的称呼方式，如果不清楚对方职务，企业可用“总经理阁下”或“经理先生”等统称，机关及事业单位可用“领导同志”等称呼。

2. 开头部分

开门见山，准确介绍个人基本情况，让对方一看就知道“你是谁”。如“我是西南林业大学经济管理学院会计学 2011 届本科毕业生，王 × ×，女，22 岁。”

3. 正文部分

自荐信的核心部分，要注重事实材料，具体明确，应包括以下主要内容。

（1）要申请的职位及得知招聘信息的途径，即“我要干什么”。

（2）已具备的条件，重点突出教育背景、能力、具体成果，所具备的与职位相关的素质，说明“我很合适”。

4. 结尾语

多用请求语，旨在表明求职者企盼用人单位予以回复的愿望。如：“我恳切希望能到贵公司发挥所长，请给予我一个学习、锻炼的机会，热忱期待您的回复。”“如蒙厚爱，我当加倍努力，积极进取，尽全力为单位效力。静候佳音！”最后另起一行空两格写“此致”，再转行顶格写“敬礼”。

5. 署名和日期

在结尾语下一行右边亲笔签上姓名，署名下方用阿拉伯数字写上日期，年、月、日都要写。

**案例：自荐信**

尊敬的××公司总经理先生，您好！

我是××大学人文学院汉语言文学专业的应届毕业生。从人才招聘会了解到贵单位正招聘文秘。成为贵单位的一员是我一直以来的愿望，因此现特向您自荐。

现代企业需要一专多能的人才。从大一开始，我就一直向着这个方向努力。我努力学好专业知识，科目成绩优秀，实践动手能力较强，对计算机和IT具有浓厚的兴趣，能熟练应用各种Office软件进行日常文字和表格处理，能利用Frontpage软件制作精美的网页，并能进行简单的网站维护和局域网的管理。

大学四年，我利用寒暑假积极参加社会实践活动。今年5月我作为助理翻译参加了××市政府举办的经贸招商活动，翻译各类招商材料，处理各种文档，在线回复客户电子邮件，得到会务组的好评。社会实践活动，锻炼了我的组织协调、口头表达能力，丰富了专业知识的学习。

贵单位的业务迅速发展是有目共睹的。如果能给我以机会，将不胜感激。随信附上相关材料，以便于您们全面了解我的情况。

热切期盼能有进一步面谈的机会。

此致

敬礼！

求职申请人：×××（签名）

××××年×月×日

（三）求职材料投递技巧

求职简历和自荐信可通过以下方式进行投递。

1. 招聘会投递

参加招聘会时，可根据自己的性格、兴趣、技能和岗位要求，寻找与自己专业方向和职业发展一致的职位。投递求职材料时，可与用人单位人员进行适当接触和交谈，增大获得面试的机会。

2. 直接投送

如果是自己特别向往的职位，在有明确需求信息时，可以向用人单位直接投递求职材料。直接投送时要注意自己的衣着、仪表和谈吐，体现自己良好的礼仪修养。如果用人单位指明将求职材料投递到指定地点，则应按要求办理。

3. 网络申请

网络申请投送时，要选择合适的网站，提高成功率。网络投递时，最好不用附件。求职材料中，对所聘岗位要清楚明确，直接点明岗位，如“经理办公室秘书”、“办公室行政助理”等。如果没有特别要求，求职材料的标题应使用中文，不要使用英文或特殊符号，以免材料被当成垃圾邮件删除。网络投递时，要注意点击更新投递时间，以免石沉大海。

4. 平信邮寄

有些用人单位在刊登聘用信息时，要求求职者将材料寄到指定地点。遇到这种情况，要尽早寄出求职材料，并在信封显著位置写上所应聘的职位，便于招聘人员处理。

## 第四节　面试礼仪

求职应聘过程中，用人单位人员与求职者面对面进行交流，以考核应试者的方式，就是面试。通过面试，用人单位获得对求职者知识水平、语言表达、心理素质、形象气质、应变能力、敬业精神等方面的全面了解。

## 一、面试准备

面试是求职者向用人单位全方位展示自我的一个机会，是走向职场的关键。

（一）材料准备

必要的材料准备是求职面试的基本前提。

1. 求职材料

尽管之前已经向用人单位投送了求职书面材料，但在面试时也应随身再带上几份，既可以在填写申请表时作为参考，也可以在面试时提供给面试官，特别是当面试官人数较多时，这样做可以给用人单位留下较好印象。

2. 相关证件

面试时应随身携带毕业证、学位证、资格证书、获奖证书、身份证等材料的原件及复印件，已发表文章、获得的专利证书、制作的音频视频作品及完成的调查报告等原件及复印件，以便用人单位查看。面试时还要带上纸、笔、记录本等。

曾经有一家公司面试时，面谈前先让应聘者填写信息登记表，凡是没带笔的应聘者一律被淘汰。公司从这个细节先考核出应聘者对面试的重视程度，做事的责任心及认真、细致的态度。

（二）信息准备

接到面试通知后，要尽量全面地了解用人单位的相关信息。

1. 了解单位和职位

了解用人单位的名称、规模、背景、文化、目前发展状况和未来发展规划，了解所应聘职位的性质、岗位职责、所需能力等，掌握用人单位信息，不仅能使自己取得一定主动权，逐渐适应用人单位及职位，而且能增加面试时的自信。

2. 了解面试程序

尽可能了解面试的相关信息，如面试时间，面试时的具体位置及房间，明确面试方式及内容，如集体面试还是个人面试，问题式面试还是其他面试，是否有笔试等等。对相关信息的了解越多，面试成功的概率就越大。

3. 了解交通信息

接到面试通知后，应将用人单位地点清晰记录，了解住址到面试地点的路线，明确公交车辆的换乘；如时间较紧，可以打车前往。乘车时注意沿途的标志性建筑物，以免面试时提到相关问题，避免迟到。

（三）心理准备

1. 充满自信

自信是职场人士必备的心理素质。丰富的知识修养，长期的实践锻炼，有助于提高自信。要善于发现自己的长处和优点，相信别人能做的事，经过努力自己也能做到。面试时候畏手畏脚，或过分谦卑，遇事不能担当，用人单位是不会录用的。

**情景**　一家合资公司招聘员工，通过层层考察，最后剩下一男一女。经理与这两位求职者闲聊，看似很随意地问了几个问题。“会打网球吗？”男的说：“会。”女的本是学校网球赛亚军，却谦虚地说：“打得不好。”“公司给你配车，有没有把握学好驾驶技术？”男的说：“有。”女的说：“应该可以。”之后，公司录用了男性。原因是，女性有自卑情绪，缺乏自信，无法胜任公司职务。

2. 从容面对

面试效果如何，直接关系到求职的成败。如果大学生将每一次面试都看做是自我锻炼的机会，充分准备，放松身心，努力去做，出色发挥，就能取得面试的成功。即使面试失败，只要能从中吸取经验教训，不断总结，就能不断进步。

（四）形象准备

美国形象大师罗伯特·庞德曾说过：“这是一个两分钟的世界，你只有一分钟展示给别人你是谁，另一分钟要让他们喜欢你。”

面试时间一般不会太长，因此第一印象至关重要。应聘者要给考官干净利落、有专业精神的印象，男士应显得干练、大方，女士应显得庄重、俏丽。

1. 男士形象

**发型：**前发不附额，后发不及领，两侧不遮耳朵，干净整齐，无异味；忌长发、卷发、光头、中分。

**面部：**保持面部清洁，发脚和胡子剃干净，脸部不要太干或太油腻。耳朵内外、鼻孔内外清洁干净。

佩戴眼镜时，镜架与脸型相配，镜片擦拭干净。

指甲剪短，常洗手，保持手部清洁。

2. 女士形象

**发型：**大方、得体、干练、整齐，刘海儿不能遮住眼睛或者脸部。头发保持清洁，有自然光泽，不染发，忌披头散发。

**面部：**职业淡妆，清新自然，精神、雅致，但不可浓妆艳抹。

**指甲：**精心修剪，不留长指甲，忌涂指甲油。

（五）着装准备

面试是一个很正式的场合，应聘者的着装一定要庄重、自然、大方、简单。

1. 男士着装

**西装：**应聘者的首选，最好穿藏青、深灰、深蓝等深色西服，给人稳重、可靠、朴实、干练的印象；西装面料应选择天然织物，质地挺括；西装要合体，裤长及鞋面。

**衬衫：**以长袖、单色为主，忌花哨；与深色西装搭配，一般以浅色衬衣为主，给人诚实、聪明、稳重的感觉。

**领带：**可选择朴素的单色，如领带上印有图案，应与西服构成同色系或对比色搭配。领带宽度应与西装及自己的脸形相配，领带长度以到皮带扣为宜；如用领带夹，应夹在衬衫第三和第四颗纽扣中间。

**皮鞋、皮带、皮包：**要和西装相配，三样同色，一般选用黑色。

**鞋袜相配：**穿西装要穿系带或套鞋等正式皮鞋，不能穿休闲鞋、旅游鞋，袜子应选择黑、深蓝、藏青等深色。

2. 女士着装

**服饰：**西装套装或职业装是最通用、最稳妥的面试服装，端庄合体，体现优雅、自信。色彩不要太鲜艳、太抢眼，全身色彩不超过三个；服装面料不能太薄、太透、太露，款式宜简单，裙子不能太短，切忌穿着吊带装、露背装或过于性感的服装。

**丝袜：**女士穿裙装时要穿长筒丝袜，颜色以接近肤色为好；如果不慎划破，一定要换掉。最简单的方式是女性在随身包里备一双丝袜。

**鞋：**女士穿西装或职业装时，要配船型鞋，前不露脚趾，后不露脚跟；鞋面不能有太多装饰，鞋跟不能太高，颜色应与服装颜色相配。

**包：**随身携带的包不能太大，款式简单、大方，色彩与整体服装协调。

**配饰：**可佩戴精致的小饰品，如点状耳环、细项链等，但不宜戴夸张、奇异、突出、叮当作响的配饰。

3. 面试穿衣技巧

求职面试中，有时也可以根据应聘职位选择不同的着装，达到整体协调。

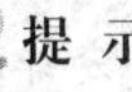

提　示　**面试着装技巧**

应聘工作内容富于变化、工作时间相对灵活的职位，如广告策划、市场营销、时尚杂志编辑等，可穿着时尚、个性的服装，突出自己的青春和朝气，以及自己对时尚元素的捕捉能力。可以选择针织衫、同色系长裤搭配，颜色可稍显活泼，但不能花哨。

应聘工作内容比较严肃、工作时间相对固定的职位，如教师、公务员、银行职员、助理、文员等，最好穿着端庄、简洁、稍微职业化的服装。建议穿白色的有领衬衣、长过膝盖的中裙、西装裤，面料质地较好的外套或西装，色彩以淡雅为宜。

应聘其他职业，一般可选择西装或职业套装。

## 二、面试礼仪要求

对求职者而言，面试是压力最大却又至关重要的一个环节。求职者丰富的德、才、学识，得体的语言、举止、仪态、行为，能给人良好的印象，促成面试的顺利进行，为求职成功打下基础。

（一）面试要求

优雅的行为举止，有助于塑造求职者的高雅形象，给面试官留下良好印象。

1. 按时到达

面试时要准点到达。迟到和违约是对主考官的不尊重，给人留下缺乏责任心、言而无信、做事马虎的印象，有损自身形象，影响面试结果。

一般而言，求职者应提前 10 分钟到达面试现场，熟悉周围环境，同时稳定情绪，充满自信参加面试。

2. 单独前往

独立、自信是用人单位对求职者的基本要求之一。面试时，应聘者应单独前往，不能结伴而行，更不能家长陪同，这会使主考官认为你自信心不足，独立性不够，很容易被淘汰。

**情景**　李燕是某高校大四的学生，学习成绩优异，担任学生干部，综合素质强，是大家公认的优秀学生。一次，某公司招聘营销人员，获得面试资格的李燕让母亲陪同前往。结果老板直接说："考试都要母亲陪同，今后怎么能独立胜任营销工作，你请回吧！"

3. 自然大方

参加面试，行为举止要自然、优雅、大方，从容不迫，不拘束，不做作。如果平时注意养成良好行为习惯，就能在面试时表现较高的气质风度。

情景　大学期间，张玲专心苦读，学习成绩优秀，但极少参加社会实践。毕业时，她参加了某公司的面试。进入面试室后，主考官请她坐下，张玲低着头，手紧紧拿着带来的简历，不时搓搓衣角，面试结束时，用手捂住嘴巴，满脸通红……虽然回答问题时她的思路清晰，分析问题也有一定见地，但面试官们商量后还是放弃了她。面试官对她的评价是：“专业素质虽然不错，但举止不大方，小动作太多，会影响单位的形象。”

4. 主动热情

遇到某些意想不到的事情发生时，要积极、主动地给予帮助，这也体现应聘者的素质修养。

情景　学前教育专业的大四学生小张去幼儿园面试，她提前15分钟到达面试地点。等待过程中，小张看见打扫卫生的清洁工不小心把一桶脏水全洒在地上，见到清洁工手忙脚乱，小张主动上前，找来拖把，与清洁工一起将污水清扫干净。随后的面试中，小张回答完问题后，主考官说：“刚才我看到你乐于助人、主动积极的一面，相信这也是做好幼儿教育的基础。你明天就来上班吧。”

5. 体态优雅

体态能展现求职者良好的礼仪修养。面试时要注意走姿、站姿和坐姿。

**走姿：**体现自信优雅。两眼平视前方，身体重心稍微前倾，挺胸立腰，收腹提臀，上身保持正直，双臂自然摆动，脚步轻而稳，步履自然而有节奏感。

**站姿：**身体直立，头正肩平，挺胸收腹，双臂自然下垂，身体不摇晃。男士两脚正步或稍微分开站立；女士可以两手轻握放于小腹前，两脚一前一后或丁字步站立。

**坐姿：**落座时不满座，只坐椅子的2/3，不靠椅背，手放在扶手上，或放于腿上。女士坐时两腿并拢，男士双腿分开与肩同宽。坐时不可抖动腿脚。

（二）见面礼仪

1. 入室敲门

进入面试室时，不论门是否开着，都要先敲门，征得同意后才能进入。敲门时用右手中指和食指轻敲二、三下，同时说：“请问可以进来吗？”得到允许后再轻轻推门进入，而后静静转身把门关好，动作要轻巧，尽量不发出声音。敲门时声音不能过大，也不能太急促。

2. 面带微笑

真诚的微笑是自信、友善、亲切的表现，有利于塑造良好自我形象，容易赢得好感。敲门时面带微笑，进入室内，微笑着向所有考官及工作人员致意，并主动打招呼，如：“您好！我是……”“大家好，很高兴能参加今天的面试……”主考官示意面试开始时，要收敛笑容，集中精神，自然、平静地接受考试。

3. 握手礼节

进入面试室以后，是否行握手礼要根据现场情况确定。如果主考官先伸手，求职者应用右手，手心向上与主考官相握，同时眼睛注视对方，以示尊重。需要注意的是，求职者不能主动伸手，也不能拒绝或忽视主考官伸过来的手。

4. 请才入座

面试时，如果没有为求职者专门准备的椅子，就应始终保持良好站姿进行面试。如果有为求职者设定的椅子，需等考官示意后，口说“谢谢”方能入座。一般不随意挪动椅子的位置，如果椅子在身后则后退几步轻轻就座，女士应先用双手拢一下裙子后再入座。

5. 礼貌谦和

进入面试室前应把手机调成静音或关机，以免来电带来干扰，给主考官留下粗心大意、不拘小节的印象。如果面试官需要求职资料时，要迅速拿出并双手送上，整个过程应自然、流畅、谦逊、大方。

（三）语言表达

与主考官的谈话交流过程是求职面试的核心，求职者应提前进行相关准备。

1. 体态语言规范

面试交谈时，眼睛可以看面试官的额头、眼睛等区域，目光与对方面部接触时间可占到谈话时间的 1/3 或 2/3 左右。如果有几个考官在场，说话时要用目光适当扫视所有人，以示尊重和平等。谈话时不能低头，也不能直勾勾盯着对方，更不能用斜视、瞟视、瞥视等眼神。

如交谈过程中使用手势，应精心设计、反复推敲，适时适度，不能滥用，否则容易让人产生误解。

2. 称呼恰当

选择称呼时，一般采用姓氏加职务的称呼，如“张经理”、“王处长”等；如果对方是副职，一般可略去“副”字，如“李副校长”就可直接称呼为“李校长”；考官人数较多时，可以采用统称，如“各位老师”、“各位考官”、“各位领导”等。交谈中称呼单位时，则使用“贵校”、“贵公司”等。

3. 语言使用

求职者要表现热情、友善，交谈中多用“我们”少用“我”，尽量使用敬语、雅语和礼貌用语，如“请”、“您好”、“谢谢”、“对不起”。谈话过程中，语言要满足对方自尊心，维护对方形象，切忌贬低别人抬高自己。

**情景** 某公司人事经理到某高校选拔毕业生，应聘学生依次面试。主考官叫到某位同学时无人应答，便请李华同学到教学楼外去找一下。几分钟后李华回来说：“老师，对不起，没找到那位同学。”人事经理看看李华说：“就凭这句‘对不起’，你这样懂礼节、有礼貌的学生我们要了。”

4. 发音准确

面试时，语言要流畅，意思表达要清晰。还要做到发音准确，吐字清晰，比如“奶奶”不能发成“来来”，“钢琴”不能发成“干琴”，“十全十美”不能发成“四全四美”，否则会影响表达，还会闹笑话。

面试时，切忌使用口头禅，不能反复出现“这个”、“那个”、“嗯”、“呢”、“啊”、“哦”等词。

5. 音量、语速适中

音量要适中，不要压着嗓子说话，也不能扯着嗓门高喊，音量大小以面试室最后一排能听清话语为宜。

说话时语速不宜过快或过慢，过快会让人应接不暇，过慢会使人很不耐烦，一般每分钟

120字左右的语速比较合适。

语调要愉快、轻松、坚定、抑扬顿挫，有节奏感。合适的语调、适中的音量和语速容易与听者产生共鸣。

（四）面试技巧

面试是全面展示应聘者能力的活动，面试时要把握以下 7 个技巧。

1. 学会倾听

面试中倾听很重要，不会听就不能很好地回答面试官的问题。面试过程中，要集中精力认真倾听问题，适当做出点头、微笑等反应。倾听时要记住面试官讲话的重点内容，认真回答，从容应对。面试中不能打断对方讲话或是反问对方。

2. 自我介绍

面试官提出的第一个问题往往是应聘者的自我介绍。自我介绍一般 3 ~ 5 分钟，简要介绍自己的姓名、年龄、毕业学校，重点介绍自己的能力，并用具体事例说明相关能力和取得的成绩。

3. 机智应变

回答其他问题时要简明扼要，表述简洁、清晰，自信。切忌表达含糊、犹豫、东拉西扯或滔滔不绝。面试时要注意察言观色，如对方饶有兴趣（身体前倾），说明自己的表现出色，可以继续；如对方表现不耐烦（打哈欠或目光无神），就应及时停止，以免言多必失。

4. 诚实坦率

面试时，考官会提出各种各样的问题，回答问题时，不能简单附和，要有自己的独立思考。遇到不会回答的问题时，可以诚实告知：“对不起，我对这个问题的思考有所不足，简单回答有所欠缺。”

**情景**　刘烨到一家跨国公司面试时，人事经理评价当今部分年轻人说：“没有孝心，禽兽不如。”刘烨不赞同，他委婉地表达了不同意见。事后，人事经理评价他：“诚实，不附和，能看出问题的偏激。”诚实使他顺利通过了面试，进入跨国公司。

5. 适当提问

面试时，除认真回答考官提出的问题，应聘者也可以适当提问，所提问题应侧重于工作，侧重于求职本身，这会让考官觉得你对面试单位和竞聘岗位的重视和用心。

6. 谦虚平和

无论到什么单位面试，都要谦虚谨慎。如果在某些问题上与主考官意见不一致时，不要据理力争，应委婉回避，转而谈论其他话题；多人面试时，如果与其他人在某些问题上产生分歧，可以表达自己的观点，但不能与人争执不休。

**案例：张燕和刘敏**

张燕和刘敏是某大学国际贸易专业毕业生，除学士学位外，两人都有计算机证书和英语六级证书。张燕担任过校文艺部部长，多次被评为优秀学生干部，是品学兼优的好学生。刘敏拥有英语口译证书，曾在外企当过翻译，发表论文 2 篇。她俩一起参加了一家国企的英语口语面试。综合能力考试时，刘敏评价口试考官的水平不过如此，说自己是标准的美式发音。最后，刘敏被淘汰，张燕顺利通过了面试。考官认为：“一个员工只有具备谦虚谨慎、踏实苦干的品质，才会发展得更加稳健，对企业贡献才更大。”

7. 不提薪酬

面试时，主动谈及薪金、待遇，是不明智的做法。如果用人单位有意聘用时，会提出诸如“你希望的月薪是多少？”这类问题，这时，你可以说出能接受的最低待遇和希望得到的最高月薪。

（五）告别

面试中，当主考官说：“今天我们就谈到这里……”“非常感谢你对我公司的关注……”“谢谢你，一旦我们有决定，就会第一时间通知你。”等话语时，就要主动告辞。

1. 不追问面试结果

面试结束询问自己是否被录用是毫无意义的，甚至会让面试官产生抵触情绪，弄巧成拙。

2. 不能言辞过分

面试结束时，不应对考官说“请多多关照”“拜托您啦”等词句，这样会让人觉得你缺乏实力或底气不足。

3. 微笑告别

面试结束时，应保持微笑，对面试官表示感谢，并与考官道别。

4. 态度平和

如果被录用，不必过分兴奋，要向面试官及工作人员表示感谢，希望今后合作愉快。即使没被聘用，举止也不能失态，要感谢面试官、礼貌告别，这样才显得有气度。

（六）面试结束

1. 表示感谢

面试结束后两天左右，要向招聘单位的人事经理或具体负责人表示感谢，感谢他为你所花费的时间和精力、为你提供的各种信息。

即使出于某种原因未被录用，也应礼貌地向用人单位回函表示感谢，并说明自己对此项工作仍很感兴趣。一个有始有终、礼貌周到的人，能获得一定的加分。微软副总裁史蒂文斯在落选后仍给公司写了感谢信，使比尔·盖茨记住了他。当公司职位空缺时，史蒂文斯便意外地收到了录用通知。

2. 电话感谢

电话感谢要简短，时间不超过 3 分钟。电话里只表示感谢，不询问面试结果。打电话前最好理清思路，打好腹稿，说话时音量适中，表达明确，通话结束时，要等对方先挂电话。

打电话时注意时间选择，一般在上午 9 ~ 10 点钟，下午 3 ~ 4 点较为合适，工作繁忙时，休息，用餐等时间不能打电话，也不要一上班就打电话。

3. 感谢信

面试感谢信是争取成功的最后机会，能使自己区别于他人。感谢信应简短、精练，一般不超过一页纸。

感谢信的称呼要明确，应写明具体负责人姓名，不能以“负责人”“部门负责人”等模糊称谓替代。正文部分要提及自己的姓名、简单情况、面试时间和面试内容，为对方给自己提供的机会和信息、花费的精力和时间，表示感谢。重申自己对公司、职位的兴趣，或适当增加有助成功的新内容，如自己过去的相关经验和经历，有助企业发展的建议等。结尾部分，表达自己对这份工作的喜爱，为公司发展壮大作贡献的决心。

4. 网络感谢

借助网络表达感激之情。可以通过电子邮件或 QQ 交谈等方式。如果是电子邮件，可以借鉴感谢信的表达内容，注意不要出现错别字。如果是即时交谈，要注意字斟句酌，表达准确。

**案例：面试感谢信**

尊敬的刘经理：

我是××大学硕士毕业生王兴，感谢您昨天为我的面试花费的时间和精力。和您谈话我觉得很愉快，了解到许多关于贵公司的情况，包括公司的历史、管理模式及公司的宗旨等。

正如已经谈到的，我肯吃苦，具有钻研精神，我的专业知识和成绩对贵公司是有用的，我的思维方式和管理理念与公司有许多共同点。我对贵公司的前途充满信心，希望有机会和您们共事，为公司的发展共同努力。再一次感谢您，希望有机会与您再谈。

此致

敬礼！

××大学学生：王兴

2011 年 6 月 10 日

## 三、网络面试礼仪

今天，网络已成为社会生活的组成部分，为人们的工作生活提供了重要的空间，不少用人单位通过网络面试的方式，对求职者进行考察。

网络面试也称视频面试，它的使用，促成了用人单位和外地求职者以最低廉的成本、最快捷的方式实现实时沟通。网络面试的优势在于它可以让求职者在自己熟悉的环境下进行，有助于消除紧张感，能更好地表现自我。

网络面试时，应聘者也要掌握相关技巧，以赢得主动。

（一）面试前的准备

1. 环境选择

接到网络面试通知后，要选择周围环境安静、干净、整洁的房间进行面试，面试背景要干净，灯光要明亮而柔和。网络面试时，要避免出现嘈杂的声音，不能让对方看到纷乱的景象，否则会影响自己的形象。切忌在网吧进行面试。

2. 摄像头的准备

提前调试摄像头，不能让强光对着摄像头镜头，不要将麦克风对着音响，这样会产生回声。面试前可请朋友联网进行视频，根据对方看到的最佳效果来进行调试。

3. 服装准备

网络面试虽然不是与面试官直接面对面进行，但也不能忽略自己的着装。应选择西装或职业装，体现良好的精神风貌。

4. 形象设计

网络面试时，通过视频，对方看到的主要是头部，因此要特别注意细节。参加网络面试，男士、女士都要发型整齐，面容干净，精神饱满，面带微笑。女士可以化淡妆，切忌披头散发。

（二）面试中的礼仪

1. 遵时守信

求职者应提前 5 ~ 10 分钟上网，检测摄像头，调整好整体状态，等待面试官的视频链接。

2. 保持微笑

微笑是职场的制胜法宝，能拉近人与人之间的距离，消除人与人之间的短暂隔阂。保持微笑，能增强自信，顺利完成面试全过程。

3. 礼貌谦逊

对面试官应礼貌、和气，多用“请”、“您”、“谢谢”等词，即使与面试官产生意见分歧，也要尽量以平和的态度进行交流。

4. 姿态端正

视频面试时，双方坐在电脑前，面对视频进行交谈，求职者应保持坐姿端正，不前倾，不后靠，也不能来回摇动。交谈时，眼睛始终注视对方；倾听面试官说话时，要不时点头或微笑回应。

5. 表达清晰

视频面试是通过视频交谈来展示自己，因此要特别注意个人谈吐及表达，交谈时语言要流畅，层次清楚，逻辑严密。

6. 机智应变

网络面试有可能出现网络不稳定，导致听不清楚或视频突然中断的情况。发生这种情况时，不要紧张，可以简单解释，有礼貌地请面试官复述一次。面试官往往会通过这些情况，来判断应聘者的应变能力。

（三）面试结束时的礼仪

1. 感谢

面试结束时，要向对方表示感谢，应态度谦和，语言恳切。

2. 关机

面试结束，面试官关闭视频后，自己再关闭视频，切记不要在对方在线的情况下切断网络，也不能在关闭视频前随意说话，更不可大发牢骚。

# 思考与练习

一、问答题

1. 简介大学生交际的特点。

2. 如何培养大学生的礼仪修养？

3. 谈谈大学生的校园礼仪。

二、实践训练

1. 制作一份个人简历，与同学一起分析其中的亮点与不足。

2. 写一篇自我介绍文字稿，与同学分享，并征求意见。

3. 请与同学或室友举行模拟招聘演练，在招聘情景模拟后，总结自己在面试中的表现，分析自己在哪个方面有欠缺？

4. 列出你所学专业的职业群中都有哪些岗位，分析你想要进入的行业的现状、前景，评估自己进入该行业最大的优势是什么？

5. 根据你的职位意向要求，分别写出相应的求职信和个人简历。

6. 罗列出你现有的各种证书及所获荣誉，分析其在你求职中所能发挥的作用，并列出还需考取的证书。

# 第八章　教师礼仪

教师特点/礼仪原则/礼仪要求/教师语言/
语言表达/语言礼仪/形象要求/非语言礼仪
关键词：言传身教　准确明白　形象规范　积极沟通

教学的艺术不在于传授本领，而在于激励、唤醒、鼓舞。

——第斯多惠

## 第一节　教师礼仪基本要求

作为文化知识的传播者，教师也是礼仪的传播者，他们对学生的道德和礼貌、语言和交际习惯等，具有重要的影响。

### 一、教师的特点

了解教师的职业定位和特点，有助于更好地做好教学工作，起到表率作用。

（一）教师职业定位

1.“言传身教”的文化榜样

教师对文化的传播，除专业知识外，还通过行为及精神层面表现出来。教师不仅要注意学生在场时自己的表现，如教态、表达、行为、举止等，更要注意学生不在场时自己的言行，如在教师休息室、办公室、校园、餐厅中的行为表现，因为这些“以为学生看不见”的地方才是教师德行真正显现的地方。

2.“积极信念”的第一传者

作为教育主体的教师，要成为对学生产生积极影响的人。

**背景资料：教师要传递积极信念**

德国哲学家康德认为，大多数父母在教育自己孩子的时候只是让他们适应当前的世界——即使它是个堕落的世界；但实际上，只有把孩子教育得更好，他们才能在将来出现一个更佳状态。如何才能让孩子变得更好，而不是更适应呢？康德认为教育的终极目的是让人触摸到世界之至善以及人性被规定达到的，具备相应禀赋的那种完美性。

梁漱溟先生惊讶于整部《论语》通体不见一个“苦”字，相反不断出现

"悦"、"乐"。他认为，一个真正的教师是一个仁者，他胸怀天下，不思个人苦乐，故能达到"仁者不忧"的人生境界。现实生活中，人们都愿意与乐观的人交往，因为积极的人生态度更能给人以力量，催人奋进。

美国著名成人教育家戴尔·卡耐基，用他的智慧帮助千千万万普通人战胜了自我，使他们获得成功的人生。卡耐基的秘诀很简单，就是以一种平易近人的方式提醒人们要追求生活的美好，发扬人性的光辉，鼓励人们一定要树立奋斗的目标，充满自我实现的信心。卡耐基对积极信念的传播影响了几代美国人，对于传播的内容和方式，他也从没有拘泥于任何一种类型。

3. "有教无类"的博爱领导

面对个性气质、成长环境、资质品性差异较大的教育对象，教师不仅要启发他们的求知欲望，让学生掌握文化科学知识，而且还要让他们学会互爱互助，在生活中正确对待他人。

（二）教师职业特点

1. 准公共性

教师虽然不是公众人物，但由于职业的特殊性，教师也受到学生、家长、社区的关注，体现出准公共性的特点。

2. 示范性

教师为人师表，成为学生学习和模仿的榜样，其言论、行为、处世态度对学生具有示范作用，产生潜移默化的影响。对某些学生而言，教师的这种影响甚至会伴随一生。

3. 特定权威性

教师的特定权威来自于他们对文化知识的掌握和不断积累，学生对教师的信赖，体现为教师的神圣使命感。

4. 责任感

教师肩负的是百年树人的工作，对学生、家长和社会承担重要责任，影响社会的未来发展。

5. 推动创造力

教学的终极目的是让学生自己去创造，教师的价值在于推动创造的过程。教师不仅要传授知识，更重要的是帮助学生掌握学习的方法，挖掘他们的潜在创造力，提升他们的各种能力，由此推动社会的进步和发展。

## 二、教师礼仪原则与要求

教师职业的特点，使其具有示范性。对教师而言，更要遵循教学活动的礼仪规范，保证教学过程的顺利进行，实现有效沟通。

（一）基本原则

这是具有普遍性、共同性和指导性的礼仪原则。

1. 尊重

教师与学生关系的特殊性，"一日为师，终身为父"的古训，很容易使教师在处理师生关系时居高临下，忽略学生的需求。因此，教师应注意与学生之间建立平等关系，相互尊重，保证教学活动的顺利进行。

2. 平等

与一般人际交往的平等原则不同，由于受教育一方处于智力、自控力、判断力等弱势地位，客观上形成了教师和学生的不平等关系。教师在处理师生关系时，要敏锐地发现这些差距，做到平等相待，对学生一视同仁，不厚此薄彼、区别对待。

3. 真诚

教师在教学活动中，要待人真诚、言行一致、表里如一。教学活动中，将自己的知识毫无保留地传授给学生；师生交往中，真诚热情，以自己的实际行为言传身教。

4. 适度

教师在教学活动中，要把握好尺度，掌握分寸，适度得体，与特定事物、特定人物、特定环境相协调。

（二）职业礼仪原则

1. 自律

“己所不欲，勿施于人”。作为教师，自我礼仪规范要求十分重要，只有首先做到严格要求、自我约束，才能成为言传身教的榜样。

2. 互动

这里所讲的“互动”，是指教师在交际往来活动，特别是师生关系中，要注意换位思考，要以学生为中心，体谅他们的具体感受，做学生的良师益友。

3. 沟通

师生关系中，教师要全面地了解学生，才能做到有的放矢，实现有效沟通。

4. 宽容

教师要宽以待人，要容许学生有个人的独立思考和行动。对不同于己、不同于众的言行要容忍，才能最大限度地调动学生的求知热情，发掘其潜能。

**小资料：孔子的教育观**

一次，孔子让他的几个学生谈谈自己的志向。其中三人均按孔子的治国理想作答，唯有曾点说他喜欢和自在的天、自在的人、自在的地在一块儿。孔子当众赞誉曾点的观点，对其余三人也未品评。在曾点的追问下，孔子简单说了其他几人的缺陷。这个故事常常被用做儒家天人合一思想的佐证，也体现孔子的教育观：对异己者宽容，对愚钝者包容。

（三）教师礼仪要求

在遵循礼仪原则的基础上，教师礼仪还应符合以下 3 点要求。

1. 恪守师德

古语说“师者，敏于事而慎于言”，是对教师的重要要求，也是教师师德的体现。师德是教师的立身之本，包括教师应遵守的社会公德，爱岗敬业的职业道德，积极乐观的心态，以及有效沟通的技巧。

2. 符合身份

教师是教书育人的主导者，发挥言传身教的作用，因此，教师的一言一行都必须符合职业规范，无论是服饰着装、仪表形象、语言表达，还是情态动作、行为举止，都要强调示范性。

3. 注重实效

教师礼仪注重实用性，具有可操作性，贯穿始终，并要时时展现，是重要的行为准则和规范。

# 第二节　教师语言礼仪

无论是传统教学环境，还是先进的网络教学条件，教师职业对语言的使用频度和效度可以说是所有职业中最高的。在组织教学的过程中，教师往往通过准确、形象、具有逻辑性和鲜明风格的语言，达成与学生的交流。

## 一、教师语言

言为心声，教师语言具有独特的涵义，某种意义上说，教师如何说以及说什么，是其教学信念和教育权威的直接体现。

### （一）语言原则

教师语言和一般日常语言有很大差别。在教学活动中，教师的语言应遵循下面 5 个原则。

1. 注重教育

无论教学风格如何，教师的教学语言都应该以教育语境为规范。在任何教学环节中，都要以促进学生能力提高和完善为目标，精心设计教学语言，实现教育的高效传播。

2. 讲求科学

教学工作要求讲述内容准确、清晰，科学的教学语言保证了专业知识的准确传播。教师在讲解核心概念时，要做到用语正确简洁，语言层次分明，条理清楚，论证严密，言之有理，便于学生清晰把握知识脉络，形成较为完整的知识结构。

3. 平等关系

由于客观存在的师生间不平等关系，因此教师在处理教学关系时，要掌握好与学生交往的尺度，接受学生与自己有差距的事实，通过有效方式获得学生的接受和认可，实现影响学生的教育目的。平等，主要指教师和学生交往时应建立平等的心理关系。

4. 口语化

教学语言是有声语言，教师如果以书面语的表达方式进行教学，就会过于呆板，甚至影响学生对教学内容的理解。因此，教师应该对教学内容进行形象生动的讲解，表达通俗易懂，尽量口语化。

5. 启发引导

教师要以积极的情感融入课堂，通过有声语言吸引学生，积极引导，启发学生思考，调动学生思维，无论讲授知识，组织讨论还是指导学习，教学语言都要体现启发性。

**最能打动学生的话**

◇我们每个同学都很聪明，应该积极发表自己的见解！

◇努力改正缺点，你就可以做一个堂堂正正的人！

◇你是一个有想法的孩子，你的见解很有创意！

◇一个人最大的美德是宽容，如果你懂得宽容，你就会有海一样的胸怀！

◇你敢于向老师提出个人见解，非常了不起！

◇你提的问题很有思考价值，我们共同研究一下。

◇说错了没关系，我会帮助你！

### （二）职业语言要求

职业特点决定了教师语言的特殊要求，它既不是平日所说的“能说会道”，也不同于演员、播音员、文学家的语言表达，要求准确、明白、生动、幽默、严肃、谨慎，富有启发性。

1. 准确、明白

准确，就是语言标准，用词正确；明白，就是表达言简意赅。《礼记·学记》中说：“善教者，使人继其志。其言也约而达，微而臧，罕譬而喻。”明确指出教学语言要简约、畅达，要以浅显的语言阐明至善的道理，要少用譬喻而使人透彻理解。

2. 优美、文雅

教师语言追求“言有尽而意无穷”的艺术效果。基本要求就是：教师能说流利的普通话，富于节奏感，表达流畅、温文尔雅，吐词自然、温和朴实，语调和谐、悦耳，语气亲切、和蔼，对培养学生讲文明、讲礼貌，起到言传身教作用。

3. 生动、有趣

教学活动中，教师不仅要让学生听懂所讲内容，而且要通过凝炼、朴实、具体的遣词造句，适当运用比喻、排比、拟人、映衬、夸张等修辞手法，使课堂语言生动、活泼，富有启发性、趣味性和感召力，便于学生更好地接受。

4. 富有情感

庄子说：“真者，精诚之至也。不精不诚，不能动人……真在内者，神动于外，是所以贵真也。”（《庄子·渔父》）课堂语言必须富有真情实感，才能激起学生的情感体验，打动学生。

## 二、语言表达

长期的教学活动中，教师形成了职业化的语言风格，如在谈话时喜欢处于支配地位，常有自以为是的语气，过快作出反应，等等。在教学活动中，应尽量避免职业对语言的影响。

### （一）职业语言表达基础

教师语言既要体现个性，又要符合职业需要，达到与学生交流的最好效果。下面是突出教师语言特色和风格的 6 条建议。

1. 发音准确、清晰

发音要准确，吐字要清晰，表达要完整，让学生明确语言意义。教学中尽量不出现“吃字”、气短的情况。为了有助于发音，教师应养成锻炼身体的习惯，良好的体魄是发音的物质基础。有经验的老师在课前不会吃得太饱，因为腹中胀满的感受，会对自如地控制气息产生不好的影响。

2. 语速适中

教学中，说话的语速不能太快也不能太慢。如果说话语速太慢，会给人造成懒散、迟钝的印象；语速太快，会让学生觉得教师对人漠不关心，没有考虑学生的存在。缺乏经验的教师往往越说越快，生怕学生看出自己没有思考下一句该讲什么。教师上课时，适中的语速是每分钟 80 至 100 个词，可以通过练习来学会控制。当然，一节课从头至尾保持这种语速，也会让人感觉疲乏，合适的做法是，在上课时可适时变换语速，提高语言的节奏感，讲解重点难点、关键性内容，语速可放慢，一般性介绍、回顾性内容，语速可较快。

3. 抑扬变化

教学语言要注意声音的抑扬变化，要避免声音高低产生误解。如果习惯用低沉的语调讲话或者相反，那么，在与学生沟通时必须进行调整。一般而言，压低声音可能是有重要的信息要说，或者是想引起别人对自己的重视；大声说话，常常是因为情绪失控，或者是想掩盖自己的不自信。因此，课堂上可以通过控制声音的高低，来适当控制学生的注意力。但是，如果频繁使用这一种方法，也会引起学生的反感。

4. 控制距离

不要有意和学生拉近或拉开距离。有人认为模仿学生语言可能会引起学生的兴趣或得到他们的认同，实际上学生对老师的这种故意行为甚为反感。如果教师采用很严厉的语言，以此强调教师的角色地位，和学生拉开距离，师生之间会出现语言的“不可逆转性”，当教师说“不要胡闹”“就这样，因为我已经决定了”这些话语时，已将学生置于被惩处或被支配的地位。对学生而言，他们更愿意看到教师的言行符合他们的实际年龄和身份。

5. 句子简短

教学中，应尽量使用短句进行表达。短句的结构简单、完整，不论对说者和听者来说都容易把握；使用短句时，可以选择不同的句式表达相同的意思，以免造成语言形式上的单调；使用短句，有利于教师对重要问题进行重复，提高教师讲课的效果。

6. 避免不良的语言习惯

教学语言中，要尽量避免形成不良的语言习惯。如指称自己时说“我们”，总结问题时说“可能，也许”，或习惯反复使用“实际上，然后，当然”等词汇……这些语言习惯，给人的感觉是自信不足、底气不足，直接影响教学活动的开展。

**相关链接：教师经典语言选录——读**

“读”是学习语文的最基本方法之一，古人说，读书时应该做到“眼到，口到，心到”。我看，你们今天达到了这个要求。

同学们自由读书的这段时间，教室里只听见书声琅琅，大家专注的神情让我感受到什么叫“求知若渴”，我很感动。

这么一读，这段文字的意思就明白了，不需要再说什么了。

请你们读一下，将你的感受从声音中表现出来。

读得很好，听得出你将自己的理解读出来了。特别是这一句，请再读一遍。

读的要求应该分出层次。首先是通读，读顺句子，不认识的字查一下，读准字音。这一点，同学们的认识很清楚、很重视，做得很好。

听你们朗读是一种享受，你们不但读出了声，而且读出了情，我很感谢你们。

默读时，贵在边读边思考。现在我们将默读的思考心得交流一下。

默读，要讲究速度。现在我请大家在十分钟内看完这段文字，并请思考……

“读书百遍，其义自见”，请各位再把这部分内容多读几遍，弄懂它的意思。

（二）教师语言禁忌

与其他职业语言禁忌不同，教师的语言禁忌不是由失误造成的，而是由教师的信念决定的。远离语言禁忌，表现了教师对自己职业的认同，对学生的爱与宽容，符合教师的职业理想和职业道德原则。

1. 冷言冷语

说话人的态度冷淡可以说是最让对方尴尬和难受的事情，因为他让别人感到是不受欢迎的、无足轻重的、被忽视的。教学中不能采用这种语言。

2. 挖苦嘲讽

把对方的弱点或缺点用特别的方式加以夸张，对于感情敏感、脆弱的人来说，这种语言方式具有巨大的破坏性。

3. 训斥恐吓

有些人在做错事情后，对于错误行为可能导致或已经形成的后果，感觉忐忑不安，他们会将外界给予的惩处作为解脱，以较小代价化解自己的负罪感。还有一些人虽然做了错事却浑然不觉，对外界突如其来的极端否定会感到惊恐万分，无法正确认识自己的错误。遇到以上两种情况，教师都不能采用这种语言表达方式。

4. 失望怀疑

作为教师，不能将失望、怀疑的情绪带到教育中，因为它们对学生产生的负面影响让学生失去自信。

**情景** 教师办公室里，由于学生没有按时完成作业，老师正和他谈话。老师说："你太令我失望了。我一向非常关心你，但是你一直都非常让我伤心。"学生想要解释，老师示意他不要讲话，然后接着说："你太懒惰了。以后我不会再相信你了。"

提 示

### 教师语言禁忌

◇就你拉我们班的后腿。

◇我教这么多年书，没见过你这样的。

◇别人都懂了，怎么就你不懂？

◇你这种人简直无可救药。

◇你是害群之马，有了你，我们就甭想好！

◇不愿意上课就出去。

◇你真让我失望。

◇你一辈子就这样了。

◇就这么点成就用不着开心吧？

◇你别骄傲，比你好的人多得是。

◇哎呦，没想到你也进步了。

◇死猪不怕开水烫。

◇是我说了算，还是你说了算？

◇真笨。你脑袋里都装什么？猪脑袋。

◇问半天怎么没人言语，都哑巴啦（聋啦）！

◇全班同学不要像他（她）那样。

◇某某同学是我们班最好的学生。

◇某某品德不好，是全班最差的。

## 三、语言礼仪

教师语言即课堂语言，指教师课堂所说的话，尤其是教师用来组织课堂教学各个环节的语言，除了对专业知识的把握，还应注意与学生的有效沟通。

（一）基本礼节

1. 神情专注

听学生说话或回答问题时，用鼓励的眼神平视对方，聚精会神倾听他人的发言，适时应和对方，既是对对方的尊重，同时也是体现自身修养的重要途径，充分交流沟通的催化剂。

2. 平等互敬

敬人者人敬之。礼仪之所以在沟通中占有非常重要的地位，原因之一就是它从各方面体现出对交往对象的尊重。与学生交谈中，要把自己与对方当做共同的探讨者，遣词造句准确，使用敬语，身体前倾，认真倾听，目光专注等，体现出对对方人格的尊重，常常能取得事半功倍的效果。

3. 把握距离

与学生交谈中，要注意谈话双方的心理距离和空间距离。心理上平等、热情，空间上要保持正常的社交距离。如果心理过于随便，空间过近或过远，都会影响教学活动和过程。

4. 适可而止

与学生的交谈，在注意时间、空间距离的同时，也要把握内容的深度及谈话的态度，要体现针对性。如升旗仪式上的讲话，言简意赅、重点突出的短时演讲，比起长篇累牍、重复、啰嗦的长时演说，教育意义更强。

（二）沉默

1. 沉默与语言

人们常说“保持沉默”、“沉默是金”，具体来说就是：沉默与语言相比，更需要说话者的自我控制，有时可以达到语言所无法传递的意义效果。教师在课堂语言训练中，对沉默的把握是首先应该解决的问题，特别是对新手而言，“说什么”比“什么也不说”简单得多。

2. 沉默原因

沉默也是控制课堂的有效技巧。我们通常把上课叫“讲课”，但是，如果教师在一节课中不停顿地讲，学生很快就会感到疲惫，继而注意力涣散。教师讲得过多、过长会使课程显得非常匆忙，最后让人不知详略。根据相关实践和研究，教师上课时连续讲话一般不能超过 20 分钟。伴随目光交流或手势的沉默，会使沉默变得积极，很好地调整课堂节奏。

3. 沉默时机

沉默的把握很重要，以下这些情况，你可以选择沉默。

解释某个核心概念或意义时，可在讲解过程中稍作沉默，以显示问题的重要性；提出某个问题，沉默 30 秒至 1 分钟，调动学生注意力的同时，引发他们的积极思考；学生回答问题的时间较长时，保持沉默，不要随意打断他的发言；没有学生响应提问时，不要马上作出否定反应，给他们一段思考的时间；学生向你提出问题的时候，略作停顿后再回答，因为不假思索地直接回答，会使学生认为你对他的问题不屑一顾。

（三）导入

课程导入是以灵活的方式，吸引学生对课程学习的兴趣。这个环节应受到教师的重视。

1. 沟通

通过与课程内容或主题相关的话语吸引学生，将学生学习期待心理和教学内容巧妙地联系在一起。如："大家一定听过这样一个故事……"

提 示

**沉默的积极效果**

◇制造紧张气氛，让原来精神不集中的学生集中注意。

◇在沉默时倾听，表明你对学生抱有很大兴趣。

◇让自己轻松一下，缓口气再讲也不迟。

◇可以利用这个间隙看看讲稿，增加继续讲解的信心。

◇使讲课时的语言具有启发性。

2. 兴趣

用生动的比喻或形象的描述引发学生的注意力。如："我们今天要学习的内容就像学习驾驶一样，既要注意程序方法，又要有灵活处理突发事件的勇气。"

3. 质疑

紧扣教学内容，设置悬念，提出疑问，启迪学生。如："有人能对语言下定义吗？语言在生活中究竟充当了什么样的角色？我们是否能够不使用它？"

4. 激情

饱含深情地对所讲内容进行评论，诱发学生积极学习的情绪。例如："作为一个中国人，我们如果不能说出汉字究竟是怎样一回事，那么我们应该感到非常惭愧。"

不同课程应该有不一样的导入方式，相同的课程也可以有不同的导入方法，教学中，这个环节具有创造性。

（四）提问

1. 提问的使用

课堂提问是非常复杂的环节，其表现方式和教学风格、教学模式及教学设计有密切的关系。教师提问水平的高低直接影响教学效果的好坏。一般情况而言，80%的提问是有关知识和记忆性的，其余 20%属于较高要求的。

初级教育阶段，学生回答问题的正确与否并不重要，回答问题本身就是一种积极的行为，应该受到教师鼓励。随着学生课堂经验的逐渐丰富，教师的提问成为对学生学习和掌握知识的督促。有效的提问，应该在学生头脑中形成某种观念或主题，促进他们积极思考，调动学习积极性。

2. 课堂交流技巧

除了课程进度需要设置的问题外，课堂提问常常被作为一种交流技巧。如，引导学生思考或否定学生意见的时候可以用反问，尊重学生选择的时候用选择问，让学生做某件事情时用诱导问，等等。

3. 提问的类型

向学生提问，可以根据课堂教学内容和学生情况，选择不同的问题类型。

**知识性记忆问题**　能有效促进学生对知识点的理解。提问时应明确对学生提出复述已学知识的要求。例如："请问中国第一部白话小说的作者是谁？这部小说中的主要人物有哪些？"

**趋同性问题**　学生通过思考和语言组织才能回答这类问题，要求其答案符合知识原理并体现一定的个人观点。例如："请举例说明传播过程中的噪音是什么？噪音在传播活动中的作用是什么？"

**趋异性问题**　提这类开放性问题时，要营造开放的思维情景。学生回答时，不仅要积极思考和组织语言，而且还要有接受他人批驳的勇气。例如："如何来解决社会贫富差距问题？"

**评价性问题**　教师提出某个观点或陈述某种事实，要求学生阐明自己的态度并提供充分的理由。例如："有人说，徐志摩的诗歌成就超过了闻一多，对此你如何看？"

提　示

**课堂提问要点**

◇先提出问题，再叫名字。

◇不提那些可以用"是"或者"不是"简单回答的问题。

◇正确选择疑问句。

◇尽量少给学生提供回答问题的帮助。

当然，课堂语言远不止以上所提到的这些，比如讲述、总结以及对学生的表扬、批评和管理等，都需要以恰当的方式表达出来。但是，所有这些是以教师对教学内容的熟稔和对学生的关爱为基础的。

**教师语言表达基本功**

◇圆润的音质，彰显磁性和吸引力；

◇得体的语言，激起共鸣；

◇适度的音量，加深对方的感知度；

◇适中的速度，让对方听清楚，并能理解你所表达的意思；

◇纯正的普通话，咬字清晰，发音标准，字正腔圆，没有地方口音或杂音，准确地传情达意；

◇富有感染力，不机械、不空洞，融情入语；

◇适当的肢体语言，加强和配合语气。

# 第三节　教师非语言礼仪

教师在教学活动中，在注重语言表达的同时，由于职业所具有的示范性和影响力，还要注重非语言表达，真正发挥言传身教的作用。

## 一、形象要求

韩愈说："师者，所以传道授业解惑也。"教师，不仅肩负传播知识的责任，而且承担着为人师表的任务，教师形象应符合职业要求。

（一）仪容仪态

教师的仪容仪态，是教师素质的体现，也是言传身教，以身立教的前提。

1. 干净整洁

教师的面部要干净清爽，眼角、口角、耳孔中不能有分泌物，男教师要做到前发不及眉，侧发不掩耳，后发不触领，女教师要做到前发不及眉，长发不过肩。

2. 略加修饰

教师应对个人仪容进行必要的修饰，男教师要及时修剪胡须、鼻毛、耳毛等。女教师可化职业淡妆，适当修饰面部，给人清新、明快、精神振奋的感觉。

3. 体态优雅

教师要通过优雅的站、坐、行等体态，体现良好的修养。站立授课时，昂首挺胸，精神饱满；讲课中适当走动，有助于加强教学互动；落座要轻。

（二）服饰着装

1. 稳重大方

教师的着装要严肃、庄重，体现职业特点。教师在课堂上的穿着应较正式，可穿职业装、正装等，太休闲、太随意的服装，不适合职业活动中穿着。不适宜穿着过于暴露或性感的服装，如男教师不宜穿短袖汗衫、短裤，女教师不宜穿吊带衫、露背装、短裤、超短裙等。

2. 体现个性

教师在着装时，要结合自身条件，根据年龄、性格、体型等，选择适合自己的服装色彩、款式和风格，展示教师形象。

3. 具有活力

教师面对的永远是年轻、充满活力的学生，服饰的选择既要体现一定的职业特色，又不能给人感觉太沉闷，因此着装既不能过分时髦，也不能过于落伍，要体现一定的时代感。

## 二、课堂非语言技巧

教师在课堂上，适当使用非语言技巧，有助于取得较好的教学效果，保证教学活动的顺利完成。

（一）目光

1. 目光的意义

开始上课的重要信号不是铃声，而是教师对学生的关注。铃声响起时，要环视教室一周，让所有学生都感受到你的目光，然后再进入课堂教学。

当教师专注于讲课时，他的目光会集中于所讲授内容，表情较严肃。对这种状况，学生是可以理解并接受的。

2. 目光交流

有经验的教师往往会有意识地选择几个学生，让这些学生处在积极状态，通过与他们的目光交流，激发他们的学习热情，进而带动班级气氛。

3. 自然流露

讲课过程中，教师应以坦诚、自然的状态和学生交流，包括目光的交流，让他们积极理解教师的意图。

4. 目光禁忌

教师授课或与学生交流时，不能出现严厉、轻蔑、憎恨的目光，也不能将目光投向学生以外的其他地方，这是对学生的不尊重，会影响学生的学习热情，也会影响师生关系的处理。

（二）身姿

教学中让人接受的身姿与身材无关，实际上是一种气质。

1. 自然呈现

教学活动中应坦然呈现教师的身体，不能故意将自己藏在讲台或其他设备后面。特别是应用现代技术手段进行多媒体授课时，教师不能只播放图片文字或视频，对着麦克风讲话，而不看学生，不理睬学生的反应，这样会使学生对课堂教学感觉索然无味。

2. 站立

站立是教师最常见的身姿。教师的正确站姿应该是无所依托、自然站立，表现自如，体现出自信以及对学生的重视。除了宣布上课时采用双脚均匀着力的"标志性站立"外，其他大部分时间可以采用适当转移重心的站姿。但是，懒洋洋、无精打采的站姿，或双手撑在讲桌上，或上身趴在课桌上的站姿，都是不可取的。

3. 适当走动

在教室中要既避免无意义地来回走动，也不能始终站在同一个位置不动。讲课过程中，可以适当地在教室中走动，走动中不要中断和学生的目光交流，使学生既不会因为教师位置的变化而紧张，同时又能有效控制课堂节奏和气氛。

4. 朝向

教师在课堂教学中，要注意保持与学生之间的面对面朝向。面对面朝向便于开展教学活动，促成教学互动和交流。教师背对学生板书时，应不说话或少说话。

（三）表情

1. 微笑

课程内容讲授中，微笑可以起到调节课堂气氛的作用。在向学生提问后，无论学生的回答是否准确，微笑有助于缓解学生的紧张情绪，给他们以鼓励。

2. 平和

大多数情况下，教师的表情应该是平和、稳重的，既不能过分激动，也不能过于冷静。

3. 投入

教师上课时，特别是讲到激动、感人处，表情应该有所变化，表现自己的投入，这样会使课堂气氛较活跃，学生的学习积极性能得到较大提高。

4. 表情禁忌

下面这些表情，在上课时应尽量避免出现，它们传递的信息相对消极，容易对学生产生负面影响。

皱眉头（愤怒）、扬起眉毛（怀疑、惊讶、傲慢）、嘴角向上抬（玩世不恭、傲慢、优越感）、张嘴（惊讶、想打断别人）、紧闭双唇（压抑的愤怒、固执）。

（四）手势

上课过程中，手势有时比说的内容更重要，如果手势与站姿、表情配合默契，就能很好地推动教学的进程。

1. 手势使用

教学中，手势的使用不要过于频繁，甚至形成某种模式，应该尽量少而准。

上课时，双手随意地放在身前或腹部，会让人感觉精神集中、状态平静。

一般而言。从容、自然的姿势来自上臂，上课时用幅度较大的动作表达意图，会显得比较坦诚。

安排学生参与课堂活动时，可以打开上臂，摊开掌心，侧身示意，表示邀请。

2. 手势禁忌

如果不是监考或者巡视，最好不要双手在胸前交叉或背在背后，这种手势与学生形成明显的距离。

只有宣布至关重要的信息时，才能双手始终下垂，这种手势决断性太强。

双手较长时间放在裤子口袋里，给人感觉太懒散。

说话时和说完话后用手挡住嘴，似乎想告诉学生“我其实不想那样说”。

用伸直的食指示意学生回答问题或完成其他事情，这种手势分明是在训导和指责学生，会对学生的自尊心造成较大伤害。

讲课时，手里不断揉搓粉笔或其他小玩意，是不自信和紧张的表现，学生也会紧张，并为你担心。

（五）距离

1. 时间距离

教师在课堂教学中要注意时间距离的把握。上课要准时，可以提前 2 ~ 3 分钟进入教室，便于进行教学准备，如遇特殊情况迟到时，应做出解释并表示歉意。掌握好上课节奏，安排好课堂教学，下课时间准时下课，尽量不拖堂。

2. 空间距离

课堂上师生之间最合适的距离是 3 ~ 4m，这样的距离可以让教师看到所有学生。如果需要和某个学生单独交流，可以选择 50 ~ 60cm 的近距离或 1.5m 左右的人际距离。

大部分情况下，教师掌握师生距离的主动权，应以平等原则为基础，选择适合的空间距离。

3. 交流距离

和学生交流时，教师出现的位置也非常重要，合适的方式是从学生旁边开始，随着交流的深入逐渐转向他的前面，而不能直接从学生正面进入，或是从学生身后出现。

对违反课堂纪律的学生，可以先用目光交流与之达成“协议”；如果学生再次违反纪律，教师离这个学生越近，对其的控制就越明显。

对较为腼腆或胆小的学生，教师与他们距离上的特别表现，会增强他们的自信心，也会让他们在全班同学中逐渐突显出来。

> **情景**　铃声响了，教师匆忙走进教室。他低头整理教案，教室里面一片嘈杂。几分钟后，他开始讲话，眼睛始终盯着教案。教室里渐渐安静了下来。教师开始板书，用了一分钟左右写了“第四章……”，之后又念了一遍黑板上的内容。

# 思考与练习

一、思考题

1. 教师礼仪应遵循哪些原则?

2. 教师着装规范有哪些?

3. 结合实际，谈谈你对“教师语言应生动、有趣”的理解。

二、案例分析

放学路上，班上一位学生走到我跟前，轻声说：“老师，对不起，今天作业没完成好，让您失望了。然而您的那句话，却深深地震撼了我，也许您不在意，可我却清楚地感受到了那份爱的温柔和体贴。老师，我感激您，哪怕仅仅只为了那句话，您可知道，它的分量对我有多大，也许它将从此深深印在我的脑海，不管现在还是将来，您这不经意的一句话，可能成为您的一个学生整个人生的转折点！”

究竟对学生说了一句怎样的话，才能使学生的内心产生如此大的感情波澜呢？其实，话很简单，事情也很简单。那是在一节信息科技课上，演示完教学内容，我便让学生进行自主探究活动。一会儿，我开始检查学生作业，当看到有个同学呆坐在自己座位上时，我便悄悄走到他身边，低声问：“你怎么不参与自主探究活动呀？”学生低着头，小声说：“我不会。”“那你专心听，我再为你讲一遍，好不好？”事情就这么简单。“我再为你讲一遍，好不好？”看似不经意的话语，却打动了学生，于是便有了开头那一幕。

请结合案例中的情景，分析教师语言在交往中的重要性。

# 第九章　服务礼仪

服务特点/服务要求/三 A 法则/客服中心/服务效应/语言要求/
语言技巧/电话语言/服装修饰/仪容举止/形体姿态/服务禁忌/
关键词：专业　规范　准确　委婉　得体　谦和

人无礼则不生，事无礼则不成，国无礼则不宁。

——荀子

## 第一节　服务礼仪基本要求

服务是以劳务形式，提供满足他人某种需求的、具有特定效用的工作。服务行业被人们称为“窗口行业”，其工作就是直接为消费者提供服务。

### 一、服务的特点

无论是传统的酒店服务、旅游服务、销售服务，还是经济社会发展中新兴的金融服务，都强调以顾客为中心，体现出共同的特点。

（一）个体性

1. 分工明确

服务业的岗位分工明确，职责划分清楚。如酒店前厅服务中，就有迎宾员、接待员、预订员、行李员、收银员、话务员、问询员、票务员、前台领班等岗位，每一岗位，都有各自的工作对象、空间和明确的职责要求，互不干扰，相互衔接。

2. 个体完成

无论是银行、酒店、餐饮、旅游，还是休闲娱乐，都是通过相关人员独立面对客人，从语言交流、身体姿态、手势动作、待人接物等方面，以个体服务的方式完成的。

（二）专业性

1. 专业素质要求

服务行业体现突出的技能特点，要求服务人员具有扎实的基本功，理解服务内容，完整掌握服务技能。如金融服务人员要具备较高的专业素质，熟悉相关金融产品的特点、用途、价值，才能针对顾客的疑问给出准确的解释。

2. 技能性

服务业的工作具有突出的技能性，银行工作人员点钞、存取款业务，酒店服务员做床、客房清洁，餐厅服务中的摆台、上菜、斟酒等，对服务人员都提出了专业技能及速度方面的较高要求。

不同服务岗位人员在使用语言、表达对客人的好感时，也突出地强调口头语言的表达技巧。

（三）规范性

1. 行业规范性

服务行业具有突出的规范性，每一个环节都有明确具体的操作流程，要求服务人员按程序完成。无论是餐厅点菜、上菜、客人离席，还是客房房间整理、做床、清洁卫生间、送水，包括服务员进房都有明确的程序要求。

2. 语言规范性

服务中的语言运用，对服务对象的称呼、迎候、接待、谈吐、电话、告别等，有具体的规范和明确的要求。

（四）整体性

1. 协调性

服务工作，特别是传统的酒店服务、旅游服务、餐饮服务和销售服务，具有整体协调的特点，整个服务工作由不同部门的人员共同完成。如酒店前厅部接待迎候、客房部清洁做房、餐饮部就餐宴请、总机室电话转接、工程部修缮维护、保安部安全保障、洗衣房清洗布草……这就要求不同岗位的员工既要明确本职工作，不越岗、串岗，也要有整体意识，在职责范围内尽量把工作做好。

2. 连续性

对客人而言，服务是一个连续的过程，是由不同部门的不同人员，通过一个个具体环节完成的，体现了服务连续性的特点。酒店服务从房间预订开始，包括客人到达后的迎宾、接待、登记、入住、餐饮、会客、电话、票务等具体工作，直至客人结账离店。销售服务从产品销售开始，包括送货上门、安装调试、指导使用、售后服务等环节。

## 二、职业定位与要求

如果说服务行业是“窗口”，那么，服务人员就是展示在窗口中的“陈列品”和“摆设”。服务人员是保证和维护服务工作正常运转的关键环节，在服务工作中具有重要作用。

（一）服务人员职业定位

服务人员要遵循顾客至上的原则，注重服务质量和技巧，为客人提供热情、周到、耐心、细致的规范化服务，使他们有宾至如归之感。

1. 体现服务形象

对顾客来说，服务人员服务质量的好坏、服务水平的高低，并不是个体、个别的问题，而是服务机构形象的具体表现。服务人员的一个微笑、一个善意的举动、一句真诚的话，往往能给客人带来极大的心理愉悦和情感满足，提升服务机构的知名度和美誉度。

2. 无选择提供服务

服务人员，是从事服务工作的成员，为顾客提供住宿、餐饮、娱乐休闲、金融、销售等服务。客人到来时，无论他们的身份地位、性格脾气、性别年龄如何不同，服务人员都要无选择地为他们服务，做到耐心、细致、到位，满足客人的需要。

3. 近距离提供服务

服务人员与顾客直接联系，近距离接触，要及时了解他们的愿望、要求、建议和意见，不断改进服务技巧，提升服务水平，满足客人要求，提供高效服务。

4. 全方位提供服务

服务人员要根据服务对象的个体差异和不同要求，在多样化服务中选择满足对象需要的内容，保证服务活动的顺利完成，为顾客提供全方位服务。

（二）服务人员职业要求

1. 爱岗敬业

服务人员要准确定位，正确看待服务工作，明确服务工作的本质特性，消除自身的错误认识，爱岗敬业，努力做好本职工作。

2. 热情、真诚

服务人员所提供的服务，不仅要满足顾客的物质需要，更要满足他们的精神需要。热情周到的服务，就是着眼于顾客的精神需求，真诚提供服务。

**案例：三声问好为何遭投诉**

某家大型酒店的服务员，早晨向一位客人问候了三声“先生，您好”，没想到却被这位客人投诉到总经理那里。

原来，那位客人有早起散步的习惯。当天，他起来散步，出门时服务员问了一声：“先生，您好。”散步回来进门时，服务员又问了一声：“先生，您好。”上电梯时，服务员问了第三声：“先生，您好。”面对如此礼遇，客人反而向酒店总经理投诉。

刚开始，总经理感到莫名奇妙：为什么我们的服务这样规范还会被投诉？经过了解，原来是服务员问好时态度刻板，缺少情感，千人一面，让人心里不舒服。

3. 礼待宾客

礼貌是人们在日常生活和人际交往中遵循的符合社会要求的行为规范。礼待宾客是服务业的核心要求，表现为尊重宾客，关心宾客，热爱宾客，不以顾客的地位、身份，穿着打扮，消费多少，熟悉与否等作为待客标准，不欺客、不逐客，做到一视同仁，平等相待。

4. 技能熟练

服务人员的工作是以提供劳务的形式，通过不同岗位的具体服务技能完成的。因此，熟练的技能技巧，才能体现自己的热情真诚，也才能表现对顾客的尊重和礼遇。

5. 注重细节

细节是工作中的细微之处，服务工作强调从小事着手，于细微处见真情。一声称呼、问候，一个眼神、微笑，一个手势动作……注重细节，是服务工作的基本要求。

6. 换位思考

工作中，要将顾客放在第一位，常做换位思考，从客人角度看问题，为客人着想，奉客人为“上帝”，才能将服务工作做到位。

**情景**　客房服务员小王在整理 1202 房间时，发现一个枕头放在衣柜里，推断客人可能不喜欢睡高枕头，就没有将枕头再放回床上；看见热水瓶瓶塞放在茶几上，推断客人可能喜欢喝凉开水，在换了一壶热水后，同时给客人提供了一瓶凉开水。

## 三、服务礼仪原则

服务礼仪，是服务人员通过言谈、举止、行为等，对客户表示尊重和友好的行为规范和惯例。服务礼仪是体现服务的具体过程和手段，使无形的服务有形化、规范化、系统化。

（一）三A法则

“接受”（Accept）、“重视”（Appreciate）、“赞美”（Admire），在英文里都以字母“A”开头，被称为“三A法则”，是服务行业应遵循的重要原则。

1. 接受服务对象

体现为服务人员对客人热情相迎，不怠慢、不冷落、不为难客人，积极、主动地接近对方，恰到好处地向客人表达亲近、友好之意。消费者所要购买的，往往不只是某一种商品，同时也是一种服务。服务质量的好坏，某种意义上成为消费者购物时的决定性因素，是服务业吸引顾客购买的关键。

2. 重视服务对象

服务工作中，要目中有人，招之即来，有求必应，有问必答，想客人之所想，急客人之所急，认真满足对方要求。牢记客人姓名，善用尊称，倾听要求，就是重视服务对象的具体体现。

3. 赞美服务对象

服务人员在工作中，要善于发现客人所长，并及时表示欣赏、肯定、称赞与钦佩。这样做，可以争取客人的合作，使双方友好相处。当然，赞美客人时也要注意把握原则，应适可而止，实事求是，恰如其分。夸大其词地过分吹嘘，只能产生反效果。

（二）顾客中心原则

服务工作中，客人始终处于中心地位，要认真对待客人要求，始终将客人放在第一位。

1. 顾客中心

服务行业以客人为中心，尊重、接受和重视客人是最基本的要求，也即人们常说的“客人就是上帝。客人就是衣食父母。”服务工作中，要了解客人的需要和特殊要求，并在服务范围内尽可能给予满足。对于特别重要的客人，更要全面了解他们的身份、地位、兴趣爱好、信仰、风俗、饮食习惯以及相关信息，才能有针对性地做好服务。

**链接：酒店黄金标准**

客人看到的必须是整洁美观的；

凡是提供给客人使用的必须是安全、有效的；

凡是酒店员工对待客人必须是热情、礼貌的。

2. 第一时间

要在第一时间、第一次就把服务工作做好，因为过后补救是非常困难的。服务工作相对比较琐细，每一个岗位、每一个环节都有具体的操作规程和要求，服务人员只有在第一时间严格操作到位，了解客人需求，礼貌待客，才能保证服务工作的正常进行。

欧洲很多饭店特别重视利用客史档案，客人入住饭店一次后，第二次再来时就不用再登记。

3. 有效服务

强调服务满足客人需求并能创造效益。这就要求在各个环节中，服务人员要讲求高效、高质，避免重复劳动，提高服务效率，从细节入手，从每一个员工做起，加强酒店的有效服务，达到事半功倍的效果。

4. 差异化

服务对象千差万别。来自不同地区、不同职业、不同身份的客人，体现出明显的性格差别，需求也各不相同，因此应在规范化服务的基础上，提供满足不同客人物质、心理需求的个性化服务。

5. 双向沟通

为了更好地为客人提供服务，服务人员应注重与客人之间的相互交流与理解，借助沟通技巧和沟通渠道与服务对象达成交流。双向沟通是服务人员与服务对象彼此之间相互协调的基础。

**链接：白金法则**

美国学者亚历山德拉、奥康纳等人提出的白金法则：

在人际交往中要取得成功，就一定要做到交往对象需要什么，我们就要在合法条件下尽量满足对方。

## 四、服务礼仪效应

服务过程中，各方面细节都很重要，但服务的开始和终结更容易给人留下深刻的印象，因此服务工作中要特别加以注意。

### （一）首因效应

1. 第一印象

第一印象即日常交往中初次接触某人、某物、某事时产生的瞬间印象，是一种先入为主的效应，也称首因效应、首轮效应。服务工作中的第一印象，是服务对象对服务机构及人员形成的最初印象，对后续的服务活动产生重要影响。

2. 第一印象构成

服务中的第一印象，包括客人对服务人员及服务机构两者形成的最初印象。良好的第一印象，会使客人产生好感。第一印象的好坏，直接影响服务对象对服务机构、服务人员的总体评价。

3. 影响因素

影响第一印象形成的因素主要有：服务人员的自身因素，包括仪容、仪态、服饰、语言、举止、行为等，服务机构的客观因素，包括服务环境、服务理念、服务过程和步骤等等。

### （二）末轮效应

1. 最后印象

相对于第一印象，在服务结束时服务人员和机构留给客人的最后印象，也即末轮效应，它是整体印象的重要组成部分，有时甚至起到决定作用。如果服务工作的整个过程都很到位，但最后环节出现问题，之前的努力和付出就会付诸东流，整体工作功亏一篑。

2. 善始善终

服务工作的特点，要求在服务过程中做到善始善终，始终如一，圆满完善。服务机构要做好服务配套工作，服务人员要做好最后的服务环节。美国推销大王吉拉德曾说过："我相信销售真正始于售后，并非货品售出以前。"

# 第二节　服务语言礼仪

在服务工作中，语言是向顾客传递产品和服务信息的重要工具，也是服务人员和顾客进行情感沟通及交流的基本方式。

## 一、服务语言要求

服务人员的语言礼仪规范，是指服务人员在语言的选择和使用中，要表现良好文化修养和职业素质，更好地为客人服务。

（一）谈吐温文尔雅

1. 语气诚恳

服务人员要通过语言表现自己的修养，体现对他人的尊重。交谈时语气诚恳，尽可能拉近与顾客之间的距离，讲话时要有适当的表情动作，让顾客在交谈中有如沐春风的感觉。

2. 用语谦逊

服务人员是为顾客服务的，因此在言语上应该尽量谦逊、文雅。可以多用一些敬称，比如“您”、“先生”、“小姐”等，也可以多用一些“请”、“您贵姓”等等表述的语言。

3. 音调适中

服务人员与顾客交谈时，要尽量营造轻松、自然的谈话氛围，说话声音大小要适中，语调应平稳，给对方一种稳定感。不论服务人员用普通话还是方言，都应该吐字清晰，让对方能够清楚地听到自己的声音和意思。

4. 措辞礼貌

服务人员要给顾客留下彬彬有礼的印象，要尽量多使用礼貌用语。初次与顾客见面，选择一些简短的寒暄用语，可以使顾客对服务人员产生良好的第一印象。

提　示

**正确使用服务用语**

迎客：“欢迎！”“欢迎光临！”“您好！”

表示感谢：“谢谢！”“谢谢您！”“谢谢您的帮助！”

接受吩咐：“明白了！”“清楚了，请您放心！”

顾客等候：“请您稍候！”“麻烦您等一下！”“让您久等了！”“对不起，让您们等候多时了！”

打扰顾客：“对不起！”“实在对不起！”“打扰您了！”

表示歉意：“很抱歉！”“实在很抱歉！”“太抱歉了！”

顾客致谢：“请别客气！”“不用客气！”“没什么！”

顾客致歉：“没有什么。”“没关系。”“别记在心上。”

听不清楚：“对不起，我没听清，请重复一遍好吗？”“麻烦您再说一遍。”

送客：“再见，一路平安！”“再见，欢迎您下次再来！”

打断顾客谈话：“对不起，我可以占用一下您的时间吗？”“对不起，耽误您的时间了。”

（二）意义表达清楚

1. 准确回答

服务人员的表达应准确、到位，不使用容易产生歧义或误解的词汇。在接待、服务、迎送等工作中，服务员要听清楚客人的意思，对于一般性问题，给出肯定明确的回答；涉及相关利益的问题，回答要留有余地；自己职责内无法解决的问题，向客人作出解释，请示上级后再予以答复。

2. 语言委婉

服务工作中，常会出现一些意想不到的情况，服务员应以委婉的语言表达意义，求得客人的谅解与支持。如果使用语言时不讲技巧，直截了当或过于生硬，会让客人感觉受到冷遇，心理十分不快，甚至导致之前的好感荡然无存。

**案例：餐厅的客人**

就餐高峰，某酒店餐厅。等候的一男一女两位客人在腾出的大餐桌边坐下，服务员迅速上菜。这时走进8位客人。服务员环视四周，发现窗边的小桌刚整理完，其他大桌都有客人。于是服务员走到两位客人身边。

服务员："女士、先生，您们好！不好意思打扰一下。窗边的小桌整理好了，那里风景不错，又很安静，您二位可以边吃边聊。那边8位客人刚游览回来，他们也可能很快就餐了。我们给您换到那边可以吗？"

就餐客人抬头看了看，"行，没问题！"边说边起身离座。

服务员："谢谢您二位的支持，谢谢啦！"

（三）使用规范用语

1. 使用礼貌用语

礼貌用语是人们在交往活动中使用的表示尊重和礼貌的语言。服务行业中礼貌用语的使用非常重要，能给客人留下良好的第一印象。

**提 示**

**酒店礼貌用语**

**常用礼貌用语**　请，您，谢谢，对不起，请原谅，没关系，不要紧，别客气，您早，您好，再见……

**迎送语**　欢迎您来到我们酒店。欢迎您入住酒店。欢迎光临。您慢走。欢迎您下次再来……

**问候语**　您好。早安。午安。晚安。早。早上好。下午好。晚上好。路上辛苦了……

**祝贺语**　恭喜。祝您旅途愉快。祝您节日快乐。祝您一路平安……

**道歉语**　对不起。抱歉。请原谅。打扰您了。失礼了。不好意思了……

**致谢语**　谢谢。非常感谢。麻烦您了。有劳您了。谢谢您的鼓励……

**应答语**　是的。好的。我明白了。请稍候。请指教。请多关照。谢谢您的好意。不必客气。没关系。这是我应该做的……

**征询语**　请问您有什么事？（我能为您做什么吗？）需要我帮您做什么吗？您还有别的事吗？您喜欢（需要，能够……）？请您……好吗？不知道我说清楚了吗？……

**指示语**　请往里走。请随我来。这边请。请上二楼……

2. 选择征询用语

向客人提供服务时，应多征求询问客人的意见，得到答复后再行动。如看见房门开着，送水的客房服务员应轻声敲门后问：“我是客房服务员，给您送水来了，可以进来吗？”餐厅服务员应在上菜前征询客人意见：“可以上菜了吗？”“这个菜可以撤了吗？”……

3. 选择疑问句

服务员在推销服务中，使用选择疑问句，既可以拓展服务项目及商品，同时也给客人提供了多种选择，将客人由单一需求引导向多元化需要。如餐厅服务员向客人推荐酒水时可以问：“先生，您是喝点红酒还是白酒？女士和小朋友来点酸奶或是果汁？”

## 二、服务语言技巧

服务工作中，服务人员与顾客之间，无论是面对面的交谈，还是借助电话等通信工具，双方的联系与沟通主要是通过语言符号完成的，语言运用得当与否，直接影响到与客人的沟通。

（一）语言表达

1. 恰当称呼

服务中使用的称呼，应根据具体对象选择。称呼要恰如其分，友好亲切，有时还要根据具体情况灵活处理。在公务或商务接待中，对客人以职务称呼为主；对老顾客，要记住他的姓氏及职务、职称；一般情况下，称呼男士为先生，称呼女性为女士；对长辈可称大伯、阿姨，对少年、儿童称小朋友。为了表示对对方的尊重，可以称为老师、师傅等。为了表示亲近和亲切，可以称呼阿姨、叔叔、奶奶、爷爷等。

2. 词汇要有针对性

回答客人提问时，应针对不同客人的特点给以答复。如对缺乏方向感的女性客人，回答她们问路时，避免使用东西南北等方位词，而应使用较形象、直观的词汇加以解释；对儿童，使用简单词汇；对初次到本地的客人，在给他们指路时，尽量选择标志性或有特色的建筑作参照。

3. “特殊”词汇的使用

由于特殊的语言环境，有些常用词汇在服务工作中容易让人产生误解，因此使用时要特别注意。如餐厅服务员不应该问客人“要不要饭？”或“要不要白酒？”而应该说：“您来点米饭还是面点？”“您喝点白酒？”因为这里的“要”很容易让人想到“讨要”。此外，“翻”、“回不去了”、“走了”等词也尽量慎用或不用。

4. 接待和送别

最常见的接待用语是“您好，欢迎光临”，最常用的送别用语是“再见”、“您慢走”、“您走好”等。恰当的接待和送别用语会给顾客心理产生一种亲切感，也是服务语言规范的一种表现。

提 示　**服务人员表达技巧**

尽量避免使用命令式语气；

少用否定句，多用肯定句；

用请求式语句表达拒绝的意思；

注意边说话，边观察顾客反应；

说话时语言要生动，语气要委婉。

（二）交谈技巧

1. 适当赞美

赞美是服务语言中重要的沟通技巧。真诚、由衷地赞美客人，可以缩短与客人之间的距离，赢得客人的信任与好感。赞美应发自内心，注重技巧，不要空泛。如果一时没掌握赞美技巧，可以暂缓使用，因为过于蹩脚的赞美之词不仅不能发挥作用，反而会让人反感。

2. 记住客人的姓氏

服务工作中，记住顾客姓氏和特征，主动、热情地称呼姓氏，细心、周到地服务，表现出对客人的尊重，能给客人留下深刻的印象。

目前国内有些知名酒店对前台服务员提出的基本要求就是：把每一位客人都当作 VIP 客人接待，熟记客人的名字。

**案例：张先生在酒店**

张先生来到酒店登记入住，前台接待员看到登记卡上的姓名，一边递钥匙卡一边说："张先生，您住 1206 房间。"张先生既惊奇又高兴。

晚饭时间，张先生走出客房，楼层服务员向他问候："您好，张先生！您出去？"张先生回答说："好！我去餐厅吃饭。"

张先生来到一楼餐厅。"您好，张先生，欢迎光临！"餐厅迎宾迎上前来说道："餐厅为您准备了窗边可以观景的 6 号桌，您看行吗？"得到张先生肯定的答复，迎宾说："张先生，您这边请。"张先生非常满意。

此后，每次来这个城市，张先生都选择入住这家酒店，成了酒店的常客。

3. 了解客人信息

服务要有针对性，就要分析客人的不同需求，为他们提供个性化服务。服务人员在与顾客接触和交谈中，要尽量了解相关的个人信息，如客人的饮食习惯、生活习惯、特殊喜好、特别要求、相关禁忌等，以提供优质服务，让客人满意。

（三）倾听技巧

倾听是职业工作中重要的技巧，服务人员在服务时只要清楚、亲切、准确地表达出自己的意思即可，不宜多说。提高倾听技巧的 4 点建议如下。

1. 认真聆听顾客的话

每个顾客都有自己的想法和意见，仔细倾听他的每一句话，其实就是对对方的尊重。听话过程中不能对所谈话题假装感兴趣，一旦被客户察觉，会在客户心目中留下不值得信赖的印象。

2. 客户讲话时不做其他事情

有人说过，当你和别人谈话时，即使一只大猩猩从你身边走过，你也不能转移注视谈话对象的视线。服务人员倾听客户谈话时，不要做其他事情，比如写东西，和别人打招呼，接电话等。

3. 适当表达自己的意见

谈话过程是你来我往的过程，服务人员在聆听顾客谈话时，不能一味表示赞同或者点头，在不打断对方谈话的情况下，也可以适当表达自己的看法，顾客才会觉得你对他的谈话感兴趣。

4. 不随意打断客户谈话

在和顾客谈话的过程中，如果他的观点和服务人员看法不一致，不要随意打断对方的话题，尤其是纠正对方或者插入其他的话题。

## 三、电话服务语言

电话服务，是借助声音传递对客人的友善，通过声音形象塑造良好形象的关键。服务工作中，常常通过电话与顾客进行接触和联系，因此，掌握电话语言沟通技巧，对服务人员特别重要。

（一）电话服务基本要求

1. 真诚专注，面带微笑

电话语言的使用应体现真诚，注意力集中，认真交谈。面带微笑，将你的友好与善意传递给对方。

2. 语音准确，措辞合适

使用普通话，吐字发音准确，措辞选择合适，不说错别字，遇同音字时应加以简单解释，让双方都清楚词语的准确含义。使用英语时，注意用词准确性。

3. 态度和蔼，语气自然

电话交流时态度要和蔼，微笑应答，礼貌有加，语气自然流畅，不生硬、不以势压人。

4. 礼貌用语，语言规范

电话中要时刻使用礼貌用语，语言规范，符合礼仪要求。

5. 声音明快，音量适中

打电话时声音要亲切、明快、愉悦、自然，充满感情。音量不过高也不过低，让听者感觉愉快。

6. 语调优美，语速适中

传递信息时，语调要热情优美，富于表现力，不装腔作势。语速不能太快，以免对方无法听清楚你所说的话。

（二）接听来电的技巧

接听来电，是服务中必不可少的工作。铃响三声之内应接听电话。电话交谈中的 6 点技巧如下。

1. 使用问候语，报出单位

用普通话，或使用中文和英文，向对方表示问候，报出自己的单位。一般可以这样说“您好！××银行（部门）”，或“您好，这里是××酒店”。

2. 礼貌使用征询语

使用征询语而不是简单疑问句，体现彬彬有礼的风貌。常说的征询语是“请问我能帮您什么忙吗?”或“请问有什么事？”

3. 应答中的规范语言

电话应答中，认真听取对方来电意图，不清楚之处询问明白；相关要求确认后回答，采用“是”、“好的”、“明白了”、“清楚了”等作答，避免使用过于随便的语言。如对方所找受话人不在，应做出解释，或征询对方同意后，转给可代接的其他人接听。如对方电话打错，不可表现出不高兴及恼怒。酒店客人打错部门的电话，如果客人提出简单要求（如送水、开空调等），可答应客人后立即通知客房服务；如客人提出的要求比较复杂（如订票、叫醒等服务），应帮客人将电话直接转到相关部门。

4. 认真倾听

仔细聆听对方讲话，重要话语进行重复，接听时说“对”“是”给对方以反馈。客人讲完之前不随意打断，听不清楚的地方，要复述客人的话，以免出错。如果对方电话发出邀请或通知，应表示感谢。如遇电话投诉，接待要耐心，回复对方要留有余地，注意语气和措辞，体现热情、诚恳、友善、亲切。影响重大、短时间内难下结论的事件，应征得客人谅解，请示相关人员并提出处理及解决方案后再进行回复。

5. 作好记录

俗话说，好记性不如烂笔头。服务工作中要接听大量来电，做好电话记录十分必要。对重要的事，记录时要重复对方的话，以保证准确无误。如果是电话中协商又一时无法决定的事，可告知对方待请示领导或讨论决定后，再打电话通知对方。

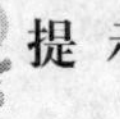

提　示

接听电话记录的主要内容

发话人姓名及单位；

发话人电话号码及分机号码；

发话人所在城市；

电话的主要内容；

发话人的要求及活动，包括时间、地点及其他相关事项；

通话日期和时间；

记录人姓名。

6. 通话结束

通话结束时，应表达谢意，电话告别。可以说："谢谢您！再见！"并等对方挂断电话后，轻轻放下听筒。

（三）致电客人的技巧

致电客人，应选择上班时间拨打。打电话前，先理清思路，做好内容准备，认真思考一下措辞。准确拨号后应耐心等待，铃响 4 ~6 声无人接听时，宜过后再打。

电话接通后，通话中要注意以下 7 个技巧。

1. 问候语，报出单位

以普通话进行通话，你可以说："您好！我是× ×银行（酒店）。"

2. 确认对方单位及身份

目的在于明确受话单位。如电话拨错，应表示歉意，核实无误后再重新拨打。

3. 告知对方受话人姓名及事由

得到对方单位确认的肯定回答后，报出自己姓名的同时，告知对方受话人姓名，并说明通话事由。你可以说："我是× ×，我找× ×主任（或先生、女士），向他确认一下……情况。"

4. 确认对方能否通话

确认受话人后，应征询对方意见，了解受话人的处境是否适宜通话。你可以说："× ×主任，耽误您几分钟时间，……方面的事需要与您沟通一下，您现在方便吗？"这一点在拨打受话人的手机时更为重要，不能忽略。

5. 简单、明确地说明具体事项

得知对方适宜通话后，要简洁、准确地说明具体内容，其间双方可进行简单沟通。如双方对所说问题意见不一致，可协商以后再予回复。

6. 认真记录

通话过程中认真记录谈话内容。

7. 结束通话

通话时间不宜过长，告知事项说清楚后就可结束。结束通话时，礼貌致谢、告别后再轻轻放下听筒。

（四）转接来电

当需要转接来电时，应迅速、准确转接。特别是总机转分机的电话，应减少受话人的等待时间。如所找客人不在，对方请转告的事项一定要记录清楚，准确无误；如对方不愿转告，应记下对方的回电号码、姓名等，客人返回后立即转告。如遇交接班，一定要在值班簿上记录清楚，并在交接时告知接班员工。

## 四、服务语言禁忌

服务工作中，还应特别留意相关语言禁忌，不该说的话一定不说。

（一）不合适的称呼

不合适的称呼，表现出对他人的不尊重和极不友好，使对方很难接受，甚至导致矛盾、冲突的产生。

不能使用诸如“喂”、“嘿”、“叫你呢”、“5 号”、“302 室的人”等称呼客人；不能对老年人称呼“老头儿”、“老家伙”、“老东西”，切忌使用“残废”、“瞎子”、“瘸子”等称呼残疾人。

（二）不合适的语言

1. 不友好的语言

这种语言表现对客人的不友善，充满敌意。如对客人说：“你住得起吗？”“你承受得起吗？”“你也配享受我们的服务吗？”……

2. 不耐烦的语言

客人提出问题，特别是当客人不清楚而多问几次时，回答缺乏耐心。如对客人说：“我说了那么多，你怎么还不清楚呀？”“真烦人！”“真麻烦！”“想好了没有?”“你爱要不要！”……

3. 不客气的语言

如对客人说：“你干什么？”“你想怎么样？”……

4. 否定的语言

服务行业遵循一条基本原则，就是永远不对客人说“不”。服务中，不能对客人说“没有”、“不知道”、“从未听说过”、“没有你的预订”……

5. 脏话、粗话

脏话、粗话低级、庸俗，在职业活动或人际交往中使用，不仅容易引发争执，挑起矛盾，而且会激化矛盾，导致矛盾升级。

6. 应避免的语气

酒店服务工作中，要避免使用厌倦、粗暴、勉强、藐视、生硬、恼怒的语气。

# 第三节 服务人员形象礼仪

服务人员形象，是由服务人员服饰着装、仪容仪态、举止行为等构成的，不仅是个人形象、修养的体现，也是服务企业形象乃至城市形象和国家形象的体现。

## 一、服装与修饰

服务人员的着装与服务工作是不可分割的，具有重要意义。

（一）服饰规范

除遵循服饰着装的 TPO 原则及基本要求外，还要符合服务行业的职业要求。

1. 着装整齐

服务企业一般都有统一着装要求，服务人员的服装要整齐，体现员工饱满的精神风貌及企业的良好形象。

2. 符合岗位要求

服务企业中，不同岗位人员，服饰选择不同。服务人员要根据具体职业岗位选择着装，穿着文雅。

3. 服装选择

管理人员、公关人员、窗口服务人员等，男士穿西装打领带，女士穿套装或套裙，色彩以深蓝色、黑色为主。其他相关工作岗位员工，穿着工作装或工作服，可根据工作性质选择或偏暗、或明亮的色彩，便于行走及操作。

（二）配饰选择

1. 鞋袜

男士穿西装一般配黑色皮鞋，可以是套鞋或系带鞋，深色棉袜，穿西装不能配休闲鞋、旅游鞋或凉皮鞋。女士穿套装，宜配黑色等深色船形鞋，鞋跟不宜高，走路时不能发出响声；不穿露趾的凉鞋或拖鞋，以免显得过于散漫。如穿套裙，应配与肤色相近的长筒丝袜，穿时注意袜子不挂丝、不破损。

其他相关岗位员工，如客房及餐厅服务员、导游、导购等服务人员，应穿易于行走、方便做事的软底平跟鞋或布鞋，走路不能有响声，也不能穿高跟鞋。

2. 配饰

服务人员一般不佩戴首饰，男性更应如此。女性如果佩戴，也宜少而精。这主要是因为服务企业为客人提供服务，“顾客就是上帝”是其核心理念，服务人员珠光宝气，会让人产生高高在上、以势压人的感觉，让客人难以充分享受服务。如有些酒店的员工手册就明确规定：除结婚戒指外，酒店人员不能佩戴其他首饰。

（三）修饰

1. 修饰要求

服务人员，特别是直接面对客人的管理人员、前台接待和销售人员，得体的面部修饰，体现出对自己和对服务对象的尊重，也是服务规范的标志。

2. 口部修饰

服务人员经常与客人接触，因此要注意口腔洁净，不能发出异味。早晚刷牙，饭后漱口，不能当着客人的面嚼口香糖，服务前忌食葱、蒜、韭菜、烈酒以及吸烟。

3. 女性修饰

女性面部修饰要自然大方，修饰时可选择职业淡妆，头发及肩，头发过长时可梳髻或盘于脑后，切忌浓妆艳抹，标新立异，指甲不能太长，不涂抹指甲油。

女性腋毛不能外露，如迎宾人员等因工作特殊需要，需穿着肩部外露的服装（如无袖旗袍）

时，必须提前剃去腋毛。

4. 男性修饰

男性应保持面部清洁，定期剃刮胡须，修剪头发，保持身体清爽、整洁。

服务行业的岗位规范中要求：不能蓄须。若无特殊宗教信仰或民族习惯，要养成每日修面剃须的好习惯，切忌满脸胡须就抛头露面。

修剪好鼻毛和耳毛，勿使其外现。前发不覆额，侧发不掩耳，后发不触领。

## 二、仪容举止

服务行业的工作人员，表情神态应该谦恭、真诚、友好，仪态举止符合规范要求。

（一）表情

1. 微笑

微笑是一种无声语言，给客人留下突出的第一印象，影响到此后服务工作的顺利进行。面带微笑、亲切和蔼，为服务对象创造轻松的氛围，表现对服务对象的重视与照顾。微笑的表情加上亲切、礼貌的问候，一定会让客人有宾至如归之感。

服务人员的微笑虽是职业微笑，但一定要真诚，发自内心，应是眼笑、嘴笑、心笑，笑容要与眼睛、语言、身姿相一致。

2. 目光

职业活动中，服务人员经常与服务对象进行目光交流，要平视友好、亲切平和，目光柔和、视线自然，不能盯视、斜视客人，不可直视对方，也不可上下打量客人。职业工作中，注视打量服务对象的头顶、胸部、腹部、臀部或大腿，都是失礼的表现。

与服务对象相距较近时，眼部视线主要停留在客人面部，包括眼睛至额头、眼睛至嘴唇中央的两个三角区域，无论问候、倾听、征询、强调、体现诚意、与人道别，都可采用这种注视方式，表示全神贯注和洗耳恭听。但是注视时间不宜过长，否则双方都会感觉难堪、不自然。

与服务对象相距较远时，一般应以对方全身为注视点。站立服务时，往往需要这样。

（二）手势动作

手势动作在服务工作中使用频繁，手势的使用应准确、规范、正规、得体、适度，合乎惯例。

1. 手指叩门

服务员进入客房，应用指背轻轻叩门，三声后等待客人回应。

2. 指示方向

手指自然并拢，掌心向上，手臂伸直，以肘关节为支点，手臂抬起指向所示意方向，眼睛看目标的同时，要兼顾对方能看到指示目标。切忌不能用手指或指尖指向客人。

3. 拉椅让座

双手适度用力将座椅向后移动约 10cm，同时微笑着轻声对宾客说："您请坐"。待客人进位后，将椅子轻轻复位。拉椅时要避免在地上拖拉，椅子复位时不可触到客人腿部。

4. 递送物品

服务人员递送物品时应圆润、体贴、准确、到位，掌心向上，双手恭敬地奉上，物品要轻拿轻放，不可将物品扔给客人，也不能将汤汁、酒水或其他物品满地泼洒。

5. 握手

管理人员、公关销售人员等，在与客人交流沟通、被介绍与第三者认识或进行业务往来活动时，常常要与对方握手，握手时要遵循握手礼仪。其他服务人员一般情况下不需要与客人握手。

（三）招呼致意

1. 点头

微笑点头是服务人员向服务对象表示的无声问候。当客人靠近时，员工应向客人表示致意，致意时身体保持正直，双手自然下垂，目光注视对方，面带微笑，轻轻点头致意，同时向客人说“您好”等礼貌问候语。

2. 鞠躬

迎接来宾时，当客人距离自己约 2.5 ~ 3m 时，先微笑施注目礼，接着上身微向前弯曲 15 ~ 30 度，双手放膝前，鞠躬时低头稍快，抬头稍慢，同时也要配上礼貌用语，如“欢迎光临”、“谢谢惠顾”，向客人表达真诚的问候。

## 三、形体姿态

服务人员的站、坐、行等形体，既体现服务人员的素质，也是服务质量的表现。

（一）站姿

1. 站姿规范

服务人员，特别是前台接待和迎宾，站立时应采取标准站姿，头正肩平，挺胸收腹，提臀立腰，眼睛平视，嘴唇微闭，面带微笑，双臂自然放于身体两侧。站立时，要正面对向客人，不可以背部相对。

男性站立时，要表现阳刚之美。可将一只手（一般为右手）握住另一只手的外侧面，叠放于腹前，或者相握于身后，双脚分开与肩同宽。向客人致意时，必须脚跟并拢，双手叠放于腹前。

女性站立时，要表现阴柔之美，双手虎口交叠放于腹前，脚跟并拢。

2. 迎宾站姿

迎宾时的站姿要规范、标准，按基本站姿站立，脚跟并拢，双手相叠放于腹前，表示对他人的尊重。宾客经过时，迎宾人员要面带微笑，向客人行欠身礼或鞠躬礼。

3. 服务时的站姿

向客人提供服务时，保持面部微笑，头部微微侧向客人，手臂可以持物，也可以自然下垂。手臂垂放时，肩部至中指应当呈现一条自然的垂线。

4. 待客时的站姿

待客时，可略微轻松一些，既不失仪态美，又能缓解疲劳。站立时，手脚可适当放松，双手背在身后，双脚略分开，不承担重量的一条腿向外侧稍稍伸出一些；双膝伸直，不能出现弯曲；肩、臂自由放松时脊背要伸直。

（二）坐姿

1. 坐姿要求

服务工作中，只有某些岗位或是允许自己采用坐姿时，才可以坐下。落座要轻，只坐到椅子的三分之一或一半就可以了。坐时应上身挺直，双手相合放于腿上，双膝并拢，双腿与地面垂直或斜放，身体不可靠到椅背上，更不可瘫坐在沙发上。优美的坐姿能体现良好的内在素养。

有客人在时，要请对方先入座。众人面前就座时，要注意尊卑并主动将上座让于尊者、长者。应从座椅左侧就座。就座时不要发出噪声，要减慢速度，放松动作。

2. 离座要求

离座时，要先有表示。如身旁有人在座，应以语言或动作先示意，随后才能起身。

与他人同时离座，要注意起身的先后次序。地位高于对方时，可首先离座，地位低于对方时，应稍后离座，双方身份相似时，可同时起身离座。

要从椅子的左侧离座。离座时，动作要轻缓，避免发出声响，或将椅垫、椅罩撒落在地。

3. 服务工作中的坐姿

**正襟危坐式**：适用于最正规的场合。就座时上身与大腿、大腿与小腿成直角，小腿与地面垂直，双膝、双脚跟部，完全并拢。

**垂腿开膝式**：较为正规，多为男性所用。就座时小腿垂直于地面，双膝分开但不超过肩宽。

**双腿斜放式**：穿裙子的女士在较低处就座时适用。双腿并拢，双脚向左或向右侧斜放，斜放后的腿部与地面呈45° 夹角。

（三）蹲姿

1. 蹲姿要求

服务人员在服务工作中一般不采用蹲姿，只有在工作需要时或特殊情况下，才能采用蹲姿。

服务人员如果需要对自己的工作环境进行收拾、清理时，帮助客人需要蹲姿才能完成时，客人就座处较低，需要为客人提供必要服务时，可采用蹲姿。

2. 蹲姿规范

服务中确有必要采用蹲姿时，可以采用高低式蹲姿。下蹲时，左脚在前，右脚稍后。左脚完全着地，小腿基本垂直于地面；右脚脚掌着地，脚跟提起，右膝较低，可靠于左腿内侧，形成左膝高右膝低之态。

采用蹲姿时，女性应两腿靠紧，男性则可适度分开。

3. 取拿物品

服务人员从低处拿取物品或拾捡落物时，两脚一前一后稍分开，站在要拿或拾的东西旁，下蹲屈膝，一膝着地，同时用手拿取物品。取物时，上身保持正直，背不弯，头不低，切忌下蹲时双腿张开。

（四）行姿

服务行业中，行走是最常见的姿态，采用正确的行走姿势，能体现员工饱满的工作热情，传递积极向上的精神风貌，使客人感觉心情愉悦。

1. 行姿规范

正确的行走姿势是以标准站姿为基础，变静态为动态，目光平视前方，上身挺直，身体重心随脚步变换移动，双手自然摆动，行走轨迹为直线，步履轻快自然、轻松自如，步态优美，富有节奏感。行走时，不拖脚、不扭腰、不摇头晃脑、不跳不跑、不手插口袋。

2. 陪同引领

陪同，即陪伴别人一同行进；引领，指在行进之中为人引路。

陪同引导时，如双方并排行进，服务人员应居于左侧；如双方单列行进，服务人员应居于左前方。服务对象不熟悉行进方向时，不应请其先行，也不应让其走在外侧。行进速度须与对方协调；经过拐角、楼梯或道路坎坷、照明欠佳之处时，须关照提醒对方留意。

3. 服务行姿

酒店等服务企业，一般情况下员工应走专用通道。行走时如遇客人，服务人员应侧身站立，向客人微笑致意，并让客人先行，客人走过后才能继续向前。

餐厅服务员行走时注意步伐稳健，手中的物品不能泼洒，不要与客人产生擦碰。

## 四、服务禁忌

在服务工作中，服务人员的外表形象也要注意相关禁忌。

（一）服饰禁忌

1. 着装

不穿职业装或工作服，服装色彩过于艳丽，穿着随意，衣冠不整，或将肩部、手臂暴露于外。女性丝袜破损，鞋跟过高；男性穿西装不穿袜子或穿浅色袜；餐厅服务员不戴工作帽。

2. 配饰

佩戴首饰过多，珠光宝气，咄咄逼人。

（二）仪态禁忌

1. 面部

女士面无表情，素面朝天，浓妆艳抹，披头散发，头发染成浅色；男士胡子拉碴，头发过长。

2. 眼部

目光斜视、瞟视对方，双眼盯着客人，逼视对方，或者居高临下，俯视客人，视而不见，目中无人，甚至眼露凶光。

3. 手部

指甲过长或藏污纳垢，皮肤皴裂，满手油污。

4. 身体

口腔有异味，体味过重或香气逼人。特别是夏季，更应保持身体的清爽、洁净。

（三）举止禁忌

1. 头部动作

摇头晃脑，东张西望；与客人交谈时，不问内容，一味点头；说话时唾沫四溅，朝客人脸部哈气。

2. 手部动作

敲门时用力过大，或用手掌敲门，持续不断；上茶时手拿杯碗边缘，甚至留下指印；上菜时动作过大，拖泥带水，汤水四溅，污染餐桌或顾客衣物；将尖锐器物（如壶嘴、刀尖、汤勺把等）直指客人；单手抬物，随手丢物；关门时用力过猛，动作粗鲁。

3. 脚部动作

进门前用脚踢门，出门时以脚带门，走路时脚步过急，行走时发出过大声响。

4. 身体动作

身体笨拙，动作缓慢，与客人距离过近，甚至碰到客人。

（四）形体禁忌

1. 站姿

身体歪斜、弯腰驼背，半坐半立、或趴或靠，双腿叉开、浑身乱动。

2. 坐姿

双腿直伸出去，双腿叉开过大，腿高跷在桌上，双手抱腿，手夹在腿间，不停抖腿，脚尖指向他人。

3. 行姿

低头走路，走路时轨迹成S型，横着走路，边走边用手比画，并大声说话。

# 思考与练习

一、问答题

1. 什么是服务?

2. 服务礼仪中的“三A”原则指什么?

3. 简介首因效应、末轮效应。

4. 简介服务语言的主要规范和要求。

5. 试述服务中的形象礼仪要求。

二、案例分析

案例1

在一家星级饭店，一位年轻的妈妈带小女孩上洗手间，为了图方便，就让小孩在洗手盆里小便。当班的服务员看到了，一脸严肃地批评道:“女士，你怎么不讲卫生，这样做是不对的!”一句话引起客人的难堪和不满，随即发生争吵。

请问：服务员的做法错了吗？如果你是该服务员，你该怎么做?

案例2

王先生下榻于某饭店，晚餐时到餐厅就餐，一位五官清秀的女服务员负责接待。她的服务工作做得很好。灯光下，这位服务员面色是很纯粹的白；唇色绯红；眼影是浅咖啡色的；眼线是一个闭合的黑圈，形状恰好勾勒出眼睛的轮廓；眉毛比较细，两头过渡均匀；发髻盘得整洁而华丽。当这位服务员距离王先生两三米远的时候，王先生闻到她身上散发出浓郁的香水味。

根据上面的描写，你认为该服务员的化妆有没有需要改进的地方？如果有，请指出应怎样改进?

# 第十章　接待礼仪

接待特点/座次排序/宾客迎送/引导陪同/
交通礼仪/公务接待/礼宾次序/会议接待/
关键词：真诚细致　灵活应对　迎送引导　礼仪规范

有朋自远方来，不亦乐乎？

——《论语·学而篇》

## 第一节　接待基本要求

接待，是特定社会组织对公务活动中的来访者进行的迎候、接洽和招待，给予对方应有的礼遇。恰当得体的接待能充分展示组织形象，促进双方关系的良性发展。

### 一、接待的特点

接待工作贯穿于日常交往和公关活动、商务活动中，具有突出的特点。

（一）规范性

1. 步骤规范

无论是大型接待，还是一般接待，基本都按四个步骤进行：访前准备——到访——交谈及活动——送别。

2. 活动规范

根据接待对象身份以及拜访目的，从接待范围、接待规模、接待程序、接待安排等方面，都有相应的规范要求。

3. 礼仪规范

接待中迎送、会见、陪同、餐饮、出行等都有相应的礼规，接待人员的言行举止、坐立行走、见面握手、介绍来宾等，都应按规范要求进行。

（二）灵活性

1. 灵活应对

由于主客观原因，接待过程中经常会出现一些预想不到的特殊情况，要根据情况变化，灵活应对。

2. 及时调整

要根据接待对象的身份、地位、职业、兴趣及爱好，根据接待环境的变化，及时调整相关工作，做到原则性和灵活性相结合。

（三）安全协作

1. 安全性

接待中常常涉及到餐饮、会议、出行等活动内容，实施过程中要注意保证各个环节的安全。

2. 协作性

接待工作，特别是大型接待，涉及部门多、范围广，需要各方面相互配合、协调、沟通、理解、支持，形成整体合力。

## 二、接待礼仪原则与要求

接待工作面对不同对象，涉及很多细节，应遵循基本原则与要求。

（一）接待礼仪原则

接待礼仪是指在接待来访客人过程中应该遵守的礼仪规范。接待礼仪的 4 个原则如下。

1. 真诚、务实

真诚、热情是接待的首要原则。对来宾的尊重、友好、照顾和关心，不能只停留在表层，要眼到、口到、心到。做到重友谊而不重讨巧，既传递热情，好客，又不流于形式。

2. 有备、从容

宾客到达前要做好相关的准备工作，熟悉了解来宾情况，安排好交通工具、会议、参观、餐饮等活动，做到周全、妥帖。准备不充分的接待，会因各种疏漏造成宾客不愉快，给人以不受欢迎、主人勉强之感。

即使对不速之客，也应以礼相待，不能因其不请自来或自己不熟悉而嫌弃、毛躁或生涩、冷淡。

**情景**　某高校举办学术交流会，高敏负责报到接待。由于提前熟悉参会人员资料，报到当天，高敏轻松、准确地与各高校参会老师打招呼，同时对部分少数民族老师的就餐做了特殊安排。参会的老师们一下子记住了这个微笑、周到的年轻人，同时对主办方产生了好印象。

3. 与人方便

坚持与人方便的原则，即尽自己的一切可能，满足对方正当、合理的要求，急人之所急，想人之所想。

**情景**　晚上 9 点，参加会议的一位客人拿着刚买的裤子找到接待组的小李，请求找人帮他挑裤脚边，因为明天一早要穿。小李询问酒店，没有这项服务，正焦急间突然想到不远处小区里的家庭式裁缝店。她接过客人的新裤子和做参照的旧裤子，匆匆走出酒店。20 多分钟后，小李回到酒店，将挑好边的新裤子交给客人，客人十分感谢。

4. 适度、有节

接待过程中要注意适度原则。热情固然重要，但太多的热情会让人感到不舒服，甚至感到被侵占了自我的空间和时间。在周到、谦和的同时，不要给人卑贱之感。恰如其分地接人待物，才能真正传递坦诚、可信赖的信息。

（二）接待礼仪要求

1. 热情、周到

接待客人，要充分考虑各方面的情况，做到热情友好，言谈得体，举止恰当，礼貌周到。接待中，不论熟人还是初次见面，上级还是下级，都要遵循平等、热情、礼貌、友善的原则，达到沟通信息，交流感情，广交朋友的目的。

2. 准确、细致

细节决定成败。接待工作中，要注意细枝末节，顺利完成接待工作。从接待人员的服饰着装、化妆修饰、仪态仪表，到座位安排、环境选择，做到细致、准确、恰当。

3. 及时、到位

接待活动中，所有安排要及时、到位，不能出现遗漏，处置不当的情况。

## 三、座次排列

接待中座次安排非常重要，“上座”是对客人的最高礼遇。

（一）原则

1. 面门为上

宾主面对面就坐时，面对房门的座位为上座，应请来宾就坐；主人坐在背对房门的位置。

2. 以右为上

宾主双方并排面门就坐时，以右侧为上座，来宾坐于主人右侧，主人坐于来宾左侧。双方其他人员，按身份由近及远在自己一方顺序就座。

3. 居中为上

若来宾较少，主人一方参加会见的人员较多时，可以请来宾坐中间，主人一方人员围坐两侧或周围。当来宾是上级领导或尊长时，也采用这种座次安排。

4. 以远为上

宾主双方并排就坐，居于房间某一侧时，常以距离房门较远的位置为上座，请来宾就坐，主人坐在距房门较近的位置。

5. 佳座为上

某些情况下，可以根据座位好坏确定座次。一般认为，长沙发优于单人沙发，沙发优于椅子，椅子优于凳子，较高座椅优于较低座椅，宽大舒适的座椅优于狭小而不舒服的座椅。

6. 自由为上

当多人同时来访时，无特殊情况，可不必为来宾安排具体座次，而任由其自行择位。这样，避免了给来宾厚此薄彼的感受，同时让来宾免受拘束，体现了“客随主便”的礼让。

（二）不同情况下的座次排列

1. 办公室接待

当来宾到办公室时，一般有四种座次安排。

**礼仪知识：办公室接待座次安排**

**对立座次**：双方隔桌相望，来宾面门而坐，主人背门而坐。多用于谈判场合。

**桌角座次**：主客分坐桌角两侧，便于双方在比较轻松的气氛中交谈，不至于使对方感到局促和压力。

**同侧座次**：双方关系比较密切，如同事或工作交往的朋友，可坐在桌子同一侧进行交谈。

**主席座次**：当主人同时会见两方或两方以上客人时，主人可面对正门而坐，各方客人可面对面在主人两侧就坐。

2. 会议室接待

当来访人员较多，安排会议室接待时，根据会议桌的不同，可以有不同的座次安排方式。

**礼仪知识：会议室接待座次安排**

**长方形桌**：宾主相对而坐，会议桌纵向对门时，来客位于主人左侧；会议桌横向对门时，客人面向正门，主人背门，主谈人居中，其他参与会谈的人员按左高右低顺序依次向两边排列。如有译员，应安排于主谈人右侧。记录员可安排在后面，也可安排在会谈桌一侧就座。

**圆形会议桌**：圆桌淡化了尊卑概念，体现平等互利原则。入座时，仍以面门为上为首选，地位高者坐这一位置，其余人员在其两侧就座。按国际惯例，举行圆桌会议时，各方与会人员应尽量同时入场。

**主席台会议桌**：面对与会人员就座方向，当主席台人数为奇数时，地位最高者居中而坐，主席台人数为偶数时，地位最高者在中线右侧就座。主持人的位置可以在前排中间也可以在最右端，发言席在主席台正前方或右前方。台下与会人员与主席台面对面，遵循同样的座次原则。

3. 合影座次

合影也要按照一定序列排位，身份、地位最高者居中，其余按照以右为上原则，分列两侧，依序排列。

4. 餐桌座次

餐桌座次的排序原则：面门为上、居中为上、以右为尊、以里为敬。（参见《第六章 就餐礼仪》。）

**情景**　A单位召开座谈会，邀请B单位参加，B单位到会人数为15人。为方便工作，密切A单位与B单位的关系，A单位决定，会议结束后共进晚餐。

负责接待的秘书小张接到任务后，来到宴会现场安排，拟写宴席座位方案时，忙中出错，漏写了本应编在主桌的B单位冯处长。入席时，站在旁边的秘书小张突然看到冯处长在找座位，不由惊出一身冷汗。

# 第二节　迎送接待礼仪

社交活动及公务活动中，根据具体接待情况的不同，有不同的礼仪规范。

## 一、宾客迎送

接待工作中宾客迎送是必不可少的环节，不仅反映接待方的接待水准、礼宾规格，而且反映出对接待对象的重视程度，也表现出双方关系发展的程度。

（一）先期准备

1. 了解来宾情况

接待前要了解来宾情况，包括来宾人数、来访目的及要求、住宿及日程安排、选择的交通工具、到达时间等。了解主宾的单位、姓名、性别、民族、职业、级别、专长等。必要时还需要了解对方的健康状况、政治倾向与宗教信仰。

2. 确定来宾类型

一般而言，来宾主要有以下三类：第一，直接关系来宾，如上级领导、客户、合作伙伴等；第二，间接联系来宾，如媒体记者、参观学习者等；第三，与工作无关的来宾，如上司的亲友、员工的亲属、社团组织等。

3. 确定规格

要根据来宾个性及基本状况，确定迎送规格，安排接待人员。迎送时遵循“身份对等”原则，即由与来宾身份相当、专业对口的人士出面迎送。有时，也可以根据需要或关系程度，安排比来客身份高的人士接待，以体现重视。

来宾地位较高或来访事情较重大时，一般采用高规格接待方式，给客人以较高礼遇。来宾与主人地位对等时，则采用对等接待。

4. 安排计划

接待来宾，特别是重要来宾前，需要预先制订专门的迎送计划，对接待的各个环节应考虑周全、布置周到，不要同时为来自不同地域或不同组织的人举行迎宾活动，这容易让来宾产生不同的亲疏感。

5. 确定人员

迎送人员的确定，以身份对等为原则。若己方与来宾身份对等人员因故不能迎接宾客时，应由其副手或与其身份相近的人员出席，同时向来宾说明并问候。

迎送人员要精简干练，熟悉业务，具有一定应变能力。

6. 关注细节

迎送时，要注意天气、交通、安全三大细节。了解天气变化规律，制订应急预案，避免出现措手不及的情况。

7. 其他准备

接待场地要明亮、安静、整洁、优雅，可适当以花卉盆景、字画等点缀；欢迎横幅、鲜花、杯具、水果、点心等迎客物品要准备好。要力所能及地为客人安排或提供交通工具，为来宾提供餐饮时，要考虑来宾的饮食偏好和禁忌。

（二）迎宾礼仪

1. 接站

客人远道而来或身份较高，主人应该到车站或机场迎接，有事不能前往时，应安排相关人员负责接待，并向客人表示歉意。

2. 会面

“出迎三步，身送七步”，是我国迎送客人的传统礼仪。客人到达时，主人应提前迎接，热情招呼，主动伸手相握，以示欢迎，同时要说“路上辛苦了”、“欢迎光临”、“您好”等寒暄语。客人手中有重物时，应主动接过，对长者或身体欠佳者应主动搀扶。

**提 示**

**迎宾五注意**

**见面**：握手、介绍、递接名片要符合礼仪规范。

**帮助**：来宾提有重物应该主动接过，但不能帮来宾拿手提包、手中的外套、公文包、密码箱。

**关心**：对长者或身体不好的来宾应上前搀扶，以示关心。

**献花**：迎接普通来宾，一般不需献花；迎接重要来宾，可以献花。可以只向主宾献花，也可向所有来宾分别献花。

**迎接**：迎接大批来宾，可事先准备特定标志，让来宾从远处即可看清；对初次前来又不认识的来宾，应主动打听，并自我介绍；对比较熟悉的来宾，向前握手，互致问候即可。

3. 上车

乘车时，应主动为来宾开车门，请主宾在轿车上座就座后，自己再就座。车到达目的地后，自己先下车，为来宾打开车门，请来宾下车。（参见《第五章 社交行为礼仪》）

4. 到达

到达后，引导来宾进入会客室，主动开门，让来宾先进，并将室内最佳位置让给来宾，请来宾首先就坐。若遇来宾脱下帽子、外套、大衣等，应主动接过，妥当存放。

远道宾客需住宿，应主动协助来宾办理入住手续并将客人领进房间，陪客人稍作停留，向客人介绍本地气候情况，提供活动计划、日程安排、地图或旅游指南，介绍餐厅用餐时间和主要接待安排，了解来宾的健康状况及服务要求等。安排就绪后，可告辞离开。

（三）接待

1. 入室介绍

接到客人后，应热情相待，亲切招呼并请客人入室。入室后，向客人介绍在座的领导、同事、家人等其他人员。

2. 就座

遵循面门为上、居中为上、以右为尊、以远为上，佳座为上、自由为上的原则，安排客人在最佳位置就座。

如果未等主人让座，客人已自己选定座位，主人应顺其自然。

3. 上茶

奉茶是传统的待客之道。客人坐下后，主人要及时奉上茶点。

茶壶、茶杯要干净，茶水浓度适中，茶斟七、八分满，敬茶时，双手奉上，先客后主，客人较多时，应按级别或长幼依次敬上。待客时，还可适当准备水果、点心。

4. 交谈

与客人交谈，要聚精会神，可选择客人感兴趣的话题，不时微笑、点头，做出反应。谈话过程中，不随便插话，也不能忙于其他事务，不理会客人或答非所问，更不要打哈欠，频频看表。

（四）送客

1. 给客人告辞的机会

交谈中，客人说得差不多时，主人应减少说话，不再主动挑起话题，不再添加茶水饮料，以留给客人告辞的机会。

2. 婉言相留

客人提出告辞，主人要表示挽留，客人一定要走，主人要尊重客人意见，以免客人为难。

3. 送客

客人尚未起身，主人不能起身相送，也不要主动伸手握手。待客人主动起身表示告辞后，主人礼貌告别，并说“欢迎再来”，将客人送至门外，等客人走远才可关门。

4. 恰当安排，灵活操作

根据客人具体情况安排送行，送别地点可相对灵活。对短暂拜访、常来往、职位低的本地来宾，一般送到办公室、会议室或单位门口；对外地来宾，安排好交通工具后，可到来宾驻地或酒店，陪同来宾前往车站、码头、机场，也可直接前往车站、码头、机场恭候，根据具体情况，也可举行专门的欢送仪式。

## 二、引导、陪同

接待中的引导、陪同，指迎宾人员为来宾带路，或陪同对方前往目的地，是迎宾活动中给予来宾的礼遇，使来宾感到踏实、温馨。

（一）陪同礼仪要求

1. 自始至终

了解客人综合情况，明确接待方案，熟悉全过程，注意各个环节的衔接。接待中，陪同人员不能过多，中途不得换人或不辞而别。

2. 照顾来宾

来宾停留期间，陪同人员要自始至终关注来宾，为其工作、生活提供方便。对来宾提出的正常、合理要求，应尽量满足，但不能随意越权许诺。

3. 坚守岗位

陪同人员应坚守岗位，不能以任何借口脱岗。平时，不仅要做到随叫随到，还应自觉做到在规定时间之前到岗。

4. 结伴而行

特殊情况需陪同到客人房间时，原则上应由两人陪同前往。

（二）引导礼仪

宾主所处位置不同时，接待引导的情况有差异。

1. 宾主双方并排行进

引导者走外侧，来宾走内侧。如果三人并行，位置最高者居中，内侧次之，外侧最低。

2. 宾主单行行进

引导者一般行走在来宾左前方数步位置。引导时尽量保持侧身对向来宾，不能把后背正对来宾。遇到转弯或上楼梯时，要提醒来宾注意，并回头用手示意。

3. 上下楼梯

上楼时，来宾走前面，引导者走后面；下楼时，引导者走前面，来宾在后面，上下楼梯时，应注意客人的安全。

4. 乘坐电梯

如电梯上有专人服务，应请来宾先进、先出。

如电梯无人服务，引导者要先进后出，以便操控电梯按钮，照顾来宾进出。

5. 出入房门

进出会议室、办公室房门时，引导者应主动替来宾开门或关门。当房门向里开时，引导者应先进去按住门，再请客人通过；房门往外开时，应拉开并按住门，请客人先通过，再轻掩房门，赶上来宾。

6. 就座

来宾走入会客厅，引导者应用手指示，来宾坐下后，行点头礼后才能离开。如果来宾错坐在靠门一方的下座，应请其改坐上座，如果来宾坚持，可不必勉强。

（三）引导要求

陪同引导时，要做到人到、手到、话到。

1. 人到——引导者

通常是由接待方的接待、礼宾、办公室或秘书等，负责引导；来宾身份很高时，可由接待方主要负责人，或上级单位主要负责人担任引导。

2. 手到——引导手势

指示方向时应掌心向上，手臂伸直，四指并拢，大拇指张开，上体稍前倾，面带微笑。引导手势要诚恳、恭敬、有礼貌。使用引导手势时，不能用单个手指。

3. 话到——引导提示

**提示目的地**：引导来宾前行时，应提前主动说明并简要介绍即将到达的目的地，如“我们现在前去张校长的办公室”。

**提示会见者**：引导来宾前往会晤不认识的人员时，要提前告知来宾，如“李副局长在会客室恭候各位”。

**提示方向和安全**：引导行进过程中，在拐弯、上下楼梯、过人行横道前说“请这边走”，向来宾提示方向；上下台阶，经过拥挤、不平道路时，要叮嘱“请大家留神脚下”或“请注意……”，提醒来宾注意安全。

（四）陪同参观

陪同来宾参观访问时，除上述礼仪规范要求外，还要注意5个规范。

提 示

**陪同参观的5个规范**

1. 陪同来宾参观访问，应提前10分钟到达。
2. 参观过程中，注意引导、提示，进出门户、拐弯或上下楼梯时，要提示方向和安全。
3. 参观地点较大时，可以提前给来宾准备好地图或参观示意图，便于来宾了解和掌握情况。
4. 参观过程中，要适时向客人宣传、介绍，把握好时间节奏，不能冷落来宾。
5. 参观结束后，将客人送上车或送回宾馆后，再告别。

## 三、交通礼仪

接待方在接待活动中，为来宾安排、准备、挑选、使用交通工具时，要遵守相关礼仪规范。

（一）基本要求

1. 做好安排

接待中要准备必要的交通工具，车辆的选择要与来宾的身份、地位相符。

2. 精心准备

为来宾安排、准备交通工具时，要优先考虑对方的日程安排。交通工具要方便、舒适、顺畅、快捷，并落实专人负责具体工作。

3. 安全至上

接待工作中，要树立安全意识，采取安全措施，遵守安全规章，保证接待工作的顺利进行。

（二）原则

来宾乘坐交通工具时，座次安排要遵循以下原则。

1. 符合常规

为来宾安排交通工具座次时，要符合常规。

2. 主随客便

有时接待者还没引领，客人已经先上车就坐，这时，要尊重来宾自主的座位选择，不必拘泥于成规。这也是给来宾的最好礼遇。

3. 照顾协助

来宾乘坐交通工具时，接待人员应主动热情地给予帮助和照顾，包括上下车时加以护送，提供必要的饮食药品等。

（三）座次安排

1. 轿车座次

根据来宾身份和驾车者身份的不同确定座次。来宾身份地位较高，专职司机驾驶时，座次依次为：右后座，左后座，中后座，副驾驶座；主人驾车时，座次依次为：副驾驶座，右后座，左后座，后排中间。接待高级领导、高级将领或高级专家，“VIP”上座为驾驶座后面的座位，即左后座，其余顺序依次为：右后座、中后座、副驾驶座。（参见《第五章 社交行为礼仪》。）

2. 吉普车座次

吉普车底盘高，功率大，减震及悬挂太硬，后排比较颠簸。无论是主人驾驶还是司机驾驶，座次依次为：前排右座，后排右座，后排左座。

3. 客车座次

前座高于后座，右座高于左座；距离前门越近，座次越高。

4. 火车座次

距离火车头越近的车厢，位次越高。距离车厢中部越近的包厢、铺位或座位，位次越高。与火车行进方向一致的一侧为上位，背对火车行进方向的另一侧为下位。同排座位中，靠窗者为上座，靠通道者为下座；同向行驶的座位中，右座高于左座。

5. 客轮

客轮舱位通常有等级之分，等级越高，乘坐时就越舒适。一般而言，距离水面越高，舱位越舒适，位次越高。同一平面舱位中，单人间优于多人间，多人间优于通铺。在同一档次舱房中，离通道出口越近，位次越高。同一间多人住宿的客舱中，距舱门近者为下位，距舱门远者为上位。

6. 飞机

飞机上的座次尊卑，头等舱优于经济舱。同一档次的舱位，可以根据来宾喜好安排。喜欢欣赏窗外景致者，可以安排靠近舷窗的位置；喜欢活动者，则可安排通道两侧或靠近应急出口的位置。

**情景**　有一位德国专家到日本工作，常往返于东京、大坂之间。几周后他发现，他每次的座位窗口都朝着日本的圣山——富士山。这件事令那位德国专家激动不已。

# 第三节　公务接待礼仪

公务接待是相对商务接待、民间接待而言的，是党的机关、国家权力机关和行政机关等组织开展的相关接待工作。

## 一、公务接待

党政机关、组织在对外交往和公务活动中的接待事务和活动，是日常党政机关工作中的重要部分。

（一）接待种类

公务接待的种类很多，常见的公务接待类型主要有以下五种。

1. 视访接待

视访接待是指对上级领导到本地区、本单位的视察、检查指导进行的接待。视访中，人数有多有少，时间有长有短，目的也不尽相同，情况复杂，任务重、责任大，接待时要根据不同情况，作出妥善安排。

2. 下级来访接待

下级机关单位和有关人员到本部门办理相关事务时，也应给予相应的接待。这类接待，一般时间较短，不用专门安排，但也不能掉以轻心，马虎应付。

3. 内宾接待

内宾接待是指对兄弟单位来宾前来参观、学习、访问进行的接待。来宾一般由领导带队，有一定规模，需数天时间。接待中要周密安排，热情、细致。

4. 公众接待

社会组织经常要接待一些前来办事、投诉、采访的有关人员。这些来访者多为“不速之客”，接待时要热情、耐心，尽量给予帮助，力所能及地帮助解决有关问题。

5. 外宾接待

对国外来宾及海外侨胞的接待要特别注意。有些接待由专门部门负责，如外事部门、侨办、台办等；有些接待则需要有关部门承担或协助。这类接待政治性较强，体现国家的外交政策，要按照外事接待规定和礼仪规范进行。

（二）接待原则

1. 热情、诚恳

俗话说“情暖三冬雪，善待天下客”，公务接待中，无论来宾身份高低，都应一视同仁，热情真诚，语言、行为恰当。

2. 行为举止

接待人员要面容清洁，衣着得体，稳重端庄，风度自然，从容大方，声音适度，语气温和，和蔼可亲，礼貌文雅。

3. 细致、周到

接待前，要拟定完整接待方案，反复核查来宾信息，避免因情况变化引起的工作忙乱，细节安排要细致、周详，不能因小失大。

**情景** 某单位接待前来工作调研的上级领导。按计划来宾乘CA102航班抵达，办公室刘主任带工作人员从上午8点等到下午2点，也没接到人，只好回单位。刚到办公室，对方来电话说飞机抵达了。原来上级领导的航班是CA1012，抵达时间已附在之前发的传真上，由于疏忽，相关工作人员把航班号错记为CA102，并漏记了抵达时间。刘主任赶到机场，接到上级领导，并对没有仔细阅读原计划，搞错航班抵达时间，让客人久等表示歉意。

4. 按章办事

各级公务接待，对接待规格、车辆档次、餐饮标准等都有相关的规定，要严格按章办事。参与接待的工作人员要做到：重要问题请示，职责范围以外的事项不随意表态，不向客人索要礼品，对方主动赠送时，应婉言谢绝。

**案例：高规格接待**

国外某投资集团十分看好某地独特的旅游资源，在有关部门努力下，基本上决定投巨资开发旅游资源。为进一步落实投资具体事宜，该投资公司派出以董事长为团长的高级代表团来该县进行实地考察。当地县政府对这次接待活动格外重视，接待规格之高也史无前例。县政府在代表团到达当天举办盛大欢迎宴会，出席宴会的外方代表团成员共8人，中方陪同人员100人。宴会菜肴丰盛，不仅有从海南空运的龙虾、鲍鱼，还有当地特有的山龟、果子狸，并专程从北京全聚德请来一级厨师制备地道的北京烤鸭，其规模和档次很高。

然而，面对主人热情洋溢的祝酒辞及丰盛的山珍海味，外方代表团成员却没有中方陪客那样兴奋，对中方的盛情款待似乎也并不领情。第二天，代表团参观了当地尚未开发的旅游资源。外方赞不绝口，却没有按照之前的约定签署投资协议。为什么如此高规格的接待却没有达到预期效果？县政府领导百思不解。

5. 保守秘密

接待中，不随意向无关人员透露来访者的私人信息、行程、路线等，不轻易对来访者谈论本单位内部事务。

## 二、礼宾次序

礼宾次序指公务接待中，对参加团体或个体按一定规则和惯例进行位次排列的先后次序。礼宾次序不仅体现主人对宾客应有的尊重和礼遇，也体现了宾客之间的平等地位。常用的礼宾排序方式主要有以下 5 种，具体排序时，可以采用其中某一种，也可以几种方式兼用。

（一）按行政职务高低排序

1. 正式活动

政务活动、商务活动、学术活动乃至军务活动时，可按照来宾行政职务的高低进行排序。排列时以行政职务高低为主，可以不考虑男女、长幼之别。

2. 接待不任现职人士

接待不再担任现职的人士时，一般以其所担任的最高或最后的行政职务作为排序依据。如果不任现职者与担任现职者同时到场，以“现任高于原任”的原则，将其排列于对方之后。如果需要同时排列多位曾原任同一职务者时，可以任职时间早晚为序，将任职较早者排列在前。

3. 接待多方团队

应按其团长或领队的行政职务的高低进行排序。

（二）按拼写字母先后排序

在国际组织举行活动、国际会议或体育比赛时，一般按照来宾所在国家、地区、组织或所在单位具体名称拼写的字母先后为序。

1. 拉丁字母顺序

按照国际惯例，字母顺序通常是指拉丁字母顺序，而不是某国法定文字的字母顺序，这样做的目的是为了维护国与国之间的平等。

2. 起始字母相同时

当进行排序的两个或两个以上的国家、地区、组织、单位名称的起始字母相同时，应以第二个字母作为排序依据；如第二个字母依旧相同，则以第三个字母作为排序依据；依此类推。

（三）按时间先后排序

1. 按抵达前后排序

按照来宾正式抵达活动现场的具体时间的前后排序，通常被称为“以先来后到为序”。国际交往中，主要适用于一些特定的外交场合、非正式场合，以及前两种排列方式均难以运用的场合。

2. 按报名时间排序

按来宾报名参加活动的具体时间早晚排序，适用于以下活动：跨国举行的招商会、展示会、博览会、陈列会等大型商贸类活动。在其他排列方式均不适用的情况下，也可采用这种排列方式。

（四）按宾主地位排序

在多方接待中，除主办方之外，如果还有其他组织或单位人员到场，可采用“先宾后主”的方式排序：来访者居前，其他单位人员居中，东道主居后。

（五）不排序

不进行正式排序，是特殊形式的排列，一般称为“不排列”或“不排序”。在多方接待中，在没有必要进行顺序排列，或者用其他方式难以排列的情况下，可以使用这种排序方式。

## 三、会议接待

会议接待是接待部门的经常性工作，为会议成功举办提供必要的物质条件和服务保障。

（一）会议接待特点

1. 综合性

会议接待涉及从礼宾服务到食宿安排、车辆保障、医护防疫、安全警卫，从会场布置、接送站到招待晚宴设计、内外联络等环节，是一个系统工程。

2. 标准化

接待服务标准化是会议接待的基础。要求服务技术技能、动作和程序到位，服务效率、熟练性和文明程度高，以最大限度地满足来宾需求，让来宾满意。

要做到接待服务标准化，接待人员要熟练掌握职责范围内的工作流程和标准，明确岗位职责，掌握工作流程和评价标准。

情景　某个会议将来宾分别安排在甲、乙两个宾馆。会议报到当天，甲宾馆的接待工作做得很好。但在乙宾馆，却没有接待人员迎候、值守，以至于来宾找不到签到处，晚饭时找不着餐厅，引起来宾不满。

会议安排到外地参观考察，当车队走了近100公里，发现前面修路。此路不通，只好折回，从另一条路去目的地。经过这一“折腾”，来宾的心情可想而知。

3. 个性化

指对重要宾客实行一对一“管家式”服务，及时了解掌握来宾的个性化需求及风俗习惯、宗教禁忌、情感爱好等信息，对餐饮配备、住宿安排、出行保障、医疗保健等事项相应地进行个别安排。

实现“个性化”服务，既要强调来宾个体“个性”，也要关注参会群体“个性”。还要充分发挥接待方、接待地的个性，形成会议接待的地方特色和文化特色。

4. 热情与节俭

会议接待中，要以客为尊，一视同仁，殷勤对客，重视细节，让宾客产生舒适、愉悦的体验，形成和谐、融洽的接待氛围。

接待中，要从实际出发，节俭朴实，注重实效，控制活动的规模、时间、参加人数，降低会议成本。

提 示　**会议接待中要注意的问题**

主动了解参会者情况；

对新老朋友一视同仁，热情相待，不厚此薄彼；

周到、细致，不失原则；

举止大方得体，符合礼仪要求。

（二）会前筹备

1. 确定接待规格

根据会议规模，确定会议规格。一般而言，会议规模由主持单位决定。

内部工作性会议讲究效率，可以不拘形式；上级领导到场出席的会议，形式上可以隆重些。邀请面广、涉及领域多、参会者众的大型会议，一般由一位主要领导直接负责会议准备工作，成立会务组，研究布置会议接待的有关工作。

2. 发放会议通知和会议日程

会议通知要写明召集人姓名或组织、单位名称，会议举行时间、地点，会议主题及参加者，会务费、应带材料、联系方式等。通知后面要附回执，以确定受邀者是否参会，是否有其他要求等。对外地参会者，还要附上到达会议地点和住宿宾馆的交通路线图。

会议日程是会期内每天的具体安排，可以用文字也可以用表格，可以随会议通知一起发放，也可在会议报到时发放。

一般会议通知可提前 15 ~ 30 天左右寄出，这样可使对方有充足时间寄回会议回执，明确参会人数和身份。

大型会议、国际性会议的会议通知，则应提前数月或半年寄出。

3. 选择会场

选择会场，要根据参会人数和会议内容综合考虑。会场选择应大小适中，地点合理，附属设施齐全，交通方便。

> **情景**　在某饭店举行的在华外资银行负责人会议，是中国银行业监督管理委员会成立后的首次大型会议，与会客人都是国际知名企业总裁和金融界知名人士。会议承办方深知此次会议的重要性，给予了特别的重视。
>
> 会议进行过半时，忽然停电，灯灭了，话筒没声了，电脑、投影仪都不能运行了，会场弥漫着紧张气氛。经过紧张的检查、修理，10 分钟后恢复了供电，原因是同声传译室里，矿泉水泼溅到台灯插座里，造成线路短路。

4. 会场布置

会场布置包括四周的装饰和坐席的配置。

大型会议，可根据会议内容，场内悬挂横幅，门口张贴欢迎和庆祝标语。还可在会场内摆放适当的盆景、盆花；为使会场庄严，主席台上可悬挂国旗、党旗或悬挂国徽、会徽。桌面上如需摆放茶杯、饮料，应擦洗干净，摆放美观、统一。

坐席的配置要与会议风格和气氛相协调，讲究礼宾次序。

5. 准备会议资料

**文件**：会议所用各种文件材料，一般应在会前准备妥当，包括会议议程、开幕词、闭幕词、主题报告、大会决议、典型材料、背景介绍等。有的文件可在与会者报到时下发。

**物品**：如笔、记事本等，整理后放在文件夹中发放给与会者。

（三）会议期间

1. 做好例行服务

会议举行期间，要安排专人在会场内外负责迎送、引导、陪同与会人员。对与会的贵宾以及老、弱、病、残、孕者，少数民族人士、宗教界人士、港澳台同胞、海外华人和外国友人，还需重点照顾。对与会者的正当要求，应有求必应。

2. 会议签到

大型会议或重要会议，通常要求与会者在入场时签名报到。签到的通行方式有：签名报到，交券报到，刷卡报到。

3. 餐饮安排

会议时间较长时，要为与会者安排会间的工作餐。同时，为与会者提供干净、卫生的矿泉水。

（四）协助返程

大型会议结束后，主办单位应协助外来与会者，为他们提供返程便利。当团队与会者或与会的特殊人士离开本地时，还可安排专人为其送行，并帮助其托运行李。

# 思考与练习

一、问答题

1. 接待中常用的礼宾次序是哪些?

2. 引导来宾上下楼梯时,应该注意哪些问题?

3. 两个单位就有关问题进行商谈,双方各有五个人参加,分别是:局长、副局长、办公室主任、对口部门负责人、秘书。会议桌为长型,请为双方安排座次。

4. 公务接待一般分几种类型,分别如何应对?

5. 谈谈你对会议接待中热情与节俭的看法。

二、案例分析

案例 1

一天上午,惠利公司前台接待秘书小张匆匆走进办公室,像往常一样进行上班前的准备工作。她先打开窗户,接着,打开饮水机开关,然后,翻看昨天的工作日志。这时,一位事先有约的客人要求会见销售部李经理,小张一看时间,他提前了 30 分钟。小张通知了销售部李经理,李经理说正在接待一位重要的客人,请对方稍等。小张就如实转告客人说:"李经理正在接待一位重要的客人,请您等一会儿。"话音未落,电话铃响了,小张用手指了指一旁的沙发,没顾上对客人说什么,就赶快接电话去了。客人尴尬地坐下……待小张接完电话后,发现客人已经离开了办公室。

问题:请指出本案例中小张的不足之处。

案例 2

某分公司举办一次重要会议,参加会议者包括总公司总经理和董事会的部分董事、当地政府要员和同行业知名人士。会议桌被布置成 U 字形,工作人员按下列位置摆放座签:分公司领导坐在长 U 字横头处,其他参会者坐在 U 字两侧。贵宾们进入会场,按座签就座。时间到了,分公司领导宣布会议开始时,发现会议气氛不对,几个贵宾相互低语后借口有事站起来要走,分公司领导不知道发生什么事或出了什么差错,非常尴尬。

问题:请指出此案例中的失礼之处。

案例 3

泰国一项庞大建筑工程向美国公司招标。经过筛选,剩下 4 家候选公司。泰国代表团前往美国亲自去各家公司商谈。代表团到达芝加哥时,那家工程公司忙乱中出了差错,没仔细核对飞机到达时间,未去机场迎接泰国客人。泰国代表自己找到芝加哥商业中心的一家旅馆住下,他们打电话给那位急促不安的美国经理,听了他的道歉后,同意第二天 11 时在经理办公室会面。第二天美国经理按时到达办公室等候,直到下午三四点钟才接到客人的电话说:"我们一直在旅馆等候,始终没有人前来接我们。我们对这样的接待实在不习惯。我们已订了下午的飞机赴下一个目的地。再见吧!"

问题:为什么泰国客人表示"对这样的接待实在不习惯"并离开了?

# 第十一章　中国传统礼仪

礼仪经典/五礼/通过礼仪/人生仪礼/
关键词：传统　交流沟通　通过仪式　人际纽带

不学礼，无以立。

——孔子

## 第一节　古代礼仪

中国人自古尚礼，有“礼仪之邦”的美誉。中国古代因有礼仪之大、服章之美，故美称华夏。《周礼》、《仪礼》、《礼记》提出政治、行为等方面的规范，是中国古代论述礼仪的重要典籍，被称做是中国礼仪规范的渊源。五礼指吉礼、嘉礼、凶礼、宾礼、军礼，是古代人生重大事件的相关礼仪规范。

### 一、礼仪经典

《周礼》、《仪礼》和《礼记》是中国古代乃至世界文明史上的三部礼仪学名著，不仅是古代文人必读的经典，而且是历代王朝制礼的基础。

（一）《周礼》

1. 简介

《周礼》收集了周代各种官职制度和名称，详细论述各种官职的名称和职权范围，通过官制表达治国理想，内容丰富，涉及社会生活的各个方面。

2. 形成礼的体系

《周礼》中记载的包括祭祀、朝觐、封国、巡狩、丧葬等国家大礼，用鼎制度、乐悬制度、车骑制度、服饰制度等具体规制，以及礼器等级、组合、形制、度数等，形成了十分完备的礼仪体系。

（二）《仪礼》

1. 简介

《仪礼》记载周代各种礼仪，特别是士大夫礼仪，包括冠、婚、丧、祭、朝、聘、射、飨诸礼仪，是了解和研究春秋战国时期的各种礼仪制度的宝贵资料。

2. 记载礼仪制度

详细记载了当时的礼仪制度章程，对统治阶级和知识阶层的衣食住行、婚丧嫁娶、待人接物等做了详细的规定。

（三）《礼记》

1. 简介

《礼记》是中国古代重要的典章制度书籍，是儒家解说《仪礼》的文章选集和资料，也是儒家的资料汇编。对了解和研究中国古代礼仪制度、日常礼仪规范和儒家礼仪思想，具有重要意义。

2. 礼乐为核心

《礼记》辑录了战国至西汉初期儒家的各种礼乐理论及礼乐制度，强调礼仪对于稳定社会秩序，协调人际关系，成就道德人格的重要意义。

《礼记·仲尼燕居》中有“子曰：‘礼也者，理也。乐也者，节也。君子无理不动，无节不作。’”强调礼就是理。

《礼记·月令》中有“勉诸侯，聘名士，礼贤者”，认为礼是对人的尊敬和礼貌。

《礼记·表记》中有“子曰：‘不辞不相接也，无礼不想见也，欲民子毋相褻也。’”礼尚往来，是自古相传的习俗。

**案例：程门立雪**

程颢、程颐兄弟俩都是宋代极有学问的人。进士杨时，为了丰富自己的学问，毅然放弃高官厚禄，拜程颢为师，虚心求教。后来程颢死，他又和朋友游酢到洛阳拜程颢的弟弟程颐为师。去时正遇上程老先生闭目养神，坐着假睡。这时候，外面开始下雪。两人求师心切，便恭恭敬敬侍立一旁，不言不动，等了大半天。程颐醒来，见杨时、游酢站在面前，吃了一惊，说道：“啊，啊！他们两位还在这儿没走？”这时，门外的雪已经积了一尺多厚，杨时和游酢并没有一丝疲倦和不耐烦的神情。

## 二、吉礼

祭祀之事为吉礼。吉礼居五礼之首，主要是对天神、地祇、人鬼的祭祀典礼。《礼记·祭统》说：“礼有五经，莫重于祭。”

（一）国家祀典

国家祀典主要有封禅、郊祀、祭社、腊祭、五祀、高禖、宗庙祭祀、傩祭等样式。

1. 封禅

封禅是皇帝祭天地的大典，在泰山筑坛祭天，称为“封”；在泰山下的小土山建台祭地，成为“禅”。秦始皇、汉武帝、汉光武帝、唐高宗、唐玄宗、宋真宗等皇帝都曾登泰山封禅。

2. 郊祀

郊祀是皇帝在京城外郊地举行的祭天地仪式。北京的天坛、地坛、日坛、乐坛就是明清皇帝郊祀的地方。

3. 祭社

祭社是专祭大地、作物神和高山大川的仪式。社是土地之神，稷是作物之神，社稷的祭祀是农业国中重要的祭典。社的规格很多，从皇帝到平民都有祭祀。

4. 腊祭

腊祭是农历十二月时庆祝丰收，祭祀先祖和百神的一次大典。所祭神包括农神、作物神、田间亭舍道路诸神、兽神、水利设施神等，是丰收之后对神灵的报谢。

5. 五祀

五祀即对家宅之神的祭祀活动。春祭户，夏祭灶，季夏祭中霤，秋祭门，冬祭行。汉魏时将“行”改为“井”、“中罶”。最初是国家祭典，后来成为民间礼俗。今天，民众对门神、灶神、井神、厕神、床神一类的崇拜和祭祀也非常普遍。

6. 高禖

高禖是古代的生育神，皇室祈求生子的仪典。

**案例：金章宗高禖之祀**

明昌六年（1195 年），金章宗因未有子，行高禖之祀，“筑坛于景风门外……坛如北郊之制，岁以春分日祀青帝，伏羲氏，女娲氏，凡三位，坛上南向，西上。姜嫄、简狄位于坛之第二层，东向，北上”，仪式最后，“后妃嫔御皆执弓矢东向而射”（《金史·礼志二》）。

7. 宗庙祭祀

宗庙，或称庙寝，古代天子、诸侯祭祀祖先的地方。宗为尊，庙为貌，先祖之形貌所在。祖先崇拜和祭祀，体现权力传承的威严和秩序，宗法社会中，上至帝王公侯，下至庶民百姓，每个家庭都十分重视宗庙祭祀。

**案例：武则天立嗣**

武则天做了大周朝皇帝，自然也要按武氏先世立太庙。但女皇帝在立嗣问题上陷入困境：如果维持武姓天下，立侄子为太子，到武则天身后，“岂有侄为天子而为姑立庙乎！”根深蒂固的宗庙血缘观念，最终促使武则天复立被废的儿子李显，还政李氏。面对传统礼制，女皇帝也不得不屈从，使自己的武周王朝一世而终。

8. 傩祭

傩祭是迎神和驱逐疫鬼的礼仪。古代分为国傩、军傩、寺院傩和乡人傩。国傩是朝廷大典。

（二）民间祭祀礼俗

民间祭祀礼俗有祈龙求雨、文庙武庙祭祀、行业祖师爷祭祀、对财神喜神及各种俗神和地方保护神的祭祀，也包括祭祖、庙会等。

1. 祭祀模式

民间祭祀仪式，一般按照“迎神——酬神——送神”的模式安排，按照祭祀仪式规模和仪式主持人情况，有不同的类型。

2. 以家庭为单位

由家庭成员在家中自行主持、随时随地皆可举行的小型祭仪，如早晚焚香祷告、通常的祭祖等。

3. 祭师主持的小型祭仪

以家庭或部分家庭联合为单位，请当地专门从事祭仪的人，如巫师、祝司等主持的祭仪，如东北地区的萨满跳神、南方的傩仪、吴越一带的神歌等。

4. 多功能的大型祭仪

以相当规模的地域为单位的大型祭仪，庙会为常见形式。演变至后代，成为集祭祀、社交、商贸、娱乐于一体，成为当地民众的一个传统节日，如蒙古族的“敖包”，西南地区的盘王节等。

## 三、凶礼

丧葬之事为凶礼。用于吊唁家国忧患的礼仪活动，表现人生历程的死亡及对亲友的凭吊、慰问、抚恤等。凶礼是哀悯、吊唁、忧患之礼。

1. 丧礼

对不同关系的人之死亡，通过服丧过程表达不同程度的悲伤。此中对服丧时间、丧服样式、举哀程序、殡丧格局等，都有严格而琐细的规范要求。

2. 荒礼

当某一地区或国家遭遇饥馑疫疠时，国王与群臣采取减膳、停止娱乐等措施表示同情。

3. 吊礼

对同盟国或挚友遭遇死丧或水、火灾祸时进行的吊唁慰问。

4. 禬礼

当同盟国中某国被敌国侵犯，城乡残破，盟主国会合诸国，筹集财货，偿其所失，给予支持。

5. 恤礼

当某国遭受外侮或内乱，其邻国给予援助和支持，派遣使节前往慰问。

以上五种礼仪中，禬、恤是国家事务，只有国王和宰臣才可实行此礼；丧、荒、吊则不仅可由国王施行，各级贵族也都举行。此类礼制在民间也随处可见。民众之间的哀悯抚恤救助慰问，成为亲友邻里之间的重要礼俗。

## 四、军礼

军旅之事为军礼，是国家有关军事方面的礼仪活动。

1. 大师之礼

天子亲自出征的仪礼，威仪盛大，目的在于激起国民为正义而战的热情。

2. 大均之礼

王者和诸侯在均土地、征赋税时举行的军事检阅，以此安抚民众。

3. 大田之礼

天子的定期狩猎活动，以练习战阵，检阅军马。

4. 大役之礼

国家兴办筑城邑、建宫殿、开河、造堤等大规模土木工程时举行的仪式。

5. 大封之礼

勘定国与国，私家封地与封地间的疆界、树立界碑的一种活动。

秦汉以后，军礼的范围开始缩减，主要表现为帝王率军亲征前的出师礼、帝王任命大将出征的礼仪、大军凯旋而归时的献捷献俘礼、大阅礼、田猎礼等。

## 五、宾礼

宾客之事为宾礼。宾礼是邦国间礼遇亲善、接待宾客之礼。

1. 诸侯朝见天子

春见曰朝，商议一年的施政大事；夏见曰宗，商谈治理天下的谋略，决定去取；秋见曰觐，排列各个邦国治政的功绩；冬见曰遇，协商统一治政的谋略。

2. 会

周天子有征讨大事时，一方诸侯临时朝见天子，协助天子商讨征伐大事，向四方发布政令。

3. 同

天下四方诸侯朝见王者，王者发布治政纲领。

4. 问

远近诸侯不定期地派遣卿下大夫级使臣向王者问安。

5. 视

远近诸侯每隔三年派遣卿一级使臣向王者问安。

秦汉以后，宾礼在朝廷礼制方面主要演变为朝臣朝觐皇帝时的礼仪、皇帝出巡时的礼仪、王朝与周边国家使臣之间的交往礼仪等。后者则又演化为外交礼仪。同时，它也影响到了民间礼俗，成为各级官员之间的相见礼和平民百姓交往的日常礼仪。

## 六、嘉礼

冠婚之事为嘉礼，用以协调人际关系，沟通联络感情，逢嘉庆相欢时举行。

1. 燕飨之礼

君王以酒食宴请四方宾客，是一种官方礼仪。

2. 饮食之礼

家族中的宴请活动，平安无事时设宴，以叙亲族情谊；有大事需谋划时，设宴共同商议，集思广益。

3. 婚冠之礼

婚礼和冠礼是古代两种重要的人生礼仪。

**婚礼：**结婚时举行的仪式分为纳采、问名、纳吉、纳征、请期、亲迎六礼。

**冠礼：**男子二十岁成年行加冠礼，之后方可出仕做官，成家立业、生儿育女；女子满十五岁行笄礼，把头发挽成一个髻，用簪固定，表示成年。

4. 宾射之礼

射礼的一种，是君王与朋友故旧比试射艺，作为宴饮的助兴。后来出现了一种“投壶”礼，用箭投壶，以投中多少决胜负，负者罚饮酒。射礼的目的在于亲近新朋故旧。

5. 脤膰之礼

君王把宗庙社稷祭祀之肉赐予同姓之国，表示同享福禄，借以增进彼此之间的感情。

6. 贺庆之礼

有婚姻甥舅关系的异姓诸侯国有喜庆之事时，君王亲自或派人前往祝贺，并馈赠一定规格的礼物，表示庆贺。

7. 优老之礼

优老指对老年人的优待政策，朝廷敬老、养老的礼仪，往往由国家颁布律令加以施行。古代皇帝一般在太学亲行养老礼，有些朝代还有给老人衣食供养的规定。

# 第二节　传统人生仪礼

人生仪礼的全过程是按年龄增长过程显示的，通常以“岁”为单位计算，几乎每岁都有一定的仪礼。众多人生仪礼中，除生日礼具有周期性以外，其他的人生仪礼都是一次通过的，对每一个个体而言都是弥足珍贵的体验。

## 一、通过仪礼

个体成长的不同阶段，是人生的重要组成部分，往往借助某些仪式完成。

（一）什么是通过仪礼?

每个个体在一生中都要经历几个重要的人生历程，并借助某种仪式表现出来，以便获得社会的承认和评价。一生各阶段具有标志意义的仪礼，就是人生仪礼，又称为“通过仪礼”。

（二）通过仪礼的三阶段

人类学家范·根纳普在其1909年出版的《通过仪礼》一书中，认为上述几种仪礼展示的，实际上是三个具有连续性的阶段，即“脱离仪式”、“过渡仪式”、“合入仪式”。

1. 脱离前状况的仪式

人的生长过程中，脱离以前状况的异常重要变化，简称脱离前状况，这时举行的有关仪式，就是脱离前状况的仪式。在母亲孕育期间，胎儿是一种状况，呱呱坠地的婴儿，是另一种状态，由孕育到诞生，是人生异常重要的变化，诞生礼便成为脱离前状况的仪式。人在生活期间，是一种状况，因病或因其他原因死亡，脱离了前一种状况，由生活到死亡，是又一种异常重要的变化，丧葬礼便成为脱离前状况的仪式。

2. 过渡阶段的仪式

人的生长过程中，凡是生活各重要阶段相间隔的过程，都是过渡阶段，这个阶段所举行的有关仪式称做过渡阶段的仪式。从人诞生到成年，中间通过幼年、少年，经过相当长的渐变过程才能达到。这个过程中，幼儿有“满月”、“百日”、“周岁”等仪式，之后有少年礼，直到年满十六或十八周岁的成年期，其间的所有仪式，都是过渡阶段的仪式。成年期的成年礼到结婚期的婚礼之间的有关仪式，婚后直到死亡之间的有关仪式，都是过渡阶段的仪式。

3. 进入新状况的仪式

过渡阶段后进入重要生活阶段的所有仪式，都是进入新状况的仪式，如成年期的成年礼（或冠礼），结婚期的婚礼，都是进入新状况的仪式。

## 二、诞生礼

诞生礼是人生的开端仪礼，实现了生物意义上的个体向社会个体的转化。诞生礼俗所包括的主要是人出生前后，与生命孕育和成长息息相关的各种行为。由于产育的生理特殊性及婴儿出生的某些信仰禁忌的原因，诞生礼往往只在较小范围内举行，这种仪式既包含为新生儿祝吉的意义，也有为产妇驱邪的表示，甚至带有神秘色彩。

（一）婴儿出生前

1. 求子

古代有向神灵祈子、由旁人送子、使用巫术求子等求子方式，在全国各地几乎都有向如葫芦、山峰等性器官象征物祭拜求子的礼俗。佛教传入中国后，送子观音成为后世求子时最崇拜的神灵。

2. 孕期

孕期礼仪包含孕妇禁忌、孕期馈赠、生育方式等方面。妊娠期间的禁忌很多，一是认为孕妇不洁，不能参加祭祀或婚礼等喜庆活动；二是出于对胎儿的保护，要求孕妇在饮食和行为方面遵守某些规则。东汉王充在《论衡·命义》中就提到了“妊妇食兔，子生缺唇”的说法。

**礼仪小知识：古代胎教**

北齐颜之推《颜氏家训·教子》云：“古者圣王有胎教之法：怀子三月，出居别宫，目不斜视，耳不妄听，音声滋味，以礼节之。”要求孕妇谨守礼教，给胎儿以良好的影响。

（二）婴儿出生后

婴儿出生后，要举行一些仪式，包括满月、剃发、命名、认舅等，表示集体对孩子的接纳，也是婴儿正式进入社会的开始。

1. 庆生

婴儿诞生后，从降生之日起要为之举行一系列的生命降生仪式，以示祝贺。

孩子出生后，要给他喝点茶，或吃点蜂蜜，旨在希望孩子以后肠胃好，身体健康。从外面进来的第一个客人，称为“客主”，无论男女老少，都要请他吃一碗元宵（或是汤圆）和一个鸡蛋。

唐代开始的“洗三朝”，是庆生仪式的重要内容。婴儿出生第三天时，家中不仅要设宴招待亲友，还要请有福气的中老年妇女为孩子洗澡。洗澡时用艾叶、花椒等草药热汤，祝福孩子顺利成长、聪明健康。由于“洗三朝”具有防病功能，在很多地方，这种庆生仪式至今依然盛行。

2. 满月

古时又称“弥月”，是所有诞生礼中最重要的仪礼，尤其是头生长子和中年得子。满月时亲友、邻居都会前来祝贺。

**礼仪小知识：满月**

满月仪式的主要内容是剃头和出门游走。这是婴儿一生中第一次剃头，特别隆重，一般由舅舅主持剃头。胎发一般不全部剃光，要在脑门和脑后各留一绺，取聪明和长命之意。剃下的胎发不能随便丢弃，要妥为收藏。这一天，还要抱着婴儿四处游走一番，预示着将来孩子不怕生人。

3. 百日礼

孩子出生满一百天时举行的庆祝仪式，又称“百岁”、“百晬”、“百禄”，取圆满之意。这一天要宴请宾客，称为“过百天”。如果孩子不乖，或者经常生病，可以向很多人家讨来五颜六色的布料，做成百家衣，也可以从许多人家中讨来各种食物，称为“百家食”。穿百家衣、吃百家食的孩子，可以得到众人的照顾，能够顺利成长。

4. 命名礼

孩子出生后的取名仪式。古时一般在孩子出生三月后的某个吉日，由父亲给孩子命名，并记入文书中。名字有小名和学名之分，小名又叫乳名，一为好称呼，二为表达父、祖辈的愿望与理想，也有取贱名以求孩子好抚养的；学名一般请长辈或者读书人取，讲究字义，同时体现家族的整体性和系统性。

5. 周岁礼

婴儿出生一周年时举行的生日庆祝仪式，也是诞生礼的结束。古代因疾患较多，幼儿死亡率较高，迎周岁庆祝孩子在成长初期、克服困难，健康成长。届时要祭神祀祖，设筵招待来宾，宾客送衣服鞋帽等礼物。这种仪式一直流传至今。

**礼仪小资料：抓周**

周岁礼中，要举行很有意义的仪式，即“抓周”。抓周一般在午饭前进行。在床前案上铺上布料或被子，上面放有经书、笔墨纸砚、钱币、账册、玩具、首饰、零食等，孩子端坐上面，自由地从各种物品中选择抓取。根据孩子先后抓取物品的不同，预测孩子的未来前途，判断其性情。

至此，诞生礼仪告一段落。诞生礼和成年礼之间的其他过渡性礼仪，也归入诞生礼范围。

**故事：宝玉抓周**

子兴叹道：“……又生了一位公子，说来更奇：一落胎胞嘴里便衔下一块五彩晶莹的玉来，还有许多字迹；你道是新闻不是?”雨村笑道：“果然奇异!只怕这人的来历不小!”子兴冷笑道：“万人都这样说，因而他祖母爱如珍宝。那年周岁时，政老爷便试他将来的志向，便将世上所有的东西，摆了无数叫他抓，谁知他一概不取，伸手只把些脂粉钗环抓来玩弄；那政老爷便不喜欢，说将来不过酒色之徒，因此不甚爱惜。独那老太君还是命根子一般。——说来又奇，如今长了十来岁，虽然淘气异常，但聪明乖觉，百个不及他一个；说起孩子话来也奇，他说：‘女儿是水做的骨肉，男子是泥做的骨肉。我见了女儿便清爽，见了男子便觉浊臭逼人!’你道好笑不好笑? 将来色鬼无疑了!”雨村罕然厉色道：“非也! 可惜你们不知道这人的来历，——大约政老前辈也错以淫魔色鬼看待了! 若非多读书识事，加以致知格物之功、悟道参玄之力者，不能知也。”（参见曹雪芹《红楼梦》第二回）

## 三、成年礼

成年礼是个体走向社会的必不可少的程序。成年礼的举行，有既定的年龄规定，也有性别上的差异。

（一）成年礼的涵义

1. 什么是成年礼

成年礼，又名成丁礼、成年式，是为年轻个体举行的特别仪式，承认其具有进入社会的能力和资格。

成年礼是所有人生礼仪中最具有通过意义的礼仪。

2. 成年礼的举行

成年礼的举行是个体成为社会正式成员的标志。个体经过漫长的社会化过程，达到一定年龄，脱离亲人的养育和监护，逐渐走向成熟，承担起社会责任。成年后的个体可以参加所属性别特有的活动，服饰、发式或纹身也会发生变化。

（二）成年礼的类型

1. 冠礼

我国古代，男子成年礼称为“冠礼”，一般在二十岁举行，是男子转入成年阶段的仪式，以加冠为主要标志，表示社会承认并接纳其进入成人行列，为社会承认，享有权利，也承担义务和责任。刚到加冠年龄，又称为“弱冠”。

**礼仪小知识：古代冠礼**

据《礼记·冠义》记载，古代冠礼仪式十分隆重，不仅要选良辰吉日，还要选择举行冠礼的“大宾”。仪式一般在家庙举行，由司仪帮助其挽上发髻，大宾诵读祝辞，为其带上发冠，再换上与之配套的服饰。冠礼也是为以后的婚礼做基础。

2. 笄礼

古代汉族女子的成年礼仪，又称“上头”、“上头礼”。一般在十五岁时举行，之后女子就可以谈婚论嫁了。古代女子以发式区别年龄及婚嫁情况，幼年时头发自然披散下垂，称为“垂髫”，也可在脑后扎两束，称为“总角”，在未出嫁前不能将头发挽成髻。受笄就是在行笄礼时改变幼年发式，将头发绾成一个髻，再用黑布将发髻包住，最后用发簪固定发髻。主持行笄礼的是女性家长，约请的女宾为受礼者加笄。

今天，男女青年在十八岁时举行成年礼。

## 四、婚礼

婚礼是人生中十分重要的大礼，标志着个体进入建立家庭、延续家族生命的重要阶段。

（一）婚姻“六礼”

《礼记·昏义》云：“昏礼者，将合二姓之好，上以事宗庙，而下以继后世也，故君子重之。”婚姻仪式，以结婚当天的仪式为主，也包括婚前择偶、定情、议婚、订婚阶段的系列仪礼和婚后三朝回门等礼规，古代汉族完整的婚礼仪式主要有“六礼”。

1. 纳采

男方欲与女方结亲，先请媒人前往提亲，得到应允后，媒人再带礼物向女方家正式求婚。这一环节即为纳采。纳采是全部婚姻程序的开始，为六礼之首。《仪礼·士昏礼》中说：“昏礼，下达，纳采，用雁。”古时纳采礼的礼物一般用雁，以此象征“男大当婚，女大当嫁”之意。

2. 问名

问名俗称“讨八字”、“请庚”、“探问”等。男方遣媒人到女家询问女方姓名及生辰八字。取回庚贴后，通过占卜算命看双方八字是否相合。《仪礼·士昏礼》中说：“宾执雁，请问名；主人许，宾入授。”如果男女双方的八字相合，可以谈论婚嫁；如果八字不合，就不能议婚。

3. 纳吉

男方问名、合八字后，将卜婚的吉兆通知女方，实际就是订婚。

4. 纳征

纳征亦称纳成、纳币，男方向女方送聘礼。男方要在纳吉得知女方允婚后才可行纳征礼。历代纳征的礼物各有定制，民间多用首饰、细帛等项为女行聘，谓之纳币，后演变为彩礼。

5. 请期

请期又称告期，俗称选日子。男家派人到女家，送礼，通知成亲迎娶的日期，并与女家商议婚礼事宜。

6. 亲迎

亲迎又称迎亲，新郎亲自迎娶新娘回家的仪式。亲迎礼始于周代，历代沿袭，为婚礼的开端，也是婚礼仪式的核心。结婚当天，新郎披红带花，或乘马，或坐轿到女家，拜见岳父母及亲友后归家。新娘由其兄长等用锦衾裹抱至轿内，女家亲属数人伴送花轿前往夫家，称“送亲”，新郎则在家迎候。

（二）传统婚礼仪式

不同民族，结婚仪礼的程式各有不同，但大致可以划分为三个阶段：相亲、订婚阶段，迎娶阶段，姻亲关系的认可阶段，其中常见的有以下仪式。

1. 定情

男女双方相识或有意后，互赠礼物传递情感，礼物常有玉器、荷包、手绢等。

2. 嫁妆

女子出嫁，娘家陪送的衣被、首饰、用具称之为“嫁妆”。嫁妆被看做是娘家财力的象征，显示女子的身价和门第，娘家人也通过多陪嫁妆，希望女子出嫁后能得到夫家的善待。

3. 哭嫁

哭嫁又称“哭出嫁”、“哭轿”。不仅在汉族地区流行，而且在土家、藏、彝、壮、柯尔克孜、哈萨克等少数民族中也较流行。

哭嫁既有“不哭不发，越哭越发”的寓意，也是新娘离别娘家时的情感流露，充满对娘家的不舍和对未来生活的担忧。不仅新娘哭，新娘的母亲、姐妹和要好的女伴都要陪哭。

4. 花轿迎娶

新娘乘坐花轿到夫家，是宋代以后的习俗。花轿需要装饰一番，显得喜气。娘家人象征性地将抬起的花轿往后拉，表达依依不舍的心情，或者往花轿上泼洒水，以示女儿就像泼出去的水，希望她能好好生活。半路上抬轿人会和新娘开玩笑，于是就有“颠轿”等行为。

5. 拜堂

拜堂是新郎新娘参拜天地、祖宗和父母公婆的仪节，一般还有一个表示夫妻相互致礼的“夫妻对拜”环节。通过这个仪式，夫妻双方取得家族的认可。

6. 揭盖头

唐末以后，揭盖头成为婚礼上较常用的仪节。新娘出嫁，多用红巾盖头，拜堂进入洞房后才由新郎挑去盖头。一般挑盖头的物件是秤杆，意味着娶到的新人称心如意，也表示新娘做事应该讲分寸、掂斤两。

**故事：乔致庸玉菡洞房花烛夜**

致庸沉默地走进来，明珠不禁有点怕，但仍按规矩向他施了一礼，道：“小姐，姑爷来了。”玉菡低头不语，一时间激动得身子微颤。明珠心里发急，大着胆子圆场道：“姑爷，我们小姐在这里坐半天了，您还没帮她揭盖头呢。”致庸置若罔闻，仍旧久久地用陌生的目光望着玉菡。明珠急得差点跺脚。她想了想，赶忙又拿来一个秤杆塞到致庸手里。致庸拿着秤杆，闭一下眼睛，努力在心中鼓起力量。“姑爷，挑呀。”明珠忍不住在一旁喊起来，盖头下的玉菡深吸一口气，满面含羞，满怀期待地等待着。（参见朱秀海编剧《乔家大院》）

7. 闹新房

婚礼之夜，亲友到新房来看新娘，乘兴逗乐、嬉闹，称为“闹新房”。民间认为新房闹得越厉害，未来日子越红火。

8. 回门

回门又称“归宁”、“双回门”，结婚三天或一月后，新婚夫妻双双回到女家，女婿向岳丈家表达感谢之情，女儿答谢父母的养育之恩。女方父母也由此了解女儿的婚姻生活状态。回门时，女方家要宴请亲友祝贺，款待新婿，称之为“归宁宴”或者“回门客”。

## 五、葬礼

丧葬是人生仪礼的终结，历来为人所重视。当个体走完人生旅途，告别社会时，亲戚友人要哀悼、纪念、评价亡人，寄托哀思；也表达出生者对生死问题的深入思考。

### （一）各地丧葬形式

1. 土葬

葬式之一，又称埋葬。中国是传统的农业社会，人生与土地充满千丝万缕的情感联系，人们常说“入土为安”，往往会将死者生前比较喜爱的物品一起随棺木葬入土中，称之为“殉葬品”。

2. 火葬

传统葬式，以火焚尸，将骨灰贮于盒内的殡葬方式。中国最早流行火葬的是春秋战国时的氐羌人，其后藏、彝、拉祜、纳西、普米、怒、哈尼、傣等族也行火葬。

3. 天葬

天葬是将死者的尸体喂鹫鹰。鹫鹰食后飞上天空，藏族则认为死者顺利升天。天葬在天葬场举行，各地有固定地点。

4. 树葬

树葬是将骨灰深埋在指定的大树下，或将骨灰撒在土壤里。树葬没有墓穴，仅在树下放一块石头，或在石头上钉一块铜板，写上死者的姓名、生卒年月，作为标记。

5. 悬棺葬

中国古代葬式的一种。即人死后，亲属殓遗体入棺，将木棺悬置于插入悬崖绝壁的木桩上，或置于崖洞中、崖缝内，或半悬于崖外，悬置越高，表示对死者越是尊敬。悬棺放置的地方，往往陡峭、高危，下临深溪，无从攀登。主要流行于南方少数民族地区。

### （二）丧礼仪程

丧礼是与殡殓死者、举办丧事、居丧祭奠有关的种种仪式礼节，在古代为凶礼之一。古人把办理亲人特别是父母的丧事看做是极为重要的大事，形成了一套严格的丧礼制度。

1. 送终

亲人生命垂危之际，家人守候身边，听取遗言，直至去世。病危时家人要将其从卧室移到正庭中临时安放的板床上。人死后，周围亲友要放声痛哭。

2. 报丧

派人向死者亲属和朋友报丧。家中以丧主的名义发出书面讣告。丧主一般是死者的儿子，由长子领头，妇女不能主丧。报丧的孝子穿孝服、戴孝帽，到别人家报丧不能进门。

3. 吊唁

亲友接到讣告后即来吊丧，并慰问死者家属。死者家属痛哭，对前来吊唁的人跪拜答谢。

吊唁者赠送挽联香烛之类礼物或礼金表示哀痛。

4. 小殓

死后第二天早晨，为死者穿着入棺寿衣，称为“小殓”。家人痛哭，对前来参加仪式的亲友拜送达谢。庭中和堂上燃起蜡烛，不能熄灭。

5. 大殓

按照选定的时辰，举行入棺仪式，也即入殓。大殓前也要先陈于堂，抬入棺木后，主人主妇捶胸痛哭。然后在执事人的帮助下，在棺内铺席置衾，主人奉尸入棺，盖棺时再次痛哭。宾客向死者行礼，主人答拜。

6. 下葬

将棺木放入掘好的墓茔中，用土掩圹，并筑土成坟，按一定仪礼祭拜。墓前树碑，还可在墓穴周围种上松树、柏树。

# 第三节　传统节日礼仪

传统节庆总是与很多仪式相关联，同时又是家庭团聚、民族欢庆的时候，成为维系人际关系的重要纽带。中国传统节庆繁多，历史最悠久、影响最大的主要是四大节庆：春节、清明、端午和中秋，礼仪通过衣、食、住、行、访、谈、送等体现。

## 一、传统节日

节日礼仪是人们庆祝传统节日活动的礼仪和习俗，是节日、礼仪和习俗三方面的统一。

### （一）节日

不同民族在社会生活中的庆典和宗教祭祀的日子，就是传统的节日，主要有以下两类。

1. 宗教性节日

宗教性节日是与宗教信仰有关的庆典，以宗教为主要内容。如伊斯兰教的开斋节、古尔邦节，基督教的圣诞节、复活节，佛教的佛诞节和中元节等。

2. 时令性节日

时令性节日是根据自然节气变化而设定的节日，如春节、清明节、中秋节等。

### （二）传统节日的特点

传统节日的形成与宗教、地理环境、气候环境等因素有密切联系，具有以下特点。

1. 约定性

传统节日在时间上有约定性，从节日的起源来说，一般会和某个特定的时令相关，或者和某个值得纪念的日子相连，同时为方便人们过节，会在时间上形成固定的惯制。

2. 民俗性

传统节日礼仪通常与民俗行为相连，具有仪式性、社交性及娱乐性，体现浓重的伦理观念和人情味。比如春节时，除夕吃年饭，大年初一走亲访友、拜年等，成为该节日期间必不可少的活动。

3. 地域性

由于自然地理、文化宗教等因素的影响，不同地域的节日礼仪也体现出差异性。

## 二、春节

农历正月初一，又叫阴历（农历）年，俗称“过年”，是最古老、最隆重的传统节日，也是最重要的节日，是中国传统礼仪文化的集中体现。

（一）春节的来历

春节起源于殷商时期年头、年尾的祭神祭祖活动。“年”的名称从周朝开始，汉武帝时期，春节定在农历正月初一，并一直延续至今。

**小故事：过年的传说**

传说，古时候有一种叫“夕”（又名“年”）的兽，头长触角，凶猛异常。“夕”长年深居海底，每年除夕爬上岸，吞食牲畜，伤害人命。每到这天，人们都要扶老携幼逃往深山，躲避“夕”兽的伤害。一年除夕，村外来了个乞讨的老人。乡亲们恐慌逃避，只有村东一位老婆婆给了老人些食物，并劝他快上山躲避“夕”兽。老人执意要留在村中。半夜时分，“夕”兽闯进村，发现村东头老婆婆家，门贴红纸，屋内烛火通明。将近门口时，院内突然传来“砰砰啪啪”的炸响声，一位身披红袍的老人哈哈大笑。“夕”浑身战栗，大惊失色，狼狈逃窜了。原来，“夕”最怕红色、火光和炸响。村里人欣喜若狂，换上新衣新帽道喜问候。此后，每年除夕，家家贴红对联、燃放爆竹；户户烛火通明、守更待岁。初一大早，还要走亲串友，道喜问好。此后，春节成为中国最隆重的传统节日。

春节一般是指农历正月初一，也指从农历十二月二十三日到正月十五日这段时间。腊月二十三日，被称为“小年”，从这天起人们开始进行过年准备，打扫房屋，洗晒被单，置办年货，购置新衣，买写春联，蒸年糕，磨豆腐等。

（二）春节礼俗

1. 贴春联

春联，是中国传统的文学形式，以工整、精巧、简洁、对偶的文字描绘春节。过春节时，家家户户都要在门上贴红色春联，表达对新年的祝福。

春联始于五代时的后蜀。过春节时，后蜀主孟昶令人将桃树削片，提笔在上面题写了联句：“新年纳余庆，佳节号长春”，据说这就是第一副春联。此后，这种辞旧迎新的方式便很快普及开来。

2. 贴年画

新春佳节，人们会在居室大门或厅堂墙上张贴年画，表示祛灾祝福、辞旧迎新之意。常见的年画有“金玉满堂”、“花开富贵”、“一帆风顺”、“招财进宝”、“关公把门”等，具有吉祥意味，因一年更换，或张贴后可供一年欣赏之用，故称“年画”。

3. 倒贴福字

在门上、墙上贴上红色的福字，民间为了表达这种向往和祝愿，将福字倒贴，表示幸福已到、福气已到，增添节日的气氛。

4. 欢度除夕

腊月三十晚上是农历除夕，全家人要聚在一起吃团圆饭，熬夜守岁，辞旧迎新。古时守岁还要举行猜谜、下棋、弹琴、行酒令、对对联等活动。

5. 拜年

拜年，原为向长者拜贺新年，包括向长者叩头施礼、祝贺新年如意、问候生活安好等内容。后来，人们将过年期间亲友的相互拜访都称为“拜年”。

拜年是人们辞旧迎新、相互表达美好祝愿的一种方式。春节时家中人依序互拜，然后到亲友家拜年。正月初一到十五期间的拜年成为人们联络感情、走动亲邻的最好时机。

拜年时要带上礼物，礼物要强调喜庆色彩。同时还要讲一些吉利话，表示祝福的心意。小辈向长辈拜年时，长辈需要向没有成年的小辈递送红包，表达祝福之意，也叫给“压岁钱”。

**链接：贾府过年**

贾府过年是比较讲究的，到了腊月二十九日，各色齐备，两府中都换了门神、对联、挂牌，新油了桃符，焕然一新。全家人举行隆重的祭祖仪式，接着是朝贺，“贾母等人按品上妆，摆全副执事进宫朝贺，兼祝元春千秋”。

贾府过年，最主要的方式是亲戚之间互相宴请吃“年酒”。“王夫人与凤姐天天忙着请人吃年酒，那边厅上院内皆是戏酒，亲友络绎不绝，一连忙了七八日才完了”。“至十五日之夕，贾母便在大花厅上命摆几席酒，定一班小戏，满挂各色佳灯，带领荣宁二府各子侄孙男孙媳等家宴”。贾母花厅之上共摆了十来席，然后就是吃酒、看戏、聊天斗嘴。演出及酒宴告一段落，贾母命把烟火放了解解酒。贾蓉带着小厮们就在院内安下屏架，将烟火设吊齐备。一色一色的放了又放，又有许多的满天星，九龙入云，一声雷，飞天十响之类的零碎小爆竹。放罢，又命小戏子打了一回“莲花落”，撒了满台钱，命那孩子们满台抢钱取乐。接着命人撤去残席，外面另设上各种精致小菜，大家随便随意吃了些，用过漱口茶，方散。（参见曹雪芹《红楼梦》第53～54回）

## 三、元宵节

元宵节是我国传统节日中的大节，热闹欢快、充满诗情画意。

（一）元宵节的来历

元宵节又称上元节，因其在每年第一个月（元）的十五日夜（宵）举行而得名，这是一年的第一个月圆之夜。元宵节在汉代时已初具雏形，隋唐时较盛行，宋代成为盛大节日。从唐代起，每逢元宵节必张灯结彩，故又称灯节。

（二）元宵节礼俗

元宵节时要吃汤圆、观灯会、猜灯谜，增添节日气氛。

1. 张灯结彩

元宵节时，处处张灯结彩，万灯齐明，焰火齐放，一片热闹景象。百姓通宵达旦，尽情欢乐。

2. 猜灯谜

灯谜由谜语发展而来，是一种文艺游戏。南宋时，人们将谜语书写于灯上，在赏灯之余，供人猜度。灯谜能启迪智慧，男女老少皆喜好，流传较广。

3. 耍龙舞狮

龙是吉祥的象征，龙舞、狮舞为节日助兴。

4. 踩高跷

踩高跷是一种民间技艺表演，增添元宵节的节日气氛。

5. 划旱船

在陆地上模仿船行的动作，据说是为了纪念“大禹”，也是元宵节时的重要娱乐活动。

6. 吃元宵

元宵即汤圆，以白糖、豆沙、芝麻、果仁等为馅，用糯米面包成圆形，寓意团团圆圆，甜甜美美。

## 四、清明节

由古代寒食、清明和上巳的节俗混合而成，以上坟祭祖为主，同时兼及踏青、春游的节日。

（一）清明节的来历

清明本是二十四节气之一，时间为每年农历二月二十三日，公历四月五日。清明节始于周代，先秦时期，清明就是中原重要的农耕日子，后将寒食禁火、扫墓等习俗融入其中，两宋时成为以扫墓祭祖为主的重大节日。

清明是一年中万物生长的开始，人们开始点瓜种豆、植树造林，祭扫亲人故友的坟茔。

（二）清明节礼俗

1. 扫墓

清明节祭祖扫墓，表示对亲人的怀念。

2. 踏青

趁着春色满园，相约三五成群到郊外踏青游玩，成为清明节的一大特色。

3. 放纸鸢

古人认为清明节放风筝能消灾除病，给自己带来好运。

清人潘荣陛所著《帝京岁时纪胜》记载：“清明扫墓，倾城男女，纷出四郊，提酌挈盒，轮毂相望。各携纸鸢线轴，祭扫毕，即于坟前施放较胜。”

## 五、端午节

端午节是集体娱乐性质比较突出的节日。

（一）端午节的起源

端午节本是夏季驱除瘟疫的节日。其前身是先秦时吴越民族进行的龙图腾崇拜，龙舟竞渡是其核心内容。也有说是屈原投汨罗江后，当地百姓为救他，划船捞救，丢饭团入江，后来就有了赛龙舟、吃粽子的习俗。

端午节又称为浴兰节、蒲节、女儿节。

（二）端午节礼俗

1. 悬艾叶、菖蒲

端午节时家家要在门上挂菖蒲叶，用以驱蚊杀虫。用艾蒿、菖蒲等药草熬成水沐浴，杀菌防病。

2. 用符图驱邪

端午节时，门上要悬贴驱邪禳灾的符图，如钟馗捉鬼等。

3. 饮药酒

一般认为，端午节正值季节转换，虫蛇蠢动，疫病滋生，古人常在此时期吃食一些能够祛毒的食物，例如雄黄酒、菖蒲酒等。

4. 吃粽子

端午节的由来与屈原相关，所以吃粽子成为端午节最主要的活动。

5. 划龙舟或赛龙舟

古人试图用种种巫术行为来禳解虫毒病灾，于是用船送灾疫驱傩在水乡非常盛行。后来，送灾的意味逐渐减弱，变成具有娱乐性质的竞渡。

## 六、中秋节

农历八月十五，据说此时月球距地球最近，月亮最大最圆最亮。

（一）中秋节来历

其来源与古代的祭月风俗有关。古代神话中有女娲捧月和嫦娥奔月的故事，《礼记·祭法》中有“夜明，祭月也”的记述。

据史籍记载，古代帝王祭月的节期为农历八月十五，时日恰逢三秋之半，故名“中秋节”；又因为这个节日在秋季八月，故又称“秋节”、“八月节”、“八月会”；又有祈求团圆的信仰和相关习俗活动，故亦称“团圆节”、“女儿节”。因中秋节的主要活动都是围绕“月”进行的，所以又俗称“月节”、“月夕”、“追月节”、“玩月节”、“拜月节”；唐朝，中秋节还被称为“端正月”。中秋节的盛行始于宋朝，明清时，成为我国的主要节日之一。

（二）中秋节礼俗

中秋节是传统节庆，是合家团圆、亲友往来的重要节日，中秋礼俗在唐宋时期已基本确立下来，主要以赏月、吃月饼为主。

1. 祭月、拜月

逢中秋佳节，人们就在月光下，摆出丰富的果品、月饼来拜祭月亮，表示对团圆生活的祝福。

2. 赏月、吃月饼

中秋时节，正值桂花盛开，清香四溢，加上此时月亮正圆，秋高气爽，正是“花好月圆”之意。唐代就有饮酒对月、泛舟赏月、登台观月的活动。明田汝成《西湖游览志余·熙朝乐事》中说到：“中秋，民间以月饼相遗，取团圆之义。是夕，人家有赏月之燕，或携植湖船，沿游彻晓。”

# 思考与练习

1. 请阐述中国古代礼仪经典对后世的意义。
2. 请结合你自己的体验说说古代五礼在当今民间的体现。
3. 和古人相较，我们是变得更“有礼”了还是更“无礼”了，为什么？
4. 分析人生礼仪的特点和功能。
5. 说说出生礼仪的核心是什么？
6. 分析中国传统婚姻礼仪的特征。
7. 试分析丧葬礼仪的社会功能。
8. 请比较古今传统节庆礼仪的差异。

# 参考文献


[1] 刘跟科. 社交礼仪. 北京：中国商业出版社，2011.

[2] 金正昆. 政务礼仪教程（第三版）. 北京：中国人民大学出版社，2009.

[3] 金正昆. 服务礼仪教程（第二版）. 北京：中国人民大学出版社，2005.

[4] 王玉斌，朱立峰. 大学生职业发展与就业指导. 郑州：中原农民出版社，2010.

[5] 王建华. 现代礼仪与口才实务技巧. 北京：上海社会科学院出版社，2007.

[6] 刘艳. 社交礼仪. 北京：清华大学出版社，2009.

[7] 黄玉萍，王丽娟. 现代礼仪实务教程. 北京：北京交通大学出版社，2008.

[8] 周增文，石运芳. 现代礼仪实用指南. 济南：济南出版社，2004.

[9] 尹雯，敬蓉，余玫. 礼仪文化概说. 昆明：云南大学出版社，2004.

[10] 刘逸新. 礼仪指南. 北京：中国纺织出版社，2004.

[11] 黄俊毅. 大学生职业生涯规划. 北京：清华大学出版社，2010.

[12] 王刚，秦自强. 大学生就业指导新编. 北京：北京大学出版社，2010.

[13] 江东，李根珍，惠钢行，樊瑞梅. 大学生职业素养提升. 北京：新华出版社，2009.

[14] 樊琪. 人才招聘与应聘. 苏州：苏州大学出版社，2000.

[15] 柳青. 有效沟通技巧. 北京：中国社会科学出版社，2003.

[16] [捷]夸美纽斯. 大教学论. 北京：教育科学出版社，1999.

[17] [美]盖伊 · 莱弗朗索瓦兹. 教学的艺术. 北京：华夏出版社，2004.

[18] [德]鲁道夫 · 海德尔曼. 课堂形体语言的魅力. 南京：南京师范大学出版社，2004.

[19] 云中天. 礼仪——永远的风景：中国民俗文化. 上海：百花洲文艺出版社，2006.

# 后　记

2004 年，我开设了素质选修课人际交往与社交礼仪，希望能给即将踏入社会的学生们提供一些社交技巧和方法。在此后的授课中，课程内容不断更新，教学手段日益现代化。2011年，该课程教材获云南省普通高等学校“十二五”规划教材立项。

感谢云南大学中文系给我提供了良好、宽松的工作平台，使我的潜能得到最大的发挥。

感谢段炳昌教授、王卫东教授，他们在工作上给予我大力支持和帮助。

感谢人民邮电出版社，对本书的写作和出版给予了大力的支持和帮助。

书稿由云南大学、西南林业大学、云南财经大学、云南艺术学院、昆明学院、大理学院、保山学院、红河学院、文山学院、云南国土资源职业学院的多位教师共同参与完成。感谢参与本书编写的所有老师，他们的参与保证了书稿的顺利完成。

感谢我的先生和女儿，他们的关爱，为本书的完成创造了良好条件。

本书写作中，参考了相关研究成果，在此一并表示感谢。

本书由我拟写提纲，孙信茹做了补充。书稿完成后，我和孙信茹对书稿内容进行了完善，之后，我对书稿内容又进行了两次修改，完成了全书的统稿工作。

各章节具体分工如下。

绪　论　　敬　蓉
第一章　　孙信茹　尹　雯
第二章　　敬　蓉
第三章　　张雪梅　段晓玲
第四章　　熊　焰
第五章　　陈　畅　孙信茹
第六章　　陈　畅　敬　蓉
第七章　　张　丽　李海情　赵净秋
第八章　　王　焱　曹云雯
第九章　　冯静洁　曹　星　孙信茹
第十章　　吴晓梅
第十一章　罗　梅

敬　蓉

2012 年 4 月 17 日于云康园